Peter Wedler

Worte auf der Goldwaage

Das etwas andere Lexikon biblischer Redensarten

BRUNNEN
Verlag Giessen · Basel

www.brunnen-verlag.de
Umschlaggestaltung: Sabine Schweda
Umschlagmotiv: Westend61
Lektorat: Jörg Kailus, Uwe Bertelmann
Satz: DTP Brunnen
Herstellung: GGP Media GmbH, Pößneck
ISBN 978-3-7655-1736-5

Inhalt

Weshalb eigentlich ...?

I.

Täglich werden irgendwo **Sündenböcke** gesucht. Sind sie dann gefunden, gibt es **Heulen und Zähneklappern**. Oft werden sie anschließend **in die Wüste geschickt**. Ein **offener Brief** als Instrument der Auseinandersetzung ist in der letzten Zeit nicht mehr ungewöhnlich. Als ich mich bei einer freundlichen Verkäuferin für ihre Hilfe beim Finden eines Artikels bedankte, überraschte sie mich mit ihrer Antwort **„suchet, so werdet ihr finden"**. Wer hat nicht schon in einem Mitmenschen einen **Wolf im Schafspelz** entdeckt. Wenn wir eine selbstverständliche oder unabdingbare Voraussetzung meinen, sprechen wir schon mal vom **A und O**. Die Diskussion über den Klimawandel konfrontiert uns mit **apokalyptischen** Visionen und immer wieder mit dem Ruf **„Bis hierher und nicht weiter!"**. Herman Wouk, bekennender Jude, schreibt in seinem Buch „Das ist mein Gott" (S. 276): „Der Glaube wäre mir **ein Buch mit sieben Siegeln** geblieben." Als in einer Quizsendung eine Kandidatin unsicher sagte „ich glaube, das ist Antwort X", gab ihr der Moderator mit den Worten Recht, „da **Glaube** bekanntlich **Berge versetzt**, stimmt das." Nach einer gewonnenen Wahl sprach man von der politischen **Auferstehung** des Siegers, während man der Verliererin bescheinigte, sie habe etwas Mosaisches an sich, sie habe das Volk in Richtung des **Gelobten Landes** geführt, das Land geschaut – und doch nicht betreten dürfen. Ein Landesfinanzminister musste sich fragen lassen, ob ihm beim Lesen der Schlagzeilen über taumelnde Landesbanken nicht **Angst und Bange** geworden sei. In der engagierten Diskussion um den richtigen Ausweg aus der Finanzkrise wurde die unterschiedliche Behandlung der Milliarden verschlingenden Giganten und des Mittelstandes, vor allem der Familienunternehmen, gegeißelt und prophezeit: **„Nach ihnen kräht kein Hahn**, wenn sie ins Schleudern geraten." Während einerseits bei den erdbebenartigen Reaktionen auf die Rücknahme der Exkommunikation von katholischen Bischöfen der Verdacht geäußert wurde, dass im Vatikan mitunter **die Rechte nicht weiß, was die Linke tut**, versuchen die Bischöfe stets die Wogen wieder zu glätten. Getreu dem Motto: „Wir müssen nicht jedes **Wort**, geboren aus theologischem Sachverstand, **auf die Goldwaage legen**."

Die in Fettdruck wiedergegebenen Worte haben eines gemeinsam: Sie sind entweder wörtlich in der Lutherbibel zu finden oder schlagwortartige Zusammenfassungen daraus.

II.

Vieles von dem, was in der Lutherbibel steht, hat von dort aus seinen Weg in unsere Umgangssprache gefunden. Ich habe es in diesem Buch zusammengetragen, soweit es auf die Lutherbibel von 1545 (I.1) zurückzuführen ist. Sofern nicht ausdrücklich anders vermerkt, folge ich hierbei der Ausdrucksweise der Revision 1984.

Dabei kam es mir nicht darauf an, ob es sich um wörtliche Übersetzungen aus dem Hebräischen, dem Griechischen oder dem Lateinischen handelt oder um Sprachschöpfungen Luthers. Die entsprechenden Schriftstellen sind seitdem in unsere Umgangssprache eingegangen und haben sich dann verselbstständigt, teilweise soweit, dass sie inzwischen anders gebraucht werden als es sich aus dem Zusammenhang in der Bibel ergibt (s. z. B. „neuer Wein in alten Schläuchen" wird heute oft in der Umkehrung gebraucht „alter Wein in neuen Schläuchen" – s. Stichwort „Wein").

Als Martin Luther mit seiner Übersetzung begann, gab es noch keine überregional gesprochene oder geschriebene deutsche Sprache. Er hat sich hauptsächlich auf die sächsische Amtssprache gestützt: In einer seiner Tischreden sagte er: *„Ich habe keine gewisse, sonderliche, eigene Sprache im Deutschen, sondern brauche der Gemeinen deutsche Sprache, dass mich beide, Ober- und Niederländer, verstehen mögen. Ich rede nach der Sächsischen Canzeley …*" Wenn man so will, hat Luther bei seiner Übersetzung der Bibel die hochdeutsche (Schrift-)Sprache „erfunden". Als Grundlage für seine Übersetzung des Neuen Testaments benutzte er in erster Linie die 1519 in zweiter Auflage in Basel erschienene Erasmus-Ausgabe des griechischen Urtextes (Septuaginta), der eine lateinische Übersetzung (Vulgata) beigegeben war (I.1, Anhang, S. 52) und eine damals schon existierende deutsche Übersetzung der Bibel. Griechisch war zur Zeit Jesu die allgemeine Verkehrs- und Handelssprache im Mittelmeerraum. Nachdem Luther seine Übersetzung des Neuen Testaments auf der Wartburg im März 1522 vorläufig beendet hatte, nahm er das fertige Manuskript mit nach Wittenberg. Dort hat er den Text mit seinen sprach- und sachkundigen Freunden und Helfern gewissenhaft überarbeitet (IV.12). In seinem Sendbrief vom Dolmetschen schreibt er:

Ich hab mich des beim Übersetzen beflissen, dass ich reines und klares Deutsch geben möchte. Und ist uns wohl oft begegnet, dass wir vierzehn Tage, drei, vier Wochen ein einziges Wort gesucht und (danach) gefragt haben, habens (aber) doch zuweilen nicht gefunden. Beim Buch Hiob mühten wir uns, M. Philippus (Melanchthon), Aurogallus und ich so, dass wir in vier Tagen zuweilen kaum drei Zeilen fertig bringen konnten ... jetzt wo es verdeutscht und fertig ist, kanns ein jeder lesen und meistern. Jetzt läuft einer mit den Augen durch drei, vier Blätter hindurch, und stößt nicht einmal an; wird aber nicht gewahr, welche Steine und Klötze da gelegen haben. Wo er jetzt drüber hingeht wie über ein gehobeltes Brett, da haben wir schwitzen und uns ängstigen müssen, ehe wir denn solche Steine und Klötze aus dem Wege räumten, auf dass man so fein dahergehen könnte. Es ist gut pflügen, wenn der Acker gereinigt ist, aber den Wald und die Wurzelstöcke ausroden und den Acker zurichten, da will niemand heran ... Denn ich habe deutsch, nicht lateinisch noch griechisch reden wollen, da ich mir beim Übersetzen deutsch zu reden vorgenommen hatte ... Man muss nicht die Buchstaben der lateinischen Sprache fragen, wie man soll deutsch reden, sondern man muss die Mutter im Hause, die Kinder auf der Gasse, den gemeinen Mann auf dem Markt drum fragen und denselbigen aufs Maul sehen, wie sie reden, und danach dolmetschen, so verstehn sie es denn und merken, dass man deutsch mit ihnen redet.

Das „*deutsch reden*" wird wohl die Alltagssprache seiner Umgebung gewesen sein. Die wurde gesprochen, nicht geschrieben – und sie dürfte wohl kaum in einiger Entfernung ohne Weiteres verstanden worden sein. Man reiste ja damals noch nicht so viel wie heute und kam daher mit der eigenen Sprache aus. Als Dialekte haben sich diese Alltagssprachen gebietsweise bis in die Gegenwart erhalten.

Vor dem Erscheinen von Luthers Bibelübersetzung wurden die Schriftlesungen im Gottesdienst auf Lateinisch gehalten. Das verstanden nur die Gebildeten. Die anderen waren auf die Schriftauslegung des Predigers angewiesen.

Johannes Gutenbergs Buchdruck ermöglichte eine schnelle Verbreitung der deutschsprachigen Bibel. Und diese Bibel wurde viel gelesen: Eine im Jahre 1716 gedruckte Bibel, die ich geerbt habe, weist starke Gebrauchsspuren auf. Luthers Bibelübersetzung hat die deutsche Literatur und Sprache maßgeblich beeinflusst. Bei der Herausbildung einer einheitlichen deutschen Schriftsprache hat sie eine entscheidende Rolle gespielt und darüber hinaus in unserem Sprachschatz und Sprachgebrauch zahlreiche Spuren hinterlassen.

Der Gebrauch der Lutherbibel im Gottesdienst, in Schule und Konfirmandenunterricht (Stichwort „Kleiner Katechismus") wie überhaupt die Verbreitung der Bibel führten dazu, dass aus ihr zunehmend zitiert wurde – nicht selten, um „Bildung" zu demonstrieren, so z. B. wenn während meiner Schulzeit der Unterrichtsstoff todlangweilig war und jemand gähnte. Der Lehrer rief dann in gut gespieltem Entsetzen aus: „Tobias 6 Vers 3 – **O Herr, er will mich fressen!**". Oder wenn ich, trotz aller Anstrengungen unfähig zu den geforderten Klimmzügen, wie ein Schinken im Rauch am Reck hing und meinen Sportlehrer zu der spöttischen Bemerkung veranlasste: **„Der Geist ist willig; aber das Fleisch ist schwach"**.

Heute zählt die Bibel zu den Bestsellern, den meistverkauften Büchern, leider aber auch zu den am wenigsten gelesenen. In den letzten hundert Jahren haben verschiedene Revisionen den Luthertext weitgehend behutsam in eine der zwischenzeitlichen sprachlichen Entwicklung gemäße Form gebracht. Es ist gut, dass es inzwischen auch solche anderen Bibelübersetzungen gibt, welche die größte Geschichte aller Zeiten, die Sache mit Gott, in zeitgemäßer Sprache erzählen. Diese anderen Übersetzungen werden aber – die Vorhersage wage ich – kaum eine derart sprachprägende Wirkung haben, wie die fast fünfhundert Jahre alte Lutherübersetzung.

III.

Beim regelmäßigen Lesen in der Bibel bin ich auf viele „alte Bekannte" gestoßen, also Ausdrücke, Redensarten, Redewendungen, Sprichwörter usw. Dies gilt besonders für die Zeit ab 1999, seit der ich Koordinator einer ökumenischen Rubrik in einem Hamburger Wochenblatt bin, in der ich auch regelmäßig selbst Beiträge veröffentlicht habe.[1] Nicht alles findet man schon im „Büchmann" (II.16–18) oder im „Schoeps" (II.15), den beiden Standardwerken für „(un-) geflügelte Worte". Vor Jahren habe ich angefangen, die zu sammeln, die auf Luthers Bibelübersetzung von 1545 zurückzuführen sind, und zwar nach ganz persönlichen Gesichtspunkten. Bei der systematischen Ordnung dieser „Lesefrüchte" sind in diese Sammlung Erfahrungen und Erinnerungen aus einem langen Leben eingeflossen, besonders aus den sprachprägenden Jahren der Kindheit und der Nachkriegszeit 1945–1950 und auch da aus dem Umgang mit älteren Menschen, deren Sprachschatz zu einem großen Teil aus dem neunzehnten Jahrhundert stammte. Dasselbe gilt auch für das haufenweise „Verschlingen" von Büchern, die zu einem großen Teil ebenfalls vor oder nach dem Beginn des zwanzigsten Jahrhunderts erschienen waren. Es gab ja damals, kurz nach dem Zweiten Weltkrieg, noch kein Fernsehen. Der Rundfunk (lediglich ein Programm, Mittelwelle) sendete oft nur stundenweise (Stichwort „Stromsperre").

Nichts liegt mir ferner als eine Darstellung, die wissenschaftlichen Ansprüchen – welcher Fachrichtung auch immer – genügt. Sie werden beim Lesen dieses „etwas anderen Lexikons" merken, dass es mir nicht nur um die reine Vermittlung von Wissen geht. Wer aber wissen möchte, woher die verarbeiteten Informationen stammen, sei auf das Quellenverzeichnis verwiesen. Die Angaben sind im Text entspre-

1 Nachzulesen unter www.reden-ueber-gott-und-die-welt.de.

chend der dortigen Auflistung zitiert, so bezeichnet z. B. „II.17“ das Werk „Georg Büchmann, *Geflügelte Worte*, Sonderausg. d. neu bearb. 32. Aufl., Berlin 1972“.

Die Zugehörigkeit des einen oder anderen Zitats zur alltäglichen Umgangssprache oder überhaupt seine Eigenschaft als Redensart, Sprichwort usw. mag bestritten werden. Der Schauspieler Klaus Maria Brandauer hat in einem Interview gesagt: „Ich glaube nicht, dass irgendeiner von uns überhaupt etwas von sich geben kann, was er nicht von einem anderen erfahren oder erlernt hat.“ Vielleicht werden Sie das eine oder andere Ihnen vertraute Wort vermissen. Nun denn, es geht mir um *meinen* Sprachschatz. Sie sind herzlich eingeladen, diese Sammlung nach eigenen Regeln zu ändern oder zu ergänzen. Wenn das geschieht, wäre auch ein wichtiger Zweck dieser Sammlung erreicht, die dazu einladen will, eigene Erfahrungen mit der Bibel zu machen; denn in der Bibel finden wir nicht Menschengedanken über Gott, sondern Gottes Gedanken über den Menschen – nicht wie wir den Weg zu Gott finden, sondern wie er den Weg zu uns gesucht und gefunden hat (Karl Barth).

Es wäre schön, wenn Sie bei oder nach der Lektüre dieses Buches feststellen, dass wir – ohne dass wir uns kennen – viele gemeinsame „alte Bekannte“ haben und wenn es Ihnen in einer bestimmten Situation bei der Entscheidung hilft, ob Sie **Worte auf der Goldwaage wägen** wollen oder nicht.

Hamburg, im März 2009
Peter Wedler

A

Amen – Ja und Amen → Ja
andere – einer nach dem anderen → einer
anklopfen → Bitten
Ansehen, kein Ansehen der Person → Recht
Anstoß, Stein des Anstoßes → Stein
Arche – Arche Noah → Sintflut
Asche, Schutt und Asche → Sodom und Gomorra
Augen – wie Schuppen von den Augen fallen → Saulus
Auge um Auge … → Recht
auslegen *(Gesetz, Text)* → Recht

A und O

„**A und O**" wird häufig im Sinne einer unabdingbaren Voraussetzung für etwas gebraucht, z. B. „die Kenntnis mindestens einer Fremdsprache ist das **A und O** einer jeden internationalen Karriere". **A und O**, Alpha und Omega, sind der erste und der letzte Buchstabe des griechischen Alphabets (das Neue Testament wurde in Griechisch niedergeschrieben, der im Mittelmeerraum damals weit verbreiteten Sprache der Gebildeten).

▶ Offenbarung 1,8[2]

Ich bin das **A und** das **O,** spricht Gott der Herr, der da ist und der da war und der da kommt, der Allmächtige.

[2] S. a. Offenbarung 22,13.

A

Abendrot – Morgenrot

– Abendrot, Schönwetterbot' – Morgenrot, schlecht Wetter droht

Morgenrot, Schlechtwetter droht; Abendrot Gutwetterbot'. In den meisten Fällen stimmt diese uralte Wetterregel. Zumindest dann, wenn man unter Abend- und Morgenrot die intensive Beleuchtung von Wolken durch die untergehende oder untergegangene Sonne versteht. In unseren Breiten wird das Wettergeschehen durch Westwinde bestimmt. Ein schönes **Abendrot** kann sich nur ergeben, wenn der Himmel im Westen klar ist und sich im Osten noch viele Wolken, z. B. von einem abziehenden Niederschlagsgebiet, befinden. Im Laufe der Nacht ziehen die Wolken dann weiter nach Osten ab, und darauf folgt oft ein heiterer Tag. Am Morgen ist es genau umgekehrt. Dann steht die Sonne im Osten, wo der Himmel noch klar sein muss, aber von Westen zieht bereits Bewölkung auf. Im Laufe des Tages bedecken die Wolken dann den ganzen Himmel.

Gleich, ob **Abendrot** oder **Morgenrot**, beide sind in der Weihnachtszeit für Kinder der untrügliche Beweis dafür, dass in der himmlischen Weihnachtsbäckerei der Backofen Hochbetrieb hat.

Die Pharisäer und Sadduzäer verlangen von Jesus ein machtvoll eindeutiges Beglaubigungswunder *(vom Himmel)*, aus dem man seine göttliche Abkunft unmittelbar ersehen kann. So etwas zu verlangen oder es gewähren zu wollen, stellt eine Versuchung dar, der Jesus nicht nachgibt. Wie für die Liebe, gibt es auch für den Glauben wohl „Zeichen“ aber nie Beweise. Dass mich jemand liebt, kann ich nur erfahren, wenn ich mich ihm oder ihr vertrauend hingebe. Mit dem Ausdruck „Geschlecht“ bezeichnet Jesus die Pharisäer und Sadduzäer als solche, die sich der Glaubens- und Umkehrforderung verschlossen haben. (I.7)

▶ Matthäus 16,1ff.

1 Da traten die Pharisäer und Sadduzäer zu ihm; die versuchten ihn und forderten ihn auf, sie ein Zeichen vom Himmel sehen zu lassen. 2 Aber er antwortete und sprach: Des Abends sprecht ihr: **Es wird ein schöner Tag werden,**

denn der Himmel ist rot. 3 Und des Morgens sprecht ihr: **Es wird heute ein Unwetter kommen, denn der Himmel ist rot** und trübe. Über das Aussehen des Himmels könnt ihr urteilen; könnt ihr dann nicht auch über die Zeichen der Zeit urteilen? 4 Ein böses und abtrünniges Geschlecht fordert ein Zeichen; doch soll ihm kein Zeichen gegeben werden, es sei denn das Zeichen des Jona. Und er ließ sie stehen und ging davon.

Abgötterei – abgöttisch

Das daraus abgeleitete Eigenschaftswort „**abgöttisch**" wird meist im Zusammenhang mit Liebe, Verehrung verwendet (die Mutter liebt ihr Kind oder die Fans lieben ihren Star **abgöttisch**). Gott sieht beides als Götzendienst an, als einen Verstoß gegen das Gebot „du sollst keine anderen Götter neben mir haben" (2. Mose 20,3).

▶ 1. Samuel 15,23[3]

Denn Ungehorsam ist Sünde wie Zauberei, und Widerstreben ist wie **Abgötterei** und Götzendienst. Weil du des HERRN Wort verworfen hast, hat er dich auch verworfen, dass du nicht mehr König seist.

Abraham

- Abraham gesehen haben
- Abrahams Schoß
- herrlich und in Freuden leben
- Lazarus

In Holland habe ich mich anfangs gefragt, warum Kollegen (nicht Kolleginnen!), die das **fünfzigste Lebensjahr** vollendet hatten, an ihrem Geburtstag mit „**Abraham**" angesprochen wurden oder Geburtstagskarten erhielten, auf denen ein alter Mann mit einem ellenlangen Bart abgebildet war. Auch in Velbert (berg. Land) ist es üblich, beim 50. Geburtstag eines Menschen zu sagen: „**Er hat Abraham gesehen.**" (IV.14)

---

3 S. a. 5. Mose 32,21; 1. Könige 16,13; 16,26; Sirach 46,13; 47,29; 47,31; 49,3f.

Dieser Brauch hat einen biblischen Ursprung: In einem Streitgespräch über die wahre Freiheit (Johannes 8,31ff.) sagt Jesus (V. 51): „Wer mein Wort hält, der wird den Tod nicht sehen in Ewigkeit." Seine Gegner, die sich als Kinder **Abrahams,** und damit als gute Israeliten ansehen, werfen Jesus Besessenheit vor, denn (V. 52f.) „Abraham ist gestorben und du sprichst: Wer mein Wort hält, der wird den Tod nicht schmecken in Ewigkeit. Bist du mehr als unser Vater **Abraham**, der gestorben ist?" Jesu Antwort (V. 56), „**Abraham**, euer Vater, wurde froh, dass er meinen Tag sehen sollte, und er sah ihn und freute sich", wollten sie sich von einem etwa dreißigjährigen Mann (Lukas 3,23) nun wirklich nicht sagen lassen (V. 57): „Du bist noch nicht **fünfzig Jahre alt** und hast **Abraham gesehen**?"

▸ JOHANNES 8,57

Da sprachen die Juden zu ihm: Du bist **noch nicht fünfzig Jahre alt und hast Abraham gesehen?**

Die oben geschilderten Bräuche sind also aus einem Umkehrschluss entstanden: Um **Abraham** gesehen zu haben, muss man mindestens fünfzig Jahre alt geworden sein.

„Wie in Abrahams Schoß" beschreibt redensartlich den höchsten Grad von Geborgenheit. Diese und ähnliche Redewendungen entstammen dem bekannten **Gleichnis vom reichen Mann und armen Lazarus** (Lukas 16,19-31): Der Reiche lebt **herrlich und in Freuden**, der obdachlose **Lazarus** vor der Tür ernährt sich von dessen Tischabfällen. Beide sterben: Lazarus wird von den Engeln in **Abrahams Schoß** gebracht; der Reiche kommt in die Hölle. Von dort sieht er Lazarus. Seine Bitte an **Abraham, Lazarus** möge seine Höllenqual lindern, wird mit Hinweis auf sein irdisches Leben in Saus und Braus abgelehnt. Auch seinen Appell, jemanden mit dem Bericht über sein von Gott abgeschiedenes Leben zu seinen Brüdern zu senden, damit diese gewarnt sind, weist **Abraham** ab: Sie haben Mose und die Propheten, die sollen sie hören.

▶ LUKAS 16,22

Es begab sich aber, dass der Arme starb, und er wurde von den Engeln getragen **in Abrahams Schoß**. Der Reiche aber starb auch und wurde begraben.

Die Bezeichnung eines Militärkrankenhauses als **Lazarett** könnte auf den oben genannten Lazarus zurückzuführen sein (II.6, 17 und 18). Möglich ist als Namensgeber auch der schwerkranke Lazarus, von dem Johannes (11,30ff.) berichtet: Zu ihm kommt Jesus, um ihn zu heilen. Als er eintrifft, ist Lazarus bereits gestorben; Jesus weckt ihn von den Toten auf. (II.6)

ADAM UND EVA

- Adam, Adamsapfel, Adamskostüm
- Eva, Evastöchter, Evaskostüm
- Feigenblatt/Feigenblätter
- Garten Eden
- listige Schlange
- Paradies
- Im Schweiße deines Angesichts sollst du dein Brot essen.
- verbotene Früchte
- Vertreibung aus dem Paradies

Holt jemand erzählend weit aus, so sagt man, er beginne bei **Adam und Eva. Adam** und **Eva** waren nach der Schöpfungsgeschichte (1. Buch Mose) die ersten Menschen. Erst hatte Gott Adam erschaffen, der allein im Paradies lebte. Bald kam Gott aber zu der Erkenntnis: „**Es ist nicht gut, dass der Mensch allein sei**; ich will ihm eine Gehilfin machen, die um ihn sei." (1. Mose 2,18) Gott schuf den Menschen „zu seinem Bilde und schuf sie als Mann und Frau" (1. Mose 1,27). Weil beide, Mann und Frau, Ebenbild Gottes sind, kann die Gleichberechtigung der Geschlechter keine Frage sein.

Als **Adam** (hebr. Mensch) wird daher auch der Mensch schlechthin bezeichnet. Im Kleinen Katechismus erklärt Martin Luther im Vierten Hauptstück zum Sakrament der Taufe (zum Vierten – Was

A

bedeutet denn solch Wassertaufe?), „dass der alte **Adam** in uns durch tägliche Reue und Buße soll ersäuft werden …"

Adam nannte seine Frau **Eva**; sie gilt als Urmutter aller Frauen, die deshalb auch oft **Evastöchter** genannt werden.

Adam und Eva lebten sorgenfrei im **Garten Eden**, dem **Paradies**. Gott hatte ihnen alles überlassen, alles erlaubt – mit einer Ausnahme: Sie durften nicht vom Baum der Erkenntnis essen; das waren die sprichwörtlich **verbotenen Früchte**. Obwohl die Bibel die Frucht nicht näher bezeichnet, wurde sie in der christlichen Kunst als Apfel dargestellt, was sich in der allgemeinen Vorstellung fest eingebürgert hat. Eines Tages kam die **listige Schlange**, eine Umschreibung für den Bösen (Teufel) oder das Böse im Menschen, und begann, **Eva** mit der Frage zur Übertretung dieses Verbots zu verführen „ja, sollte Gott gesagt haben: ihr dürft nicht essen von allen Bäumen im Garten?". Als sie fortfuhr, wer von den Früchten dieses Baumes esse, werde wie Gott sein „und wissen, was gut und böse ist" (1. Mose 3,5), war für **Eva** Gottes Verbot damit ausgehebelt. Sie aß vom Baum der Erkenntnis „und gab ihrem Mann, der bei ihr war, auch davon, und er aß" (1. Mose 3,6).

Sprichwörtlich ist die **falsche** oder die **listige Schlange** (womit stets Personen weiblichen Geschlechts ohne Altersbegrenzung nach unten oder oben gemeint sind – diesmal also nicht die Männer –, die meist auch nur von Geschlechtsgenossinnen so tituliert werden).

Ist vom **Adamsapfel** die Rede, so ist der vorstehende erste Knorpel der Luftröhre des Mannes gemeint (II.9), der angeblich darauf zurückzuführen ist, dass **Adam** beim Verspeisen des verbotenen Apfels ein Stück davon im Halse stecken blieb (II.6).

Die banale Erkenntnis, die sie gewannen, war, dass sie nackt waren. Es leuchtet daher doch wohl ein, dass das **Adams- oder Evaskostüm** Nacktheit bedeuten. Sie flochten sich **Feigenblätter** als Schurze. Noch heute bezeichnet man etwas, das als Tarnung oder schamhafte Verhüllung dienen soll, als **Feigenblatt** (II.7).

Die ganze Sache kam natürlich sofort heraus. Gott machte ihnen erst einmal „Röcke von Fellen und zog sie ihnen an" (1. Mose 3,21). Damit waren sie fürs erste vor den Unbilden des Lebens draußen geschützt. Das sollten wir nicht mal so eben überlesen, sondern in Ruhe bedenken: Gottes erste Reaktion war nicht Strafe, sondern Fürsorge. Aber nicht nur **Adam und Eva**, auch Gott hatte eine Erfahrung gewonnen: „Der Mensch ist geworden wie unsereiner und weiß, was gut und böse ist. Nun aber, dass er nur nicht ausstrecke seine Hand und breche auch vom Baum des Lebens und esse und lebe ewiglich" (1. Mose 3,22).

Es folgte daher die **Vertreibung aus dem Paradies,** dem „Garten Eden", der danach von einem mit einem Schwert bewaffneten Engel bewacht wurde. Sie mussten von da an **im Schweiße ihres Angesichts ihr Brot essen** (1. Mose 3,19) und **Eva** ihre Kinder unter Schmerzen[4] gebären (1. Mose 3,16).

▶ 1. MOSE 3,19

Im Schweiße deines Angesichts sollst du dein Brot essen.

Das Wort **Paradies** bedeutet im Hebräischen schlicht „Baumgarten" oder „Park". Da es den „Garten Eden" bezeichnet, steht es übertragen zunächst für den Zustand eines Lebens ohne Krankheit, Tod und Schmerzen in der Gegenwart Gottes.

Jede(r) von uns hat sicher eine eigene Vorstellung vom **Paradies,** eine besonders schöne Landschaft im Urlaub, ein Zustand der völligen Harmonie, der Sorglosigkeit und Geborgenheit, des Friedens mit sich selbst und den Mitmenschen usw., und manch einer denkt schlicht an ein Schlaraffenland. Eine Frau erzählte mir, ihr erwachsener Sohn habe sie eines Tages völlig überraschend umarmt und auf die Frage nach dem Grund geantwortet: „Heute beim Frühstück kam mir der Gedanke: Du hast eine gute Freundin, eine schöne Wohnung, Arbeit, bist gesund, hast im Augenblick keine Sorgen." Die Mutter sagte mir, sie habe bei diesen Worten eine Gänsehaut bekommen. Für diesen jungen Mann war die Erkenntnis seiner Lebensumstände ein Augenblick des Glücks – er fühlte sich in diesem Moment im **Paradies**.

Nach der Bibel war der Mensch allerdings nicht nur im Urzustand

4 Seit der Revision von 1964 heißt es anstelle von „Schmerzen" jetzt „Mühen".

A

im Paradies – auch das ewige Leben wird **paradiesisch** sein: In den letzten Minuten seines irdischen Lebens verspricht Jesus dem neben ihm am Kreuz hängenden Schächer „heute wirst du mit mir im **Paradies** sein“ (Lukas 23,43).

▶ LUKAS 23,43[5]

Und Jesus sprach zu ihm: Wahrlich, ich sage dir: Heute wirst du mit mir im **Paradies** sein.

ÄGYPTEN

- ägyptische Finsternis
- ein Auge auf jemanden werfen
- Auszug aus Ägypten – Exodus
- Benjamin
- keusch wie Josef (der keusche Josef)
- Landesvater
- Land, wo Milch und Honig fließt
- sieben magere und sieben fette Jahre
- sein Herz verhärten – hartherzig
- zehn Plagen Ägyptens
- Fleischtöpfe Ägyptens
- Manna
- Mose
- die Zehn Gebote
- Tanz um das Goldene Kalb
- über den Jordan gehen

Ist von einem **Benjamin** die Rede, so ist der Jüngste oder der Kleinste gemeint. **Benjamin** war der jüngste Bruder des Josef, der später in Ägypten zu einem hohen Regierungsbeamten aufstieg (1. Mose 41,43).

▶ 1. MOSE 35,24

Die Söhne Rahels waren: Josef und **Benjamin**.

[5] S. a. 2. Korinther 12,4 – Offenbarung 2,7 (I.1).

A

Josef wurde von seinem Vater vor seinen Brüdern bevorzugt. Er hielt sich deshalb auch – kurz gesagt – für etwas Besseres und machte daraus auch kein Geheimnis. Nachdem sich deswegen bei seinen Brüdern lange genug Hass gegen ihn aufgestaut hatte, beschlossen sie, ihn zu töten (1. Mose 37,18ff.). Sein Bruder Ruben verhinderte jedoch den Brudermord. Josef wurde „nur" in die Sklaverei verkauft. In Ägypten machte er als Sklave nach und nach Karriere, bis in den Dienst des ägyptischen Finanzministers. Dessen Frau hatte **ein Auge auf** Josef **geworfen.** Josef hatte jedoch stets widerstanden, daher die Redensart **keusch wie Josef** oder **der keusche Josef.**

▶ 1. MOSE 39,7FF.

7 Und es begab sich danach, dass seines Herrn Frau ihre **Augen auf Josef warf** und sprach: Lege dich zu mir! 8 **Er weigerte sich aber** und sprach ... Wie sollte ich denn nun ein solch großes Übel tun und gegen Gott sündigen? 10 Und **sie bedrängte Josef** mit solchen Worten täglich. **Aber er gehorchte ihr nicht ...,** 11 Es begab sich eines Tages, dass Josef in das Haus ging, seine Arbeit zu tun, und kein Mensch vom Gesinde des Hauses war dabei. 12 Und sie erwischte ihn bei seinem Kleid und sprach: Lege dich zu mir! Aber er ließ das Kleid in ihrer Hand und floh und lief zum Hause hinaus.

Nicht erwiderte Liebe schlägt manchmal in Hass um. So auch in diesem Fall. Die Frau spann eine Intrige gegen Josef, und er wurde ins Gefängnis geworfen. Dort legte er zwei Mitgefangenen, hohen Würdenträgern des Pharaos, ihre Träume aus. So, wie Josef die Träume gedeutet hatte, geschah es: Einer der Mitgefangenen wurde hingerichtet, der andere kam wieder in Amt und Würden (1. Mose 40). Josef aber blieb im Gefängnis.

Zweimal nacheinander träumte der Pharao, er sähe sieben schöne fette Kühe aus dem Nil steigen und am Ufer weiden, die kurz danach von sieben hässlichen, mageren Kühen, die ebenfalls aus dem Nil gestiegen waren, gefressen wurden. Keiner der Wahrsager und Weisen des Pharaos konnte diesen Traum deuten. Da erinnerte sich der wieder zu Ehren gekommene Würdenträger an Josefs Traumdeutungen im Gefängnis und berichtete dem Pharao davon. Josef wurde aus dem Gefängnis geholt und deutete diese Träume als einen Hinweis Gottes, dass auf **sieben fette Jahre** mit entsprechenden Rekordernten **sieben**

magere Jahre mit Missernten folgen würden. Er schlug dem Pharao vor, einen obersten Krisenmanager einzusetzen, der dafür sorgen sollte, dass in den **fetten Jahren** durch Abschöpfung Vorräte angelegt würden, die dann in den **mageren Jahren** verbraucht werden könnten. Die Älteren unter uns erinnern sich vielleicht noch an die von Bundesminister Prof. Karl Schiller initiierten Stabilitätsgesetze, die in guten Jahren für Haushaltsreserven sorgen sollten, die in schlechteren angegriffen werden konnten. Diese Vorschriften sind dann leider politischen Begehrlichkeiten zum Opfer gefallen.

Der Pharao ernannte Josef zum Krisenmanager im Range seines Stellvertreters. Er ließ ihn hinter seinem Wagen fahren und vor ihm ausrufen: Der ist **des Landes Vater**. Seitdem werden Staatsoberhäupter oder Regierungschefs (natürlich nicht offiziell) als **Landesvater** bezeichnet; erstaunlicherweise habe ich (außer im Falle ironischer Medienberichte) niemals von einer **Landesmutter** gehört oder gelesen.

▶ 1. MOSE 41,43

... und ließ ihn auf seinem zweiten Wagen fahren und ließ vor ihm her ausrufen: Der ist des **Landes Vater**! Und setzte ihn über ganz Ägyptenland.

Die Nachkommen Josefs und seiner Brüder mehrten sich und wurden immer stärker, bis die Ägypter fürchteten, dass das Volk Israel ein Staat im Staate würde. Es wurde daher versklavt, musste hart arbeiten, wurde aber verpflegt (2. Mose 1,1ff.). Weiteres Wachsen dieses Volkes Israel sollte durch eine ganz besonders schlimme „Geburtenkontrolle" verhindert werden: Der Pharao hatte den Hebammen befohlen, gleich bei der Geburt alle Jungen zu töten (2. Mose 1,15ff.). Als die Hebammen sich weigerten, gebot der Pharao, alle Söhne, die geboren würden, in den Nil zu werfen (2. Mose 1,22). Einer Mutter gelang es jedoch, ihren neugeborenen Sohn zu verstecken. Als das nicht mehr möglich war, baute sie aus Schilf einen Kasten, in den sie ihren Sohn legte und ließ ihn im Nil treiben. Dort wurde er von der Tochter des Pharaos entdeckt, gerettet und adoptiert. Die Prinzessin nannte ihren Adoptivsohn **Mose** (verm. ägyptisch = Kind). In der Seemannssprache heißt darum das jüngste Besatzungsmitglied eines Schiffs, der Schiffsjunge, **Mose**, weil **Mose** nach der biblischen Überlieferung (2. Mose

2,1ff.) in einem Korb auf dem Nil schwamm, also schon frühkindlich maritim geprägt war. **Mose** genoss die Erziehung eines Prinzen und hatte eine fürstliche Zukunft vor sich. Aber er stand zu seiner Zugehörigkeit zum Volk Israel und wandte sich von der Familie des **Pharao** ab.

Mose wurde später von Gott dazu auserwählt, sein Volk aus der ägyptischen Sklaverei herauszuführen. Der **hartherzige** Pharao wollte aber diese billigen Arbeitskräfte nicht ziehen lassen. Gott versprach jedoch dem Mose Unterstützung durch viele **Zeichen und Wunder** (s. dort) und ließ daher **zehn Plagen über Ägypten** kommen:

2. MOSE 7,3

Aber ich will das **Herz** des Pharao **verhärten** und viele **Zeichen und Wunder** tun in Ägyptenland.

Eine dieser Plagen war eine dreitägige **Finsternis** über Ägypten (2. Mose 10,21-29), die sprichwörtliche **ägyptische Finsternis**. Als 10. Plage wurde alle Erstgeburt der Ägypter, Mensch und Vieh, getötet (2. Mose 12,29). Nachdem der Pharao nach jeder Plage immer wieder **sein Herz verhärtet** hatte (2. Mose 8,11), durfte – endlich – das Volk Israel Ägypten im **Auszug aus Ägypten** verlassen, dem **Exodus** (griech. Auszug) – das zweite Buch Mose trägt diesen Namen.

Als die mitgenommenen Vorräte verbraucht waren, begann das Volk Israel den alten Zeiten nachzutrauern, in denen es zwar versklavt war, sich jedoch nicht um Nahrung und Kleidung sorgen musste; es sehnte sich zurück nach den **Fleischtöpfen Ägyptens**.

2. MOSE 16,3

Und sie sprachen: Wollte Gott, wir wären in **Ägypten** gestorben durch des HERRN Hand, als wir bei den **Fleischtöpfen** saßen und hatten Brot die Fülle zu essen ...

Gott erbarmte sich über sein Volk und ließ Wachteln und das sprichwörtliche **Manna** vom Himmel regnen. **Manna** ist ein Sekret, das Tamariskenbäume und -sträucher aussondern, wenn sie von einer im Sinai heimischen Schildlausart gestochen werden. Es wird bis in unsere Zeit von den Beduinen auf der Sinaihalbinsel aufgelesen (IV.1, 132ff.)

Das Alte Testament enthält viele Rechtsvorschriften (s. **Recht**). Am bekanntesten sind **die Zehn Gebote**, die Gott seinem aus der Sklaverei in die Freiheit geführten Volk drei Monate nach dem **Auszug aus Ägypten** gab (2. Mose 19,1) und von denen die meisten in die Gesetze fast aller zivilisierten Staaten eingeflossen sind. Der Begriff „**Zehn Gebote**" ist in unsere Umgangssprache (einschl. Schlagertexte) eingegangen, ohne dass man dabei unbedingt die aus der Bibel meint. Man sollte sich jedoch immer wieder an diese Quelle – die Bibel – erinnern.

Wenn sich alles um Geld und materielle Werte dreht, spricht man vom **Tanz um das Goldene Kalb:** Mose war auf dem Berg Sinai, um dort von Gott die **Zehn Gebote** zu empfangen. Das zurückgebliebene Volk Israel fürchtete, Mose werde nicht zurückkehren, und überhaupt traute es der Sache mit dem unsichtbaren Gott nicht. Es wollte sich ein eigenes, handgreifliches Gottesbild machen. Aaron, der zurückgebliebene Bruder des Mose, fertigte daraufhin aus dem Goldschmuck der Israeliten ein Stierkalb, was allerdings ein bewusst verächtlicher Ausdruck ist, es handelte sich wohl mehr um einen Jungstier, das Sinnbild von Kraft und sexueller Potenz (I.7). Anschließend tanzten die Israeliten in einer Art sexueller Orgie um dieses **Goldene Kalb.**

Wo niemand Not leiden oder hungern muss, wo verbreitet Wohlstand herrscht, da ist ein **Land, wo Milch und Honig fließt**. Gott hatte seinem Volk Israel versprochen, es in ein solches Land zu führen:

▶ 2. MOSE 3,8[6]

Und ich bin hernieder gefahren, dass ich sie errette aus der Ägypter Hand und sie herausführe aus diesem Lande in ein gutes und weites Land, in ein **Land, darin Milch und Honig fließt ...**

6 S. a. 2. Mose 3,17; 33,3; 14,8; Jeremia 32,22; Hesekiel 20,6; Baruch 1,20.

Ein Vorhaben ist gescheitert; ein Mensch ist gestorben – man sagt **„über den Jordan gegangen"**. Davon ist aber hier keine Rede: Das Volk Israel hatte sich auf dem Zug durch die Wüste immer wieder gegen Mose gewandt, so auch, als ihnen das Wasser ausging (4. Mose 20,2ff.). Mose und sein Bruder Aaron flehten zu Gott, und Gott gebot ihnen, Mose solle zum Felsen reden, aus dem dann Wasser fließen würde, genug, um das Volk Israel und dessen Vieh zu versorgen. Mose aber schlug den Felsen mit seinem Stab und Gott sagte danach zu Mose und Aaron:

4. MOSE 20,12

Weil ihr nicht an mich geglaubt habt und mich nicht geheiligt habt vor den Israeliten, darum sollt ihr diese Gemeinde nicht ins Land bringen, das ich ihnen geben werde.

Später wiederholt er:

5. MOSE 3,27

du wirst nicht **über den Jordan** hier **gehen**.

Hinter dem Jordan liegt das **Gelobte Land,** nicht das vom Volk Israel gelobte, gepriesene, sondern das von Gott versprochene, dem Volk Israel Gelobte Land, **in dem Milch und Honig fließt**, in dem also niemand scheitern, sondern leben, erfolgreich leben soll.

ALLERHEILIGSTES

Wenn das Wort „**Allerheiligstes**" als ironische, spöttelnde Bezeichnung für einen Raum gebraucht wird, der von nur wenigen Auserwählten betreten werden darf, hat dies vielleicht mit Unwissenheit und möglicherweise auch einer zunehmenden Respektlosigkeit gegenüber allem, was anderen heilig ist, zu tun. Das **Allerheiligste** war der Raum in der Stiftshütte, in dem Gott während der Wüstenwanderung mit Mose sprach (2. Mose 29,42). In ihm befand sich auch die Bundeslade, in der die beiden steinernen Tafeln mit den Zehn Geboten aufbewahrt wurden. Gott selbst hatte Mose auf dem Berg Sinai den Auftrag zum Bau erteilt (2. Mose 25,40; Apostelgeschichte 7,44; Hebräer 8,5), und zwar mit bis ins Kleinste gehenden Anweisungen. Auch im Tempel in Jerusalem, der später an die Stelle der Stiftshütte getreten war, gab es das **Allerheiligste**. In das **Allerheiligste**, in das „Dunkel, darinnen Gott" ist (2. Mose 20,21), durfte nur der Hohepriester, und auch nur einmal im Jahr, am Großen Versöhnungstag (3. Mose 16), gehen, um hinter dem Vorhang durch das Blut des Opfertieres dem Volk Versöhnung zu erwirken (s. „Sündenbock"). In der katholischen Kirche ist das „**Allerheiligste**" die konsekrierte Hostie. In Gottes „Bauvorschriften" für die Stiftshütte heißt es:

2. Mose 26,34[7]

Und du sollst den Gnadenthron auf die Lade mit dem Gesetz tun, die im **Allerheiligsten** steht.

Almosen

- ausposaunen
- Lass deine linke Hand nicht wissen, was die rechte tut.

Das deutsche Wort **Almosen** leitet sich von dem griechischen Wort *eleemosyne* her, was „Mitleid" oder „Erbarmen" bedeutet: Wenn ein Bettler oder eine Bettlerin um eine kleine Gabe bitten und was wir ihnen dann aus Mitleid geben, das ist ein **Almosen**. Ob „Hartz IV" ein **Almosen** ist, von dem viele mehr schlecht als recht leben, möchte ich an dieser Stelle nicht erörtern. Dass manche Bezahlung kein der Leistung angemessenes Entgelt ist, sondern eher ein schäbiges **Almosen**, muss der Zahlende, der die Notlage des anderen schamlos ausnutzt, mit seinem Gewissen ausmachen – und später vor Gott verantworten.

Nicht für alle Ohren Bestimmtes, streng Vertrauliches, wird meist hinter vorgehaltener Hand im Flüsterton besprochen, man möchte ja schließlich nicht, dass es überall **ausposaunt** wird. In unserem nach-

[7] 1. Könige 6,16; Hebräer 9,3.

A

stehenden Bibelwort lehnt Jesus den **heuchlerischen** Brauch ab, größere **Almosen** im Tempel[8] laut auszurufen, vielleicht sogar mit einem diesen Ausruf ankündigenden Fanfaren- oder **Posaunenstoß**. Damit wendet er sich nicht gegen das Motto der Öffentlichkeitsarbeit „tue Gutes und rede darüber", sondern gegen das **heuchlerische** Element, mit dem die angebliche Wohltätigkeit des hochherzigen Spenders öffentlichkeitswirksam herausgestellt wird, dem es weniger um den förderungswürdigen Zweck geht als um seinen Bekanntheitsgrad.

Wer hat nicht schon einmal Recht, Rat oder Hilfe suchend im Wirrwarr von (Un-)Zuständigkeiten in einer chaotisch wirkenden Organisation den Eindruck gehabt, dass **die linke Hand nicht weiß, was die rechte tut** (und umgekehrt).

▶ MATTHÄUS 6,2FF.

2 Wenn du nun **Almosen** gibst, sollst du es nicht vor dir **posaunen** lassen, wie es die **Heuchler** tun in den Synagogen und auf den Gassen, damit sie von den Leuten gepriesen werden. Wahrlich, ich sage euch: Sie haben ihren Lohn schon gehabt. 3 Wenn du aber Almosen gibst, so **lass deine linke Hand nicht wissen, was die rechte tut.**

ALT UND GRAU

Auf eine vorlaute Bemerkung eines jungen Menschen gab es vor Jahren noch oft die Erwiderung: „**Alt und grau** kannst du werden, aber nicht frech!"

Samuel, nach dem zwei Bücher des Alten Testaments genannt werden, ist der letzte Richter Israels. Künftig soll ein König das Volk führen und regieren. Samuel legt Rechenschaft ab und führt den ersten König ein:

▶ 1. SAMUEL 12,2

Siehe, nun wird euer König vor euch herziehen; ich aber bin **alt und grau** geworden und meine Söhne sind bei euch ...

---

[8] S. a. Jericho, Scherflein.

A

Angesicht
– von Angesicht zu Angesicht

Manche(r) scheut die unmittelbare harte Auseinandersetzung, die zurechtweisende scharfe Kritik, bei der man sich **von Angesicht zu Angesicht** gegenübersteht.

Vertreter des Volkes Israel haben den Propheten Hesekiel aufgesucht, um zu erfahren, was Gott mit dem Volk vorhat; sie hören eine Gerichtsankündigung:

Hesekiel 20,33ff.

33 So wahr ich lebe, spricht Gott der HERR: Ich will über euch herrschen mit starker Hand und ausgestrecktem Arm und mit ausgeschüttetem Grimm 34 und will euch aus den Völkern herausführen und aus den Ländern, in die ihr zerstreut worden seid, sammeln mit starker Hand, mit ausgestrecktem Arm und mit ausgeschüttetem Grimm 35 und will euch in die Wüste der Völker bringen und dort mit euch ins Gericht gehen **von Angesicht zu Angesicht.**

In dem bekannten Hohelied der Liebe des Apostels Paulus steht die Verheißung, dass alle in der Vollendung Gott **von Angesicht zu Angesicht** sehen werden wie einst Mose (4. Mose 12,8):

1. Korinther 13,12

Wir sehen jetzt durch einen Spiegel ein dunkles Bild (wörtlich: im Rätsel/in rätselhafter Weise); dann aber **von Angesicht zu Angesicht** ...

Angst und bange

Angst und bange kann uns heute aus den unterschiedlichsten Gründen werden. Dem folgenden Zitat war eine Weissagung an den König Nebukadnezar der bisherigen Großmacht (wenn man das damalige Weltbild ansieht, sogar ***der*** Weltmacht) Babel vorausgegangen, dass sein Reich untergehen werde.

▶ JEREMIA 50,43

Wenn der König von Babel die Kunde von ihnen hören wird, so werden ihm die Hände niedersinken; ihm wird so **angst und bange** werden wie einer Frau in Kindsnöten.

APOKALYPSE

– kein Stein auf dem anderen

Wenn durch Naturgewalten oder Kriegshandlungen unzählige Menschen umkommen, alles grauenvoll zerstört, in **Schutt und Asche** (s. a. Sodom und Gomorra) gelegt wird, sodass **kein Stein auf dem anderen bleibt**, nennt man dies oft **Apokalypse** oder **apokalyptische Zerstörung. Apokalypse** (griechisch: *apokalypsis*) heißt „Enthüllung"/ „Offenbarung". Vor mehr als zweieinhalbtausend Jahren berichtete der Prophet Daniel, dass ihm die Deutung eines Traums, den König Nebukadnezar hatte und den keiner seiner Weisen ihm erklären konnte[9], von Gott offenbart wurde, dass dessen Reich, damals eine Großmacht, nach seinem Tode untergehen würde. Das letzte Buch der Bibel ist die **Apokalypse** oder *Offenbarung des Johannes.*

▶ DANIEL 2,19

Da wurde Daniel dies Geheimnis durch ein Gesicht in der Nacht **offenbart.**

In seinen Reden über die Endzeit (Matthäus 24,1-46; Markus 13,1-37 u. Lukas 21,5-36) sagt Jesus zu seinen Jüngern, die ihn gerade auf den herrlich anzusehenden Tempel hinweisen, es werde dort **kein Stein auf dem anderen bleiben**, der nicht zerbrochen werde. Diese Vorhersage erfüllte sich: 70 n. Chr. wurde der Tempel von den Römern zerstört.

▶ MATTHÄUS 24,2[10]

Er aber sprach zu ihnen: Seht ihr nicht das alles? Wahrlich, ich sage euch: Es wird hier **nicht ein Stein auf dem andern** bleiben, der nicht zerbrochen werde.

[9] S. a. Ägypten – Josef – und Koloss auf tönernen Füßen.

[10] S. a. Markus 13,2; Lukas 21,6.

A

Arbeit(en)/Arbeiter

- Du sollst dem Ochsen, der da drischt, nicht das Maul verbinden.
- Wer nicht arbeiten will, soll auch nicht essen.
- Ein Arbeiter ist seiner Speise wert.
- Ein Arbeiter ist seines Lohnes wert.

Ein Jahrtausende alter Appell, **gerechten Lohn** zu zahlen, sind die Bibelworte:

5. Mose 25,4

Du sollst dem Ochsen, der da drischt, nicht das Maul verbinden.

Matthäus 10,10[11]

... ein Arbeiter ist seiner Speise wert.

In seinem Kleinen Katechismus zählt Luther in der Erklärung zur vierten Bitte im Vaterunser „**Unser tägliches Brot gib uns heute**“ zum täglichen Brot: *„Alles was not tut für Leib und Leben, wie Essen, Trinken, Kleider, Schuh, Haus, Hof, Acker, Vieh, Geld, Gut, fromme Eheleute, fromme Kinder, fromme Gehilfen, fromme und treue Oberherren, gute Regierung, gut Wetter, Friede, Gesundheit, Zucht, Ehre, gute Freunde, getreue Nachbarn und desgleichen“* – also mehr als die Grundversorgung, das Existenzminimum.

Weil Gott beide, Mann *und* Frau, zu seinem Ebenbilde schuf, verbietet sich jede Geschlechterdiskriminierung, auch die unterschiedliche Bezahlung von Mann und Frau für gleiche Arbeit.

Das nachstehende Bibelwort wird nicht selten (absichtlich?) ohne das für die Aussage entscheidende Wort *„will“* zitiert.

2. Thessalonicher 3,10

Denn als wir bei euch waren, haben wir euch die Regel eingeprägt: **Wer nicht arbeiten will, soll auch nicht essen.**

[11] S. a. Lukas 10,7; 1. Timotheus 5,18.

Nur wer sich also weigert zu arbeiten, soll kein Recht auf die Existenzsicherung durch die Allgemeinheit haben.

ARG – IM ARGEN LIEGEN

Mit den Staatsfinanzen, mit der Ordnung im Büro etc. **liegt** einiges **im Argen** usw. Der Verfasser des 1. Johannesbriefes stellt am Schluss zusammenfassend fest: die ganze Welt **liegt im Argen**.

▶ 1. JOHANNES 5,19

Wir wissen, dass wir von Gott sind, und die ganze Welt **liegt im Argen**.

ASCHE

- Asche aufs Haupt
- Aschermittwoch
- seinen Kopf hängen lassen
- Erde zu Erde, Asche zu Asche, Staub zu Staub
- Von Asche bist du genommen, und zu Asche sollst du wieder werden.
- Sack und Asche
- Schutt und Asche → Sodom und Gomorra

Sack und Asche waren früher äußerliche Zeichen der Demut, Reue und Trauer. Man zog ein sackartiges Oberkleid aus Haaren an und bestreute seinen Kopf mit Asche. Auch heute sprechen wir davon, dass jemand reumütig **in Sack und Asche geht**, oder sagen tadelnd oder auch selbstkritisch „**Asche auf Dein** (**oder mein**) **Haupt**".

In der Schöpfungsgeschichte (1. Mose 2,7) steht, dass Gott der HERR den Menschen aus **Erde** vom Acker machte. Die Bibel berichtet z. B. von Abrahams Bitte um Verschonung von Sodom und Gomorra, dass er sie mit dem Hinweis einleitet, er sei nur „Erde und **Asche**" (1. Mose 18,27).

Bei Beerdigungen wirft der/die Geistliche dem ins Grab gesenkten

A

Sarg drei Schaufeln Erde mit den Worten nach: **Erde zu Erde, Asche zu Asche, Staub zu Staub.** Ebenfalls aus Beerdigungsgottesdiensten, mancherorts auch aus den Gottesdiensten zum **Aschermittwoch** oder am Sonntag Invocavit (dem ersten der Fastenzeit), sind die Worte bekannt „**von Asche bist du genommen, und zu Asche sollst du wieder werden**. Aber Jesus Christus (das Kreuz) will dich erlösen von deinen Sünden“ (oder „Du bist Erde und sollst zu Erde werden“ – 1. Mose 3,19).

Von dem großen Dulder Hiob wird berichtet, dass er sich in einer Zeit schwerster Prüfung in **Asche** setzte (Hiob 2,8). Jesaja (58,5) prangert Fastenrituale an, bei denen man sich kasteit, der Mensch **seinen Kopf hängen lässt** und sich in **Sack und Asche** bettet. Als der Prophet Jona auf Gottes Geheiß der Stadt Ninive ihren Untergang ankündigte und der König dies hörte, verließ er seinen Thron, **hüllte sich in** den **Sack und** setzte sich in die **Asche** (Jona 3,6).

Allgemein bekannt ist der **Aschermittwoch,** nicht nur als der erste Tag nach Ende des Karnevals oder Faschings. Er ist **Beginn der vierzigtägigen Fastenzeit bis zum Karsamstag**. Im Gottesdienst am Morgen dieses Tages werden die Menschen an der Stirn mit einem Kreuz aus **Asche** aus Palmzweigen vom Palmsonntag des Vorjahres gezeichnet.

Seit 1953 benutzen die politischen Parteien den **politischen Aschermittwoch** zur Abrechnung mit ihren politischen Gegnern (zuerst 1953 die CSU).

ESTER 4,3[12]

Und in allen Ländern, wohin des Königs Wort und Gebot gelangte, war ein großes Klagen unter den Juden, und viele fasteten, weinten, trugen Leid und lagen in **Sack und Asche**.

[12] S. a. Jesaja 58,5; – Jona 3,6; – Judit 4,14; 7,4; 9,1; Matthäus 11,21; Lukas 10,13.

A

AUFBLASEN

Stellt sich jemand größer, bedeutender oder wichtiger dar, als er tatsächlich ist, bezeichnen wir ihn als **aufgeblasen**. Paulus liest der Gemeinde in Korinth wegen ihrer Überheblichkeit die Leviten (s. dort):

1. KORINTHER 4,6[13]

Dies aber, liebe Brüder, habe ich im Blick auf mich selbst und Apollos gesagt um euretwillen, damit ihr an uns lernt, was das heißt: Nicht über das hinaus, was geschrieben steht!, damit sich keiner für den einen gegen den andern **aufblase**.

AUGE

- Augapfel
- sehendes Auge/sehenden Auges
- Augen öffnen
- Augen ausweinen
- Jemandem gehen die Augen über.

Der teilweise sichtbare, gewölbte, in der Augenhöhle liegende Teil des Auges (II.7), der **Augapfel**, ist besonders empfindlich und gefährdet, jede Verletzung kann zur Erblindung führen. Daher ist er besonders schutzbedürftig. Wer jemanden oder etwas **behütet wie seinen Augapfel**, will das Objekt seiner besonders ausgeprägten Wachsamkeit oder Fürsorge im höchsten Maße schützen, behüten.

Bevor Mose die Führung des Volkes Israel auf Josua überträgt, erinnert er das Volk Israel an alles, was Gott für es getan hat:

5. MOSE 32,10[14]

Er fand ihn in der Wüste, in der dürren Einöde sah er ihn. Er umfing ihn und hatte Acht auf ihn. Er behütete ihn wie seinen **Augapfel**.

---

13 S. a. 1. Korinther 5,2; Kolosser 2,18.

14 S. a. Psalm 17,8; Sprüche 7,1ff.; Sacharja 2,11f.

Wir können doch nicht eine(n) andere(n) leichtsinnig in Kenntnis der drohenden Folgen **sehenden Auges** ohne weiteres ins Unglück laufen lassen.

Jesus wird von seinen Jüngern gefragt, warum er so oft in Gleichnissen zu seinen Zuhörern redet. Er sagt, weil diese Zuhörer – anders als die Jünger – es sonst nicht verstehen. Sie haben zwar Augen, um zu sehen, und Ohren, um zu hören; aber sie sehen und hören trotzdem nicht:

▶ MATTHÄUS 13,13

Darum rede ich zu ihnen in Gleichnissen. Denn mit **sehenden Augen** sehen sie nicht und mit hörenden Ohren hören sie nicht; und sie verstehen es nicht.

Wenn andere den Wald vor lauter Bäumen nicht sehen oder ihre Augen vor Tatsachen verschließen, muss man ihnen die **Augen öffnen.**

Der Prophet Elisa wird verfolgt und ist von einer erdrückenden Streitmacht umzingelt. Das stört ihn aber nicht; anders als sein Diener weiß er sich unter dem Schutz Gottes:

▶ 2. KÖNIGE 6,17

Und Elisa betete und sprach: HERR, **öffne ihm die Augen**, dass er sehe! Da **öffnete** der HERR dem Diener **die Augen**, und er sah, und siehe, da war der Berg voll feuriger Rosse und Wagen um Elisa her.

Wer in größter Trauer fast bis zur Erschöpfung weint, hat sich redensartlich **die Augen ausgeweint.**

In den Klageliedern Jeremias werden der Untergang Judas und Jerusalems sowie die Zerstörung des Tempels durch die Truppen des Babylonierkönigs im Jahre 587 v. Chr. beklagt:

▶ KLAGELIEDER 2,11

Ich habe mir fast die **Augen ausgeweint**, mein Leib tut mir weh, mein Herz ist auf die Erde ausgeschüttet über dem Jammer der Tochter meines Volks.

Wir sehen etwas Unglaubliches, sind aufs Höchste überrascht, erstaunt, fasziniert, überwältigt, mit anderen Worten: **Uns gehen die Augen über.** In diesem Zusammenhang wird diese Redensart heute noch gebraucht. Seltener ist die andere Bedeutung: wer die Tränen nicht zurückhalten kann, dem **gehen die Augen über**.

Jesus erfährt, dass sein guter Freund Lazarus schwer erkrankt ist. Zwei Tage nach Erhalt dieser Nachricht macht sich Jesus – wissend, dass Lazarus inzwischen gestorben ist – auf den Weg zum Trauerhaus. Als er dort eintrifft, liegt Lazarus schon vier Tage lang im Grab. Lazarus' trauernde Schwestern führen Jesus vertrauensvoll dorthin. Beim Anblick des verschlossenen Grabes **gingen ihm die Augen über**.

JOHANNES 11,33FF.

33 Als Jesus sah, wie sie weinte und wie auch die Juden weinten, die mit ihr gekommen waren, ergrimmte er im Geist und wurde sehr betrübt 34 und sprach: Wo habt ihr ihn hingelegt? Sie antworteten ihm: Herr, komm und sieh es! 35 Und Jesus **gingen die Augen über**.

AUS UND EINGEHEN

Gehen wir bei anderen oder die bei uns **aus und ein**, so ist dies Ausdruck einer geradezu selbstverständlichen Vertrautheit, ja gegenseitigen Vertrauens:

JEREMIA 37,4[15]

Denn Jeremia **ging** noch unter dem Volk **aus und ein**, und man hatte ihn noch nicht ins Gefängnis geworfen.

AUSTREIBEN/AUSTREIBUNG – AUS DEM TEMPEL

- aus seinem Herzen keine Mördergrube machen
- Worte auf der Goldwaage wägen

Haben Sie schon gehört oder gelesen, jemand riskiere mit seinem Verhalten seine Entlassung, seinen Rausschmiss oder jemand sei **aus dem Tempel hinausgetrieben** worden? Oder haben Sie, alle Diplomatie, Konvention oder Höflichkeitsfloskeln beiseiteschiebend, **aus**

[15] S. a. Apostelgeschichte 1,21 und 9,28.

A

Ihrem Herzen keine Mördergrube gemacht und unverblümt Tacheles, Klartext geredet, so, wie Ihnen der Schnabel gewachsen ist? – Es gibt allerdings Situationen, da gebietet die Lebensklugheit, dass man seine Worte mit Bedacht wählt und sehr genau formuliert, was man sagen will, anders ausgedrückt, in denen man seine **Worte auf die Goldwaage legt**; denn es hat keinen Zweck, hinterher zu sagen, das hätte man so nicht gemeint. Man müsste es sonst mit Schiller halten „doch kaum ist dem dies Wort entfahren, möchte er's im Busen gern bewahren“ (Die Kraniche des Ibykus).

Die **Goldwaage** hat ihren Ursprung in der Weisheit Jesus Sirachs:

SIRACH 21,27

Die Schwätzer reden, wovon sie nichts verstehen; die Weisen aber **wägen** ihre **Worte mit der Goldwaage.**

Im Tempel in Jerusalem, der, anders als die christlichen Kirchen, nicht Versammlungshaus der Gemeinde, sondern Wohnung Gottes (II.11) war, hatten sich auch Geldwechsler angesiedelt, die fremde Währung in die für die Tempelsteuer allein akzeptierte wechselten, und Händler, die Opfertiere verkauften (II.11). Diesem Markttreiben, das sich mit seinem Verständnis vom Haus Gottes absolut nicht vereinbaren ließ, setzte Jesus mit seiner **Austreibung** ein Ende.

JEREMIA 7,11 (I.1–I.4)[16]

Haltet ihr denn dies Haus, das nach meinem Namen genannt ist, für eine **Mördergrube**[17]? Siehe, ich sehe es wohl, spricht der HERR.

MATTHÄUS 21,13

Und (Jesus) sprach zu ihnen: Es steht geschrieben: „Mein Haus soll ein Bethaus heißen“; ihr aber macht eine **Mördergrube** daraus.

---

[16] S.a. Matthäus 21,13; Markus 11,17; Lukas 19,46 (I.1–I.4).

[17] Ab Revision 1964 Räuberhöhle.

B

Balken → Recht
bange, angst und bange → Angst
barmherzig – barmherziger Samariter → Samariter
Belzebub – den Teufel mit dem Belzebub austreiben → Teufel
Benjamin → Ägypten
beugen, Recht beugen → Recht
bis hierher … → Hiob
bitterlich weinen → Hahn
Bleibe im Lande und nähre dich redlich. → Land
Blutgeld → Judas(lohn)
Böse
- böse Beispiele → Beispiele
- Das Dichten und Trachten des Menschenherzens ist böse. → Sintflut

Bruder, meines Bruders Hüter → Kain

BABYLONISCHE SPRACHVERWIRRUNG
– voll von süßem Wein

Von **babylonischer Sprachverwirrung** sprechen wir, wenn Menschen verschiedener Sprache miteinander reden, sich aber nicht verstehen. Die Bibel berichtet (1. Mose 11,1ff.), dass zunächst alle Welt in einer Sprache redete. Dann hatten Menschen, die sich einen Namen machen wollten, beschlossen, in Babylon (**Babel**) einen **Turm** zu **bauen**, dessen Spitze bis an den Himmel reicht. Sie wollten dort sein, wo Gott ist. Der aber kannte seine Menschen und wusste, dass sie nicht nur sein wollten, ***wo*** er ist, sondern auch so, ***wie*** er ist. Darum hat er ihre **Sprache verwirrt**; jeder hatte von nun an eine Sprache, die der andere nicht mehr verstand. Weiterhin hat Gott sie in alle Welt verstreut. Stadt und Turm konnten also nicht zu Ende gebaut werden.

1. MOSE 11,6FF.

6 Und der HERR sprach: Siehe, es ist einerlei Volk und einerlei Sprache unter ihnen allen, und dies ist der Anfang ihres Tuns; nun wird ihnen nichts mehr verwehrt werden können von allem, was sie sich vorgenommen haben zu tun.
7 Wohlauf, lasst uns herniederfahren und dort ihre **Sprache verwirren,** dass keiner des andern Sprache verstehe! 8 So zerstreute sie der HERR von dort in
alle Länder, dass sie aufhören mussten, die Stadt zu bauen. 9 Daher heißt ihr
Name **Babel,** weil der HERR daselbst **verwirrt** hat **aller Länder Sprache** und sie von dort zerstreut hat in alle Länder.

In der Apostelgeschichte wird unter der Überschrift „Das Pfingstwunder" von einer **Aufhebung der babylonischen Sprachverwirrung** berichtet: Nachdem die Jünger den Heiligen Geist empfangen hatten, fingen sie an, in allen Sprachen der in Jerusalem zur Feier des Festes der Erstlingsfrüchte der Weizenernte (Schawuot)[18] versammelten Menschenmenge zu predigen und wurden verstanden. Die dies hörten, reagierten unterschiedlich. Die einen entsetzt und ratlos: „Was will das werden?" Andere aber verspotteten die predigenden Jünger, sie wären **voll von süßem Wein**, also betrunken.

APOSTELGESCHICHTE 2,11FF.

11 Juden und Judengenossen, Kreter und Araber: wir hören sie in unsern Spra-
chen von den großen Taten Gottes reden. 12 Sie entsetzten sich aber alle und
wurden ratlos und sprachen einer zu dem andern: Was will das werden? 13 Andere aber hatten ihren Spott und sprachen: **Sie sind voll von süßem Wein.**

BEISPIEL(E) – BÖSE/SCHLECHTE BEISPIELE VERDERBEN GUTE SITTEN

Das gute Beispiel soll zur Nachahmung veranlassen: *„wie die Alten sungen, so zwitschern auch die Jungen"* oder: Das Warten an der roten Ampel, auch wenn kein Auto kommt, wirkt auch auf Kinder beispielhaft. Das Argument „so machen es doch alle" zählt nicht.

Das Sprichwort „böse (oder schlechte) Beispiele verderben gute

[18] Mehr dazu s. IV.3, S. 73ff.

B

Sitten" dürfte wohl aus einer Zusammenfassung der beiden nachstehend wiedergegebenen Aussagen entstanden sein:

WEISHEIT 4,12

Denn **böse Beispiele verderben das Gute,** und die lockende Begierde verkehrt den arglosen Sinn.

1. KORINTHER 15,33

Lasst euch nicht verführen! **Schlechter Umgang verdirbt gute Sitten.**

BESTEHEN

- vor jemandem/etwas bestehen

Vor jemandem (z. B. bei einem Bewerbungsgespräch) oder vor etwas (z. B. einer Herausforderung, einem Examen) **bestehen,** heißt erfolgreich sein, umgekehrt heißt **nicht bestehen,** scheitern.

Jonathan, der Befehlshaber der jüdischen Truppen, wird vom gegnerischen Heerführer provoziert, er sei ja nur stark im Gebirge, in der Ebene habe er keine Chance (eine Fehleinschätzung, denn Jonathans Truppen schlagen die Feinde vernichtend, 1. Makkabäer 10,74-85):

1. MAKKABÄER 10,73

Noch viel weniger kannst du vor einem so großen Heer an Reiterei und Fußvolk in der Ebene **bestehen,** wo keine Berge und Felsen sind oder sonst ein Ort, wohin man fliehen könne.

BITTEN

- Bittet, so wird euch gegeben.
- Suchet, so werdet ihr finden.
- Klopfet an, so wird euch aufgetan.
- Wer (da) sucht, der findet.

Die Zahl derer, die bitten, ist gemeinhin größer als die Zahl derer, die danken (IV.6, 28.3.).

Das nachstehende ist eines der am häufigsten gebrauchten Zita-

B

te aus der Bibel. Es wird oft in seine „Einzelteile“ zerlegt und ohne Kenntnis des biblischen Ursprungs verwendet. Bei Matthäus steht es in der Bergpredigt Jesu. Bei Lukas gehört es zu Jesu Gleichnis vom bittenden Freund, der um Mitternacht unerwarteten Besuch bekommt, den er bewirten möchte und sich deshalb bei einem Nachbarn und Freund drei Brote leihen möchte, was dieser erst nach wiederholtem *„unverschämten Drängen“* tut. Beide Berichte sind die Aufforderung zum beharrlichen Gebet, dem die Erhörung gewiss ist.

▶ MATTHÄUS 7,7[19]

Bittet, so wird euch gegeben; suchet, so werdet ihr finden; klopfet an, so wird euch aufgetan.

BLINDHEIT

– jemanden mit Blindheit schlagen

Sprichwörtlich, redensartlich **mit Blindheit geschlagen** ist jemand, der den Wald vor lauter Bäumen nicht sieht. In der Geschichte vom Untergang von Sodom und Gomorra waren es die beiden Engel, die Gott nach Sodom schickte, um den gerechten Lot aus der verdorbenen Stadt zu retten, die den Mob vor Lots Haustür mit Blindheit schlugen:

▶ 1. MOSE 19,11[20]

Und **sie schlugen** die Leute vor der Tür des Hauses, klein und groß, **mit Blindheit,** so dass sie es aufgaben, die Tür zu finden.

---

[19] S. a. Lukas 11,9f.

[20] S. a. 5. Mose 28,28; 2. Könige 6,18; Weisheit 19,16.

B

Blut

- unschuldiges Blut
- Blutrache
- Blutschande
- eigenes Fleisch und Blut

An vielen Stellen ist in der Bibel von **unschuldigem Blut** die Rede, das vergossen wurde. In den Nachrichten wird geradezu inflationär von „**unschuldigem Blut**" oder „unschuldigen Opfern" gesprochen – ein problematischer Sprachgebrauch, denn gibt es „schuldiges Blut" oder „schuldige" Opfer? Im Alten Testament stand die Wendung vom „unschuldigen Blut" im Zusammenhang mit der Blutrache:

5. Mose 19,10[21]

... auf dass nicht **unschuldiges Blut** in deinem Lande vergossen werde, das dir der HERR, dein Gott, zum Erbe gibt, und so Blutschuld auf dich komme.

Nach uraltem Rechtsempfinden fordert jeder Mord Sühne. Bevor es eine öffentliche Gerichtsbarkeit gab, oblag diese Sühne (als Rache) dem Sippenverband. Der nächste männliche Verwandte des Ermordeten (der „**Bluträcher**") hatte die Pflicht, den Mörder oder an seiner Stelle ein Mitglied von dessen Sippe zu töten. Schon im Alten Testament findet sich aber das Bestreben, nahe liegenden Missbräuchen der Sippenrache zu begegnen, und es wurden Freistädte eingerichtet, in denen ein von Bluträchern verfolgter Zuflucht finden konnte. Das Neue Testament führt darüber hinaus zum grundsätzlichen Verzicht auf Rache (Matthäus 5,38-39; Römer 12,19-21 – II.11).

4. Mose 35,12[22]

Und es sollen unter euch diese Städte eine Zuflucht sein vor dem **Bluträcher**, dass der nicht sterben muss, der einen Totschlag getan hat, bis er vor der Gemeinde vor Gericht gestanden hat.

[21] S. a. 5. Mose 27,25.

[22] S. a. 4. Mose 35,19.

B

Geschlechtsverkehr zwischen Verwandten (**Blutschande**, Inzest) ist strafbar (§ 173 StGB). Schutzzweck dieser Vorschrift ist die Freihaltung der engsten Familie von sexuellen, mit der Ehe unvereinbaren Beziehungen (II.11). Die nationalsozialistische Rassenideologie bezeichnete jede Art von sexuellen Beziehungen zwischen sog. Ariern und Nichtariern, insbes. Juden, als **Blutschande** und ahndete sie unbarmherzig.

> 3. MOSE 20,17
>
> Wenn jemand seine Halbschwester nimmt, seines Vaters Tochter oder seiner Mutter Tochter, und sie miteinander Umgang haben, so ist das **Blutschande** ...

Wenn wir (selten ohne Pathos) von **unserem eigenen Fleisch und Blut** sprechen, meinen wir unsere nächsten Angehörigen.

Josef, der von seinem Vater Israel vor seinen Brüdern Bevorzugte, sollte von diesen getötet werden. Sein Bruder Ruben verhinderte dies jedoch. Mord an nächsten Verwandten, also am **eigenen Fleisch und Blut**, war ein schweres, todeswürdiges Verbrechen. Josef wurde daher *nur* in die Sklaverei verkauft (s. Ägypten).

> 1. MOSE 37,27
>
> Kommt, lasst uns ihn den Ismaelitern verkaufen, damit sich unsere Hände nicht an ihm vergreifen; denn er ist unser Bruder, **unser Fleisch und Blut.**

BÖSE BUBEN

Meist wird das nachstehende Zitat im Scherz (häufig mit dem Zusatz *sondern geh voran*) gebraucht:

> SPRÜCHE 1,10
>
> Mein Sohn, wenn dich die **bösen Buben** locken, so folge nicht.

Hier ist aber nicht die Rede von Lausbuben. Aus den der obigen Schriftstelle folgenden Versen ergibt sich vielmehr, dass es sich bei diesen **bösen Buben** um eine Bande von Raubmördern handelt, vor deren Aufforderung zum gemeinsamen Raubmord Salomo warnt.

B

Brief

- Brief und Siegel
- besiegeln
- versiegeln
- offener Brief → offen

Früher, als die wenigsten Menschen lesen und schreiben konnten, wurden Gesetze, Verordnungen etc. vom König oder anderen Landesherren durch Eindrücken seines **Siegels** (Siegelring) in den **Siegellack** (Petschaft) als von ihm persönlich erlassen gekennzeichnet. Sie waren damit rechtsgültig. Enthielt eine solche gesiegelte Urkunde ein Urteil, dann war das Schicksal dessen, gegen den es erging, oft **besiegelt**.

Soll sichergestellt werden, dass der Inhalt eines Briefumschlags nicht von Unbefugten oder nicht zur Unzeit geöffnet wird, dann wird er auch heute noch **versiegelt**. Nur das unbeschädigte **Siegel** bietet die Gewähr dafür, dass der Inhalt sich noch im Originalzustand befindet und noch niemandem anderen als dem Absender bekannt ist. Wird z. B. ein Geheimnis einem anderen unter dem Siegel der Verschwiegenheit anvertraut, dann soll damit sichergestellt sein, dass es kein anderer erfährt. Redensartlich wird die Wahrheit einer Aussage z. B. mit der Erklärung bekräftigt „da gebe ich **Brief und Siegel** drauf".

Der Kaufvertrag, ein **versiegelter** und von Zeugen bestätigter Kauf**brief**, von dem in dem nachstehenden Bericht die Rede ist, wurde vor etwa zweitausendfünfhundert Jahren geschlossen.

▶ Jeremia 32,10-14[23]

10 Und ich schrieb einen Kauf**brief** und **versiegelte** ihn und nahm Zeugen dazu und wog das Geld dar auf der Waage nach Recht und Gewohnheit. 11 Und ich nahm den **versiegelten** Kauf**brief** und die offene Abschrift 12 und gab beides Baruch, dem Sohn Nerijas, des Sohnes Machsejas, in Gegenwart Hanamels, meines Vetters, und der Zeugen, die unter dem Kaufbrief geschrieben standen, und aller Judäer, die im Wachthof sich aufhielten, 13 und befahl Baruch vor ihren Augen: 14 So spricht der HERR Zebaoth, der Gott Israels: Nimm diese **Briefe**, den **versiegelten** Kauf**brief** samt dieser offenen Abschrift, und lege sie in ein irdenes Gefäß, dass sie lange erhalten bleiben.

[23] S. a. Jeremia 32,44.

Brot – der Mensch lebt nicht vom Brot allein

B

Als Mose im Auftrag Gottes dem Volk Israel die Zehn Gebote überbrachte, erinnerte er es an die Jahre in der Wüste nach der Flucht aus Ägypten (s. dort), daran, dass Gott es in dieser Zeit nach **Brot** hungern ließ und mit Manna (s. dort) speiste, um ihm zu zeigen, dass der Mensch sein Leben nicht selbst sichern kann, sondern letztlich Gott „Wachsen und Gedeihen“ [24] gibt, wie wir jedes Jahr am Erntedankfest singen.

5. Mose 8,3

Er demütigte dich und ließ dich hungern und speiste dich mit Manna, das du und deine Väter nie gekannt hatten, auf dass er dir kundtäte, dass **der Mensch nicht lebt vom Brot allein**, sondern von allem, was aus dem Mund des HERRN geht.

Buch – mit sieben Siegeln

Ein „**Buch mit sieben Siegeln**“ ist etwas mit schwer oder überhaupt nicht Verständlichem, Geheimnisvollem oder sogar Geheimem, Verborgenem.

In der Offenbarung des Johannes ist die Rede von dem **Buch mit sieben Siegeln**, das die von Gott vorherbestimmten Ereignisse der Endzeit enthält.[25]

Offenbarung 5,1[26]

Und ich sah in der rechten Hand dessen, der auf dem Thron saß, ein **Buch,** beschrieben innen und außen, versiegelt **mit sieben Siegeln**.

---

24 Matthias Claudius: Wir pflügen und wir streuen den Samen auf das Land, doch Wachstum und Gedeihen steht in des Himmels Hand (IV.9 – 508,1).

25 Gemeint ist damit eine versiegelte Schriftrolle: Im Römischen Reich wurden Testamente von dem Erblasser und sechs Zeugen versiegelt – und das Testament trat in Kraft, wenn die Siegel feierlich gebrochen, die Schriftrolle aufgerollt und ihr Inhalt verlesen wurde.

26 S. a. Offenbarung 5,5.

B

Buße (s. a. Asche)

– herzzerreißend

Lassen Sie uns doch einmal sinn- und sachverwandte Wörter zu „**Buße**" auflisten: Entschädigung, Vergeltung, Sühne, Ver- oder Ab**büßung** von Strafe, Heimzahlung. **Buß**geld, **Buß**geldverfahren, **Buß**geldkatalog, **Buß**geldstelle, Geld**buße**, also Begriffe, die etwas Strafendes, Rächendes, Vergeltendes ausdrücken, mindestens entsprechende Gedankenverbindungen herstellen. Nachdem der **Buß- und Bettag** vor einigen Jahren als gesetzlicher – arbeitsfreier – Feiertag abgeschafft wurde, ist er weitgehend aus dem öffentlichen Bewusstsein verschwunden. Zwar feiert die evangelische Kirche an diesem Tage abends Gottesdienste; aber ansonsten ist allein schon der Name **Buß- und Bettag** unverständlich: „Wir haben niemandem etwas getan, wir haben uns nichts zuschulden kommen lassen …". Sind uns die Worte **Buße** und Sünde nur im Zusammenhang mit **Buß**geldzahlungen oder in Verbindung mit der Behörde in Flensburg bekannt, also mit Strafe für Gesetzesverstöße? Stimmt es, was der damalige Präsident des OLG Braunschweig 1988 schrieb: „Ich weiß wohl, dass Begriffe wie **Buße** und Reue in der Vorstellungswelt moderner Menschen – leider auch vieler Christen – kaum noch Platz haben" (III.5a)?

Wenn in der Bibel von **Buße** geredet wird, ist regelmäßig **Umkehr** vom falschen Weg gemeint. Wird auf der Autobahn ein „Geisterfahrer" gesichtet, warnt der Verkehrsfunk alle auf dem betreffenden Autobahnstück. In Holland warnt ein gut sichtbarer Leuchtschrifthinweis jeden, der die falsche Fahrspur benutzen will: GEHEN SIE ZURÜCK!

Wenn mich jemand darauf aufmerksam macht, dass ich mich in meiner Beziehung zu Gott und zu meinen Mitmenschen auf gefährlichem, falschem Wege befinde und mich zum Umkehren auffordert, dann ist solch eine Warnung und ihre Befolgung nichts, was mich veranlassen soll, in Sack und Asche (s. dort) zu gehen. Ich darf vielmehr heilfroh darüber sein und werde hoffentlich sofort umkehren; also im biblischen Sinne **Buße** tun.

Für diejenigen, die – nicht nur am **Buß- und Bettag** – ihre Bezie-

B

hung zu Gott und vielleicht auch zu anderen Menschen in Ordnung bringen wollen, möge eine Erinnerung einen Denkanstoß geben: Ende der vierziger, Anfang der fünfziger Jahre habe ich eine Erzählung gelesen. Als dort im Gottesdienst das gemeinsame Vaterunser gebetet wurde, hat an der Stelle, wo es heißt „und vergib uns unsere Schuld, wie auch wir vergeben unseren Schuldigern“ der Pastor dieses Gebet mit dem Ausruf „gestört“: **HERR, tu es nicht – wir tun es ja auch nicht!** – Sehen Sie das anders?

Unser Pastor hat uns im Konfirmandenunterricht immer wieder gesagt: „Ihr könnt alles vergessen, was ihr hier lernt, nur eines nicht: Mit Gott könnt ihr jeden Morgen ganz neu anfangen.“ Das sagt auch Martin Buber (IV.15, S. 755): „Die große Schuld des Menschen sind nicht die Sünden, die er begeht – die Versuchung ist mächtig und seine Kraft gering! Die große Schuld des Menschen ist, dass er in jedem Augenblick die Umkehr tun kann und nicht tut.“

Martin Luther hat der „**Buße**“ die erste seiner fünfundneunzig Thesen gewidmet: Da unser Herr und Meister Jesus Christus spricht: „Tut **Buße**“, hat er gewollt, dass das ganze Leben der Gläubigen **Buße** sei.

▶ HIOB 42,6[27]

Darum spreche ich mich schuldig und tue **Buße** in Staub und Asche.

Wir sprechen von einer **herzzerreißenden Klage**, von **herzzerreißendem Weinen**, wenn Situationen unser tiefstes Mitgefühl hervorrufen. Ursprünglich meinte diese Wendung jedoch ein tiefstes Verzagtsein über sich selbst, so sieht der Prophet Joel in einer mit lang anhaltender Dürre einhergehenden Heuschreckenplage die Ankündigung des Weltgerichts am Jüngsten Tag und ruft das Volk Israel zur **Buße** auf, zur Umkehr vom bisherigen falschen Weg:

[27] S. a. Esra 7,26; Weisheit 12,10; 12,19; Sirach 44,16; Gebet Manasses 7f.; Matthäus 3,2; 3,8; 4,17; 12,41; 21,32; Markus 1,4; 1,15; 6,12; Lukas 3,3; 3,8; 5,32; 10,13; 11,32; 15,7; 15,10; 16,30; 24,47; Apostelgeschichte 2,38; 5,31; 8,22; 13,24; 17,30.

▶ Joel 2,13

Zerreißt eure Herzen und nicht eure Kleider und bekehrt euch zu dem HERRN, eurem Gott …

Das Zerreißen der **Kleider** war ein Zeichen der Trauer und besonders der Umkehr. Wenn es jedoch bei der äußeren Form bleibt und das **Herz** als Sitz des Willens nicht beteiligt ist, hat die ganze Bußfeier keinen Sinn. (I.7)

C – D

Damaskuserlebnis → Saulus
David → Goliath
Dichten und Trachten → Sintflut
dienstbare Geister → Geist
Ding – Der Glaube ist nicht jedermanns Ding. → Glaube
dreschen → Arbeit(en)/Arbeiter

Denken

- Der Mensch denkt und Gott lenkt.
- Denkzettel

Läuft es einmal anders als gedacht, heißt es oft „**Der Mensch denkt und Gott lenkt**". Zurückzuführen ist diese Einsicht auf ein Wort aus den Sprüchen Salomos, das auch auf vielen Grabsteinen steht:

▶ Sprüche 16,9

Des Menschen Herz erdenkt sich seinen Weg; **aber der HERR** allein **lenkt** seinen Schritt.

Soll jemand auf keinen Fall etwas (meist Unangenehmes) vergessen, dann verpassen wir ihm sinnbildlich einen **Denkzettel**. Im 16. Jh. hängte man Schülern in den Klosterschulen bei mehrmaligen Vergehen Schandzettel an einer Schnur um den Hals, auf denen die Übertretungen geschrieben waren. Je nach Art der Verfehlung hatten die Schüler diese **Denkzettel** mehrere Tage zum Gespött der Mitschüler (auf dem Rücken) zu tragen. Daraus leitet sich der heutige Sinn des Begriffs **Denkzettel** als einer Strafe ab, die uns in Erinnerung bleiben soll (II.19 „Denkzettel“ und II.7).

Biblisch ist der Begriff **Denkzettel** auf den Auftrag Gottes an Mose (4. Mose 15,38ff.) zurückzuführen, dass die Israeliten sich zur Erinnerung an seine Gebote an ihre Oberkleidung Quasten (Gebetsriemen) machen sollten. Der Prophet Maleachi (Kap. 3,16) tröstet das Volk Israel mit der Aussage, dass für die Gottesfürchtigen vor Gott ein **Denkzettel** geschrieben ist, der ihn an sie erinnert. Jesus kritisiert die Schriftgelehrten und Pharisäer wegen ihrer vielen religiösen Forderungen, an die sie sich selbst nicht halten und ihre „Frömmigkeit“ nur zur Schau tragen, u.a. durch breite **Denkzettel** (Gebetsriemen) an ihrer Kleidung.

▶ 4. MOSE 15,38FF.

38 Rede mit den Israeliten und sprich zu ihnen, **dass sie** und ihre Nachkommen **sich Quasten machen** an den Zipfeln ihrer Kleider und blaue Schnüre an die Quasten der Zipfel tun. 39 Und dazu sollen die **Quasten** euch dienen: Sooft ihr sie anseht, sollt ihr an alle Gebote des HERRN denken und sie tun, damit ihr euch nicht von eurem Herzen noch von euren Augen verführen lasst und abgöttisch werdet, 40 sondern ihr sollt an alle meine Gebote denken und sie tun, dass ihr heilig seid eurem Gott.

▶ MALEACHI 3,16 (SO IN I.1–I.13)[28]

Aber die Gottesfürchtigen trösten sich untereinander also: Der HERR merkt und hört es, und vor ihm ist ein **Denkzettel** geschrieben für die, so den Herrn fürchten, und an seinen Namen gedenken.

[28] S.a. Matthäus 23,5 (I.1–I.3).

Doppelt (genäht) hält besser.

„**Doppelt genäht hält besser**" ist eine banale Erfahrungstatsache, die jede(r) Näherfahrene bestätigen kann. Sie dürfte aus dem nachstehenden Bibelwort abgeleitet sein (II.16):

▶ Prediger 4,12

Einer mag überwältigt werden, aber zwei können widerstehen, und eine dreifache Schnur reißt nicht leicht entzwei.

Dorn im Auge

Wohl jeder von uns kennt das unangenehme, ja schmerzhafte Gefühl, das schon der kleinste Fremdkörper im Auge auslöst. Wie soll es da erst mit einem **Dorn im Auge** sein, der das Augenlicht bis hin zur Erblindung bedrohen kann, wenn er nicht schnellstens entfernt wird.

Irgendetwas oder irgendwer ist uns **ein Dorn im Auge** – der nachstehende Bibelvers, aus dem diese Redensart stammt, handelt von der Landnahme des Volkes Israel und der von Gott befohlenen Vertreibung der Urbevölkerung Kanaans. Blieben die Kanaaniter im Lande, würden sie für Israel zu einer lebensbedrohlichen Gefahr werden:

▶ 4. Mose 33,55

Wenn ihr aber die Bewohner des Landes nicht vor euch her vertreibt, so werden euch die, die ihr übrig lasst, zu **Dornen in euren Augen** werden und zu Stacheln in euren Seiten und werden euch bedrängen in dem Lande, in dem ihr wohnt (zum „Balken im Auge" s. Recht).

Dunkel – im Dunkeln tappen

Wir bewegen uns im Dunkeln unsicher tastend vorwärts, oder suchen immer wieder vergeblich nach einer Lösung für ein Problem oder eine Aufgabe, oder werden von anderen in einem Zustand der Unsicherheit bzw. Unwissenheit belassen; wir **tappen** also **im Dunkeln** (II.7).

Mose kündigt dem Volk Israel Segen und Fluch an, Segen, wenn es dem Wort Gottes gehorcht, anderenfalls Fluch. In diesem Zusammenhang finden wir auch diese Redensart:

▶ 5. MOSE 28,29

Und du wirst **tappen** am Mittag, wie ein Blinder **im Dunkeln** und wirst auf deinem Wege kein Glück haben und wirst Gewalt und Unrecht leiden müssen dein Leben lang und niemand wird dir helfen ...

E

Eden – Garten Eden → Adam und Eva
Elle – mit gleicher Elle messen → Maß
Ernte(n) → säen
Erste – Die Letzten werden die Ersten und die Ersten die Letzten sein. → letzte
Essen – Wer nicht arbeiten will, soll auch nicht essen. → Arbeit(en)/Arbeiter
Eva → Adam und Eva
Exodus → Ägypten

EHRE

- Ehre einlegen
- Ehre, wem Ehre gebühret
- in Ehren halten
- ehrbar

Wir haben eine **Ehre**, genießen Ansehen, die Wertschätzung oder **Verehrung** durch andere, wir werden **geehrt**, wollen **Ehre einlegen**, als **ehrbar** gelten, unsere **Ehre** oder die unserer Familie, unseres Landes usw. wird angegriffen, **ehrenrührige** Behauptungen sollen den guten

Ruf zerstören, jemand wird **unehrenhaft** entlassen – die Verbindungen mit „**Ehre**“ können Seiten füllen.

Im ersten Buch der Makkabäer, das vom Aufstand der Juden gegen das griechische Seleukidenreich handelt, wird von zwei **ehrgeizigen** jüdischen Offizieren berichtet, dass sie gegen ausdrücklichen Befehl ihre Truppen in die Schlacht schickten, und zwar mit der Begründung:

E

▶ 1. MAKKABÄER 5,57

Auch wir wollen **Ehre einlegen** und die Heiden um uns her angreifen.

Sie wollen durch ihren Angriff Ehre für sich erwerben und es anderen, siegreichen jüdischen Anführern gleichtun, aber scheitern damit kläglich.

Paulus fordert die Gemeinde in Rom auf, sich der gottgewollten gesellschaftlichen (auch der staatlichen) Ordnung zu fügen. Dies bedeutet z. B. demjenigen **Ehre** zu geben, **dem die Ehre gebührt** (s. a. Obrigkeit):

▶ RÖMER 13,7

So gebt nun jedem, was ihr schuldig seid: Steuer, dem die Steuer gebührt; Zoll, dem der Zoll gebührt; Furcht, dem die Furcht gebührt; **Ehre, dem die Ehre gebührt.**

Die Gemeinde in Philippi, der er die Entsendung eines seiner Mitarbeiter ankündigt, ermahnt Paulus, Menschen, die sich so einsetzen, **in Ehren** zu **halten**, sich ihnen unterzuordnen:

▶ PHILIPPER 2,29

So nehmt ihn nun auf in dem Herrn mit aller Freude und **haltet** solche Menschen **in Ehren.**

EINER NACH DEM ANDEREN

Wenn in einer Diskussion alle durcheinander reden, wird oft gemahnt, alle könnten zwar zusammen singen, aber nicht reden. Auch wenn irgendwo gedrängelt wird, hören wir nicht selten **„einer nach dem anderen"**.

1. KORINTHER 14,31

Ihr könnt alle prophetisch reden, doch **einer nach dem andern**, damit alle lernen und alle ermahnt werden.

ELFENBEINTURM

Äußert sich jemand (meist Wissenschaftler) ohne jeden Bezug zur Alltagswirklichkeit und in Redewendungen, die selbst für Fachleute nur schwer zu verstehen sind, heißt es, er oder sie lebe in einem **Elfenbeinturm**. Eine solche Person gilt als weltfremd, abgekapselt vom täglichen Leben der anderen, nur mit dem eigenen Fachgebiet beschäftigt; mit anderen Worten: ein solcher Mensch ist nur Theoretiker, von wenig oder keinerlei Praxiswissen getrübt.

Im Hohelied Salomos beschreibt der Bräutigam die Schönheit seiner Braut:

HOHELIED 7,4 (I.1–I.2)

„Dein Hals ist wie ein **Elffenbeinen thurm**. Deine Augen sind wie die Teiche von Hesbon am thor Batrabbim. Deine Nase ist wie der Thurm auff Libanon, der gegen Damascon sihet. (LU 1545)

Allem Anschein nach war ein langer, blasser Hals damals ein Schönheitsideal (III.2, 08.05.2001). Das Bild vom **Elfenbeinturm** wird in der christlichen Tradition als Symbol edler Reinheit verstanden (II.19).

Ende

- sein Haus bestellen
- ein Ende mit Schrecken
- das Ende ist gekommen

E

Die 11. Klasse eines kirchlichen Gymnasiums reagierte auf die Frage, was der/die Einzelne tun würde, wenn er/sie nur noch einen Tag zu leben hätte, überrascht und bestürzt (IV.16): „Ich würde damit nicht klarkommen“; mit Freunden einfach nur Spaß haben; ausgiebig von allen, die einem lieb sind, verabschieden, von ihnen erfahren, was sie an einem hatten; sich fragen, ob das Leben einen Sinn gehabt hat; der Wunsch nach der Chance, Menschen klarzumachen, dass Nächstenliebe, ja Liebe schlechthin, das Wichtigste im Leben ist; das Leben Revue passieren lassen und zu dem Schluss kommen, dass es kurz aber okay war; noch einmal eine Liebesnacht; eine Fahrt mit einem geklauten Mercedes auf die Reeperbahn.

Gespräche mit Freunden, Eltern, Verwandten waren für alle wichtig, ein Gespräch mit Gott für keinen: „Wenn man an Gott glaubt und entsprechend gelebt hat, gibt es keinen Grund, am letzten Tag noch darum zu betteln, in den Himmel aufgenommen zu werden.“ Oder: „Auf den letzten Drücker noch so etwas wie einen Ablassbrief zu erwerben, heißt Gott als Retter in der Not missbrauchen.“

Sind das wirklich alles nur mit dem Alter der Befragten (16 Jahre) erklärbare Antworten? Und was wäre Ihre Antwort?

Bis vor nicht allzu langer Zeit war es selbstverständlich, dass man seine „Rechnung mit Gott“ machte, wenn das Ende nahte, dass man sich auf das Sterben vorbereitete, mit der Sprache der Bibel „**sein Haus bestellte**“. Daher betete man um Bewahrung vor einem plötzlichen, unerwarteten Tod. Ganz anders unsere Befragten: Für keinen einzigen war ein letztes Gespräch mit Gott wichtig.

Einer der beiden mit Jesus Gekreuzigten hat sich in auswegloser Lage, in den letzten Minuten seines Lebens, Jesus anvertraut: „Gedenke an mich, wenn du in dein Reich kommst“. So ein Vertrauen möchte ich auch haben, nicht nur im letzten Augenblick. – Sicher, ich habe damit nichts in der Hand – aber ER hat mich in der Hand!

Tiefer kann ich nicht fallen! Und das ist für mich wichtig, auch, wenn ich nur noch einen Tag zu leben hätte.

Im folgenden biblischen Beispiel, dem Selbstmord des Ahitofel, endet ein Leben tragisch[29]:

2. SAMUEL 17,23

... Ahitofel ... machte sich auf und zog heim in seine Stadt und **bestellte sein Haus** und erhängte sich und starb und wurde begraben in seines Vaters Grab.

Oft heißt es: besser ein **Ende mit Schrecken** als ein Schrecken ohne Ende. Der Beter des 73. Psalms betet sogar dafür, dass „Gottlose" **ein Ende mit Schrecken nehmen.**

PSALM 73,19

Wie werden sie so plötzlich zunichte! Sie gehen unter und nehmen **ein Ende mit Schrecken.**

Der Prophet Jeremia kündigt die Vernichtung Babels an:

JEREMIA 51,13

Die du an großen Wassern wohnst und große Schätze hast, **dein Ende ist gekommen,** dein Geiz ist aus. (I.3)

ENGEL(S)ZUNGEN

Angenommen, ich versuche mit aller Kraft, jemanden zu etwas bewegen, zu überreden oder zu überzeugen. Nun schildere ich ihm/ihr dies immer wieder geduldig und so eindringlich wie möglich mit den besten, edelsten, schönsten, überzeugendsten Gründen und in den leuchtendsten Farben, so rede ich wie mit **Engelszungen.**

Das dreizehnte Kapitel des ersten Korintherbriefes, in dem dieses

[29] Ahitofel, Ratgeber von König David, hatte sich der Revolte des Prinzen Absalom gegen David angeschlossen. Doch er musste feststellen, dass Absalom nicht auf seinen Rat hörte und zog drastische Konsequenzen.

Wort steht, trägt die Überschrift „Das Hohelied der Liebe", wobei Paulus an Engelszungen im wahrsten Sinne des Wortes gedacht hat:

1. KORINTHER 13,1

Wenn ich mit Menschen- und mit **Engelzungen** redete und hätte die Liebe nicht, so wäre ich ein tönendes Erz oder eine klingende Schelle.

ERDBODEN – VOM ERDBODEN VERSCHLUNGEN/VERSCHLUCKT

Jemand, der eben noch hier gewesen war, ist plötzlich nicht mehr da, verschwunden, **wie vom Erdboden verschluckt.**

Korach, der zum Stamm Levi gehörte und damit auch zum Dienst an der Stiftshütte bestimmt war, wiegelte 250 Männer auf, sich gegen die Vorherrschaft Aarons und Mose zu wehren. Auch sie wollten aktiv am Opferdienst teilnehmen; der alleinige Dienst an der Stiftshütte war ihnen zu wenig. Mose machte ihnen klar, dass dies Aufruhr gegen Gott war. Doch die Rotte Korach ließ nicht nach. So befahl Mose, dass sie ihre Pfannen mit dem Opfer darbringen sollten. Als sie das taten, fiel Feuer vom Himmel und vertilgte alle.

4. MOSE 16,28FF.

28 Und Mose sprach: Daran sollt ihr merken, dass mich der HERR gesandt hat, alle diese Werke zu tun, und dass ich sie nicht tue aus meinem eigenen Herzen: 29 Werden sie sterben, wie alle Menschen sterben, oder heimgesucht, wie alle Menschen heimgesucht werden, so hat mich der HERR nicht gesandt; 30 wird aber der HERR etwas Neues schaffen, dass die Erde ihren Mund auftut und sie verschlingt mit allem, was sie haben, dass sie lebendig hinunter zu den Toten fahren, so werdet ihr erkennen, dass diese Leute den HERRN gelästert haben. 31 Und als er alle diese Worte beendet hatte, **zerriss die Erde unter ihnen 32 und tat ihren Mund auf und verschlang sie** mit ihren Sippen, mit allen Menschen, die zu Korach gehörten, und mit all ihrer Habe.

Erhöhen/erniedrigen

- Wer sich selbst erhöht, der wird erniedrigt werden ...
- ... wer sich selbst erniedrigt, der wird erhöht.

E

Gelegentlich wird spöttisch, ja sogar schadenfroh über jemanden, der/die sich zu Unrecht einbildet, etwas Besseres, Bedeutenderes als die anderen zu sein, geäußert: **Wer sich selbst erhöht, der wird erniedrigt werden.**

▶ Matthäus 23,12

Denn **wer sich selbst erhöht, der wird erniedrigt; und wer sich selbst erniedrigt, der wird erhöht.**

In dem bekannten Gleichnis vom Pharisäer und Zöllner dankt der Pharisäer im Tempel Gott dafür, dass er nicht wie der Zöllner ist, und hält ihm sehr selbstbewusst sein vorbildliches Glaubensleben vor. Der Zöllner traut sich gar nicht, nach vorne zu gehen, sondern schlägt sich, seine Schuld vor Gott bekennend, demütig an die Brust und sagt „Gott, sei mir Sünder gnädig".

▶ Lukas 18,14[30]

Ich sage euch: Dieser ging gerechtfertigt hinab in sein Haus, nicht jener. Denn **wer sich selbst erhöht, der wird erniedrigt werden; und wer sich selbst erniedrigt, der wird erhöht werden.**

Erlassjahr – Jubeljahr

Ein Ereignis findet **alle Jubeljahre** statt, man trifft sich **alle Jubeljahre**. Das Wort *Jubiläum* ist hiervon abgeleitet. In der katholischen Kirche wird alle fünfundzwanzig Jahre ein heiliges Jahr gefeiert, das **Jubeljahr** (II.6). Im Alten Testament ist das fünfzigste (3. Mose 25,11) bzw. das siebte Jahr (5. Mose 15,1-18) ein **Erlassjahr**, ein **Jubeljahr.** Der Beginn eines **Erlassjahres** wurde durch das Blasen weithin zu hörender Widderhörner verkündet, der Jobelhörner (II.10). In diesem Jahr soll-

[30] S. a. Matthäus 23,3ff.; Lukas 14,11.

ten bestehende Restschulden erlassen und alle dafür gegebenen Pfänder (Besitz, Land, sogar die eigene Freiheit) zurückgegeben werden:

▶ 3. MOSE 25,11-13[31]

11 Als **Erlassjahr** soll das fünfzigste Jahr euch gelten. Ihr sollt nicht säen und, was von selber wächst, nicht ernten, auch, was ohne Arbeit wächst, im Weinberg nicht lesen; 12 denn das **Erlassjahr** soll euch heilig sein; vom Felde weg dürft ihr essen, was es trägt. 13 Das ist das **Erlassjahr**, da jedermann wieder zu dem Seinen kommen soll.

F

Feigenblatt → Adam und Eva
fette und magere Jahre → Ägypten
feurige Kohlen → Feindesliebe
finden → Bitten
Fleisch
- Eigenes Fleisch und Blut → Blut
- Fleischtöpfe Ägyptens → Ägypten
- Der Geist ist willig; aber das Fleisch ist schwach. → Geist

Freude(n) – Herrlich und in Freuden → Abraham
Friedenstaube – Friedenspalme → Sintflut
Früchte, verbotene → Adam und Eva

[31] S. a. 5. Mose 15,1-18.

Feind/Feindesliebe/Nächstenliebe

- Du sollst deinen Nächsten lieben
- Liebt Eure Feinde
- Feurige Kohlen auf dem Haupt häufen

Die **Nächstenliebe** (s. a. Samariter) ist eines der Hauptgebote für Juden und Christen. Das Gebot der **Feindesliebe** zu erfüllen, haben wohl nur ganz wenige erreicht. Am 13. Mai 1981, auf dem Wege zu einer Generalaudienz auf dem Petersplatz in Rom, wird auf den Papst geschossen. Er wird lebensbedrohlich verletzt und sofort operiert. Als er nach der fünfstündigen Operation von seinem Privatsekretär die Heilige Kommunion empfängt, sagt er diesem „Ich bete für den Bruder, der mich getroffen hat, und vergebe ihm ehrlich!"

Als sichtbares Zeichen der Vergebung besucht Papst Johannes Paul II. den Mann, der ihn fast getötet hätte, am 27. Dezember 1983 im römischen Gefängnis Rebibbia. Ob er damit wohl **feurige Kohlen auf seinem** Haupt gehäuft, ihn also zutiefst beschämt hat? Diese Redensart bedeutet, Böses mit Gutem zu vergelten, sodass z. B. dein Todfeind, dem du Gutes erweist, von brennender Scham erfüllt wird, so als ob glühende Kohlen auf seinem Haupte liegen würden (II.14).

▶ Matthäus 5,44[32]

Ich aber sage euch: **Liebt eure Feinde** und bittet für die, die euch verfolgen …

▶ Römer 12,20

Vielmehr, wenn deinen Feind hungert, gib ihm zu essen; dürstet ihn, gib ihm zu trinken. Wenn du das tust, so wirst du **feurige Kohlen auf sein Haupt sammeln.**

Neulich habe ich gelesen, heutzutage sei sich jeder selbst der **Nächste**. Natürlich stimmt das – genauso wie alle anderen Pauschalaussagen – so nicht. Ich habe die Verfasserin so verstanden, dass sie damit sagen wollte, es herrsche weitgehend eine rücksichtslose, egoistische, auf Durchsetzung eigener Interessen ausgerichtete Ellenbogenmen-

32 S. a. Lukas 6,27f.

talität. Selbst wenn man die Richtigkeit einer solchen Feststellung nicht grundsätzlich bestreiten wollte, dann könnte, nein, dann müsste die alte Forderung „**Liebe deinen Nächsten wie dich selbst**" (s. a. Samariter) zu der Frage führen: „**Liebe ich mich selbst wie meinen Nächsten?**". Der amerikanische Philosoph Eric Hofer (1902–1983) hat gesagt: „Interessant ist, dass wir unseren Nächsten tatsächlich lieben wie uns selbst: Wir tun den Leuten an, was wir uns antun. Wir hassen andere, wenn wir uns hassen. Wir sind tolerant gegen andere, wenn wir tolerant gegen uns sind. Wir vergeben anderen, wenn wir uns vergeben. Nicht in der Selbstliebe, sondern im Selbsthass wurzeln die Übel, die der Welt zu schaffen machen." (III.3, 05/2002,71) – Ich will keiner übersteigerten Eigenliebe das Wort reden. Aber ich möchte doch dazu ermuntern, barmherziger gegen sich selbst zu sein. Manches, was wir uns selbst in falsch verstandenem Pflichtbewusstsein abverlangen, lohnt den Preis nicht, den wir über Materielles hinaus (Gesundheit, Familienleben, Freundschaften usw.) dafür bezahlen. Vor allen Dingen sollten wir unsere Kinder dazu erziehen, auf sich selbst zu achten, indem wir ihnen dies vorleben.

▶ 3. Mose 19,18[33]

Du sollst deinen Nächsten lieben wie dich selbst; ich bin der HERR.

Feuertaufe

Feuertaufe nennen Soldaten die erste Teilnahme an einem Gefecht.

Von Johannes dem Täufer wird berichtet, dass er im Jordan taufte, aber darauf hinwies, dass seine Taufe nur mit Wasser erfolge, der nach ihm kommende Jesus jedoch mit dem Heiligen Geist und **mit Feuer taufen** werde – wohl eine prophetische Ankündigung der Geisttaufe zu Pfingsten.

[33] S. a. Matthäus 5,43; Markus 12,31; Lukas 10,27ff.; Jakobus 2,8.

▶ MATTHÄUS 3,11[34]

Ich taufe euch mit Wasser zur Buße; der aber nach mir kommt, ist stärker als ich, und ich bin nicht wert, ihm die Schuhe zu tragen; der wird euch mit dem Heiligen Geist und **mit Feuer taufen**.

F

FITTICHE – JEMANDEN UNTER SEINE/IHRE FITTICHE NEHMEN

Haben Sie schon einmal gesehen, wie Küken sich unter die Flügel der Glucke geflüchtet haben oder von ihr unter die Flügel genommen wurden? Wer irgendwo (in der Schule, Universität, im Verein, am Arbeitsplatz usw.) niemanden kannte, der/die helfen konnte, war froh und dankbar, wenn sich dann jemand seiner/ihrer annahm, sich um ihn/sie kümmerte, sie **unter die Fittiche nahm**. Unsere Redensart **jemanden unter die Fittiche nehmen** ist auf Psalm 91,4 zurückzuführen:

▶ PSALM 91,4

Er wird dich **mit** seinen **Fittichen decken**, und Zuflucht wirst du haben unter seinen Flügeln.

Der Psalmist berichtet von seiner Gotteserfahrung; er vergleicht Gott mit einem Adler, der seine Flügel schützend über seine Jungen hält. Paul Gerhard hat dies in seinem Choral „Sollt ich meinem Gott nicht singen?“ (IV.9,325) besungen:

Wie ein Adler sein Gefieder
über seine Jungen streckt,
also hat auch hin und wieder
mich des Höchsten Arm bedeckt,
alsobald im Mutterleibe,
da er mir mein Wesen gab
und das Leben, das ich hab
und noch diese Stunde treibe.
Alles Ding währt seine Zeit
Gottes Lieb in Ewigkeit.

[34] S. a. Lukas 3,16.

FLEISCH – FLEISCHGEWORDEN

Die Verkörperung, Inkarnation, Personifizierung, Menschwerdung von etwas wird oft als **Fleischwerdung** bezeichnet. Der Evangelist Johannes bezeichnet Jesus Christus als das **fleischgewordene** Wort Gottes, das in die Schwachheit menschlicher Existenz (bis hin zum Tode) gekommen ist. Der nachstehende Text entstammt einer Lesung zum Weihnachtsfest:

▶ JOHANNES 1,14:

Und das Wort **ward Fleisch** und wohnte unter uns, und wir sahen seine Herrlichkeit, eine Herrlichkeit als des eingeborenen Sohnes vom Vater, voller Gnade und Wahrheit.

FRESSEN – O HERR, ER WILL MICH FRESSEN!

Die Worte aus Tobias 6,3: „**O Herr, er will mich fressen!**" werden gewöhnlich verwendet, um unverstecktes, unhöfliches Gähnen damit zu rügen. Weil man aber gähnt, wo es langweilig ist, so kritisiert man damit auch eine solche Gesellschaft, oder man sagt kurzweg: **Tobias sechs, Vers drei** (II.16).

▶ TOBIAS 6,2F.

2 (Und) er ging hin, dass er seine Füße wüsche; und siehe, ein großer Fisch fuhr heraus, ihn zu verschlingen. 3 Vor dem erschrak Tobias, und schrie mit lauter Stimme und sprach: **O Herr, er will mich fressen!**

FRISCH UND GESUND

Unter **Frische** (neudeutsch: Fitness) verstehen wir die körperliche und geistige Leistungsfähigkeit. Bei Menschen im fortgeschrittenen Lebensalter wird oft bewundernd ihre geistige und körperliche **Frische** hervorgehoben. Die Weltgesundheitsorganisation (WHO) definiert **Gesundheit** im weiteren Sinne als Zustand völligen körperlichen, geistigen, seelischen und sozialen Wohlbefindens.

In Gesprächen mit Freunden, die ihn in seinem Leid trösten wollen, wehrt sich Hiob gegen die Auffassung, der Tod sei eine Strafe Gottes, denn er trifft alle Menschen gleichermaßen.

▶ HIOB 21,23FF.[35]

23 Der eine stirbt **frisch und gesund** in allem Reichtum und voller Genüge,
24 sein Melkfass ist voll Milch, und sein Gebein wird gemästet mit Mark;
25 der andere aber stirbt mit verbitterter Seele und hat nie vom Glück gekostet – 26 und doch liegen beide miteinander in der Erde, und Gewürm deckt sie zu.

F

FRUCHT/FRÜCHTE

– An ihren Früchten sollt ihr sie erkennen.

In manchen Wahlkampfreden wird der Himmel auf Erden versprochen. Und dann …? Wenn dann wirklich den Worten Taten folgen, ist das zumindest nicht die Regel.

Jesus warnt in der Bergpredigt vor falschen Propheten und vor Menschen, die sich als seine Anhänger ausgeben, aber nicht nach seiner Lehre leben. Wie so oft, tut er dies in Gleichnissen, also Beispielen aus dem Leben der ländlichen Bevölkerung:

▶ MATTHÄUS 7,16[36]

An ihren Früchten sollt ihr sie erkennen. Kann man denn Trauben lesen von den Dornen oder Feigen von den Disteln?

FUSS

– mit Füßen treten
– Staub von den Füßen schütteln

Sagt man, das Recht sei **mit Füßen getreten** worden, so ist die Rede von Rechtsbeugung. Abgesehen von Sportarten, bei denen mit den Füßen getreten werden darf wie z. B. beim Fußball oder Kickboxen,

[35] S. a. Tobias 5,28; Sirach 30,14; 2. Makkabäer 9,20.
[36] S. a. Matthäus 7,20; Lukas 6,43f.

bringen wir mit einem Fußtritt eine grobe Missachtung, Verachtung, Ablehnung, Feindschaft zum Ausdruck; wir räumen etwas oder jemanden mit einem Fußtritt aus dem Weg, beseitigen, verjagen es, ihn oder sie.

▶ PSALM 41,10 (SO IN I.1–I.3)[37]

Auch mein Freund, dem ich vertraute, der mein Brot aß, **tritt mich unter die Füße.**

Redensartlich **schütteln** wir den **Staub von** unseren **Füßen**, wenn wir von dem Ort, den wir verlassen, nichts, noch nicht einmal diesen Staub mitnehmen wollen.

Jesus sandte seine Jünger jeweils zu zweit aus, bevollmächtigt, in seinem Namen zu predigen und unreine Geister auszutreiben. Sie sollten keinen Reiseproviant, kein Geld, keine Wäsche zum Wechseln und keinen Wanderstock mitnehmen (der auch als Waffe gegen Tiere und Menschen verwandt werden konnte) und unterwegs um Quartier bei Menschen bitten, die sie nicht nur willig aufnahmen, sondern auch bereitwillig hörten, was sie zu sagen hatten. Sie sollten also voll und ganz darauf vertrauen, dass Gott sie mit dem, was sie zum Leben brauchten, versorgen würde. Das Evangelium sollten sie in dem Bewusstsein seiner Einmaligkeit verkündigen, es aber niemandem aufdrängen, keine Perlen vor die Säue werfen (s. a. dort). Von denen, die darauf nicht hören wollten, sollten sie sich ganz eindeutig trennen und nichts von dort mitnehmen, noch nicht einmal den Staub an ihren Füßen.

▶ MATTHÄUS 10,14[38]

Und wenn euch jemand nicht aufnehmen und eure Rede nicht hören wird, so geht heraus aus diesem Hause oder dieser Stadt und **schüttelt den Staub von euren Füßen.**

[37] S. a. Johannes 13,18 ; Hebräer 10,29.

[38] S. a. Markus 6,11; Lukas 9,5; 10,11; Apostelgeschichte 13,51.

G

Geben
- Der Herr hat's gegeben, der Herr hat's genommen; der Name des Herrn sei gelobt. → Hiob
- Wer hat, dem wird gegeben → Haben
- Gebt dem Kaiser, was des Kaisers ist, und Gott, was Gottes ist. → Kaiser

Gebote, Die Zehn Gebote → Ägypten
Gehabt euch wohl → Gott(es)
gellen, Ohren gellen → Ohren
gemeinsame Sache → Sache
gerecht
- Der Gerechte muss viel (er)leiden.
- dass Gerechtigkeit und Friede sich küssen, Recht und Gerechtigkeit → Recht

Gericht – mit jemandem ins Gericht gehen → Recht
Gewalt – Es geht Gewalt vor Recht. → Recht
gewogen und zu leicht befunden → Menetekel
Goldenes Kalb – Tanz um das Goldene Kalb → Ägypten
Gomorra, Sodom und → Sodom
Groschen – vom verlorenen Groschen → verloren

GANG UND GÄBE

- Erbbegräbnis

Ist etwas allgemein gebräuchlich, Sitte, dann ist es **gang und gäbe**.

Schon lange war es üblich, **Erbbegräbnisse** zu erwerben, damit die Familie auch im Tod beisammen sein konnte. Wir werden dabei an die Familiengruften auf unseren Friedhöfen denken, die sich über Generationen im Besitz derselben Familien befinden.

Abraham handelte mit den Hetitern um den Erwerb eines Grundstücks für ein **Erbbegräbnis**. Als Fremder konnte er dort kein Land besitzen. Er wollte aber seine geliebte Frau im rechtmäßig erworbenen eigenen Grund und Boden zur letzten Ruhe bestatten. Nach typisch orientalischem (Ver-)Handeln zahlte er den angemessenen Preis, eben wie er **gang und gäbe war** (Luther übersetzte, wie es auch heute noch regional heißt, „geng und gebe" – I.1 -„gänge und gebe"- I.2).

G

▶ 1. MOSE 23,1FF.

1 Sara wurde hundertsiebenundzwanzig Jahre alt 2 und starb in Kirjat-Arba – das ist Hebron – im Lande Kanaan. Da kam Abraham, dass er sie beklagte und beweinte. 3 Danach stand er auf von seiner Toten und redete mit den Hetitern und sprach: 4 Ich bin ein Fremdling und Beisasse bei euch; gebt mir ein **Erbbegräbnis** bei euch, dass ich meine Tote hinaustrage und begrabe ... 14 Efron antwortete Abraham und sprach zu ihm: 15 Mein Herr, höre mich doch! Das Feld ist vierhundert Lot Silber wert; was ist das aber zwischen mir und dir? Begrabe nur deine Tote! 16 Abraham gehorchte Efron und wog ihm die Summe dar, die er genannt hatte vor den Ohren der Hetiter, vierhundert Lot Silber nach dem Gewicht, das im Kauf **gang und gäbe** war.

In der folgenden Schriftstelle ist „gang und gäbe" in der eigentlichen Bedeutung „was sich leicht geben lässt" (urspr. bezogen auf die gängige Währung) zu verstehen (II.7).

▶ 2. KÖNIGE 12,5

Und Joasch sprach zu den Priestern: Alles für das Heiligtum bestimmte Geld, das in das Haus des HERRN gebracht wird – Geld, wie es **gang und gäbe** ist –, nämlich das Geld, das jedermann gibt, wie er geschätzt wird, und alles Geld, das jedermann aus freiem Herzen opfert, dass er's in das Haus des HERRN bringe ...

GARAUS

- gar aus sein
- jemandem den Garaus machen

Der Ausdruck „**Garaus**" wird heute nur noch in der Wendung „jemandem den Garaus machen" gebraucht, also „töten". Er ist hervorgegangen aus dem Ruf „gar aus" d. h. „vollständig aus!", mit dem seit dem 15. Jh. in Süddeutschland die Polizeistunde geboten wurde (II.6).

Dieser Ruf wiederum ist vermutlich auf den **Garaus** zurückzuführen, ein Halbschmarotzerkraut, das den Gräsern in seiner Umgebung anorganische Salze entzieht und ihnen so „**den Garaus macht**" (II.7).

Im Buch der Klagelieder werden der Untergang Judas und Jerusalems und die Zerstörung des Tempels durch die Truppen des Babylonierkönigs Nebukadnezar im Jahre 587 v. Chr. beklagt (vgl. Jeremia 52). In der Mitte steht das überwältigende Bekenntnis zur Güte Gottes und zu seiner Barmherzigkeit, die noch kein Ende hat (3,22-24):

Klagelieder 3,22f.

22 Die Güte des HERRN ist's, dass wir nicht **gar aus** sind, seine Barmherzigkeit hat noch kein Ende, 23 sondern sie ist alle Morgen neu, und deine Treue ist groß.

Geben ist seliger denn Nehmen.

In seiner Abschiedsrede an die Ältesten der Gemeinde in Ephesus zitiert Paulus ein Wort Jesu, das nicht in den Evangelien steht und vermutlich auf mündlicher Überlieferung beruht (I.7).

Apostelgeschichte 20,35

Ich habe euch in allem gezeigt, dass man so arbeiten und sich der Schwachen annehmen muss im Gedenken an das Wort des Herrn Jesus, der selbst gesagt hat: **Geben ist seliger als nehmen.**

Gefahr

– Wer sich in Gefahr begibt, der kommt darin um.

Der durch wagemutige Tierszenen in der Fernsehsendung „Crocodile Hunter" berühmt gewordene australische Tierfilmer Steve Irvin wurde von einem Stachelrochen mit einem Stich getötet. Die Nachricht über diesen tragischen Unfall endet: „Nun hat sich an dem wagemutigen Mann ein altes Sprichwort bewahrheitet: ‚**Wer sich in Gefahr begibt, kommt darin um**'"(IV.18). Diesem Beispiel für gefährliches Handeln, das Menschenleben kosten kann, ließen sich beliebig viele anfügen (z. B. Betreten dünnen Eises, Spiel mit dem Feuer usw.).

Unser Sprichwort ist auf das Buch Jesus Sirach zurückzuführen:

▶ SIRACH 3,27 (I.1–I.3)

Wer sich gern in Gefahr begibt, der verdirbt darin.

GEIST

- den Geist aufgeben
- Der Geist ist willig, aber das Fleisch ist schwach.
- dienstbare Geister
- Wisst ihr nicht, welches Geistes Kinder ihr seid.

Ein Motor, eine Maschine oder dergleichen funktioniert nicht mehr, hat also **den Geist aufgegeben.** Diese Redewendung umschreibt eindeutig auch das *Sterben.*

In den Klageliedern Jeremias wird der Untergang Judas und Jerusalems sowie die Zerstörung des Tempels durch die Truppen des Babylonierkönigs Nebukadnezar im Jahre 587 v. Chr. beklagt:

▶ KLAGELIEDER 2,11F.

11 Ich habe mir fast die Augen ausgeweint ... weil die Säuglinge und Unmündigen auf den Gassen in der Stadt verschmachten 12 ... und in den Armen ihrer Mütter **den Geist aufgeben.**

Ist die Idee des Kommunismus/Sozialismus aus den Berichten der Apostelgeschichte über die junge Gemeinde in Jerusalem entlehnt? Falls ja, so erwies sie sich schon vor fast zweitausend Jahren als für den praktischen Gebrauch untauglich: Jeder brachte, was ihm gehörte, in die junge Gemeinde ein, die wiederum jedem das gab, was er benötigte (am ehesten noch der Idee des Kibbuz vergleichbar[39]). Aber da

[39] Kibbuz (KIBUZ, haKibúz = der Kibbuz) ist die hebräische Bezeichnung für eine kollektive Siedlung. Der Kibbuz ist ein einzigartiges ländliches Gemeinwesen; eine Gesellschaft, die auf den Prinzipien gegenseitiger Hilfe und sozialer Gerechtigkeit beruht (www.hagalil.com).

gab es ein Ehepaar, Hananias und seine Frau Saphira, das vortäuschte, den vollen Erlös eines Grundstücksverkaufs in die Gemeinschaft eingebracht zu haben. Tatsächlich hatten sie jedoch einen Teil zurückbehalten und nur den Rest „den Aposteln zu Füßen" gelegt. Petrus sagte das dem Hananias auf den Kopf zu: „Du hast nicht Menschen, sondern Gott belogen". Als der das hörte, „fiel er zu Boden und **gab den Geist auf**".

APOSTELGESCHICHTE 5,5[40]

Als Hananias diese Worte hörte, fiel er zu Boden und **gab den Geist auf.** Und es kam eine große Furcht über alle, die dies hörten.

So erging es übrigens auch seiner Frau, als diese wenige Stunden später ebenfalls an ihrem Betrug festhielt.

Wir haben uns etwas ganz fest vorgenommen, ein Ziel gesetzt, das zwar sehr hoch ist, das aber nach menschlichem Ermessen erreicht werden könnte, wenn auch unter Aufbietung großer Kräfte. Und dann scheitern wir doch. Wie oft habe ich, unfähig zu den geforderten Klimmzügen am Reck wie ein Schinken im Rauch hängend, mir von meinem Sportlehrer spöttisch sagen lassen müssen: „**Der Geist ist willig; aber das Fleisch ist schwach.**"

Dieser Satz steht in der Passionsgeschichte, wie sie Matthäus und Markus berichten: Nach dem letzten Abendmahl, vor seiner Verhaftung, Verurteilung in einem Scheinprozess und Hinrichtung, geht Jesus mit seinen Jüngern in den Garten Gethsemane. Dort zieht er sich zum Gebet zurück; drei der Jünger nimmt er mit. Auch von diesen Dreien entfernt er sich, um allein zu beten, ermahnt sie jedoch, wachend auf ihn zu warten. Als er zurückkommt, schlafen die Jünger. Auch sein Tadel und die Aufforderung: „Könnt ihr denn nicht eine Stunde mit mir wachen? Wachet und betet, dass ihr nicht in Anfechtung fallt! **Der Geist ist willig; aber das Fleisch ist schwach**", verhindern nicht, dass er sie noch zweimal schlafend vorfindet.

[40] S. a. Apostelgeschichte 5,7ff.

▶ MATTHÄUS 26,41[41]

Der Geist ist willig; aber das Fleisch ist schwach.

Meist verstehen wir unter **dienstbaren Geistern** Menschen, die uns helfen oder Dienstleistungen (neudeutsch: *Service*) erbringen, die Haushaltshilfe, den Gärtner, Servierpersonal oder auch die freundlichen Hausgeister der Sage, die unbemerkt des Nachts liegen gebliebene Arbeit verrichten wie z. B. die Heinzelmännchen von Köln usw.

G

Die meint der Verfasser des Hebräerbriefes allerdings nicht; er wendet sich vielmehr gegen Irrlehren aus den frühen Jahren der Christen, die Engeln als überirdischen Wesen mittlerische Fähigkeiten und eine rettende Macht nachsagten, die man Jesus nicht zutraute (I.7). Er stellt demgegenüber klar, dass Jesus und sogar die Menschen höher einzustufen sind als alle Engel:

▶ HEBRÄER 1,14

Sind sie nicht allesamt **dienstbare Geister**, ausgesandt zum Dienst um derer willen, die das Heil ererben sollen?

„Da sieht man mal wieder, **wes Geistes Kind** du bist.“ Haben Sie das schon einmal zu jemandem gesagt oder von jemandem gesagt bekommen? Wir meinen damit, dass der Mensch, an den sich diese Äußerung richtet, seine tatsächliche Gesinnung, seine Einstellung zu erkennen gegeben hat, die dem bisherigen Eindruck nicht entspricht. Diese Redewendung hat etwas Entlarvendes, Vernichtendes, Verächtliches in sich – zumindest, wenn wir sie so verwenden.

Jesus ist auf dem Weg nach Jerusalem – ans Kreuz. Er schickt Jünger voraus, die in einem Ort in Samaria für ihn und seine Anhänger Quartier machen sollen. Seit alters her waren die Samariter bei allen jüdischen Religionsparteien verhasst und verachtet (II.10; IV.5,497). Die Juden hielten sich für die einzigen Auserwählten Gottes – und die Samariter gehörten nach ihrer Ansicht nicht dazu. Die Bitte um eine Unterkunft wird von den Samaritern abgelehnt. Die Jünger Jakobus und Johannes reagieren empört: „Jesus, das kannst Du Dir doch nicht

41 S. a. Markus 14,38.

bieten lassen! So ein Verhalten muss bestraft werden. Wenn Du willst, wollen wir sagen, dass Feuer vom Himmel fällt und sie verzehrt." Der aber lehnt das ab: „Habt Ihr es immer noch nicht verstanden? Ich habe es Euch doch immer wieder gesagt: Ich will keine Menschen vernichten, sondern retten!"

LUKAS 9,55

Jesus aber wandte sich um und wies sie zurecht. Wisst ihr nicht, **welches Geistes Kinder** ihr seid?

Das Unverständnis von Jakobus und Johannes zeigt, dass sie sich an dieser Stelle noch nicht von Jesus prägen ließen. Ihre Geisteshaltung ist hier noch dieselbe, die sie vor der Begegnung mit ihm hatten.

GENICK – DAS GENICK BRECHEN

Waghalsige (s. a. dort) warnen wir „du wirst dir dabei noch **das Genick brechen**". Damit drücken wir aus, dass das Vorhaben äußerst riskant ist und wohl scheitern bzw. derjenige sich dabei zugrunde richten wird. Auch im Nachhinein wird konstatiert, dass dies oder jenes dem Gescheiterten **das Genick gebrochen** hat.

Gleich nach der geglückten Flucht aus Ägypten (s. dort) gebietet Gott dem Mose: „Heilige mir alle Erstgeburt bei den Israeliten; alles, was zuerst den Mutterschoß durchbricht bei Mensch und Vieh, das ist mein." (2. Mose 13,2) Beim Menschen und bei für ein Opfer ungeeigneten Tieren (wie z. B. bei einem Esel) wurde die Erstgeburt durch ein Ersatzopfer abgelöst (II.10).

2. MOSE 13,13[42]

Die Erstgeburt vom Esel sollst du auslösen mit einem Schaf; wenn du sie aber nicht auslöst, so **brich** ihr **das Genick**. Beim Menschen aber sollst du alle Erstgeburt unter deinen Söhnen auslösen.

[42] S. a. 2. Mose 34,20; 5. Mose 21,3f.

Gestern – (nicht) von gestern sein

Hiob wird von einem Freund zurechtgewiesen (Hiob 8,1ff.), der seine eigene Erfahrung gering schätzt im Vergleich zu derjenigen der vorangegangenen Generationen. Unsere Redensart „**nicht von gestern sein**" scheint nicht den Hintergrund des Verses 9 zu berücksichtigen, sondern ihn isoliert zu sehen: **Wer von gestern ist, weiß nichts**, weiß nicht, was heute Sache ist; der ist altmodisch, unmodern, rückständig. Im Umkehrschluss ist derjenige auf dem neuesten Stand der Erkenntnis, Wissenschaft, Technik usw., der **nicht von gestern** ist.

G

▶ Hiob 8,8f.

8 Denn frage die früheren Geschlechter und merke auf das, was ihre Väter erforscht haben, 9 denn **wir sind von gestern** her und wissen nichts; unsere Tage sind ein Schatten auf Erden.

Gewissen

- Gewissensbisse
- reines Gewissen
- schlechtes Gewissen → Sabbat

Hiob beruft sich gegenüber seinen Freunden auf seine Rechtschaffenheit und sein **Gewissen,** das ihn nicht **beißt**, ihn also nicht wegen irgendwelcher verfehlten Taten in seiner Vergangenheit quält (daher „**Gewissensbisse**"):

▶ Hiob 27,6

An meiner Gerechtigkeit halte ich fest und lasse sie nicht; **mein Gewissen beißt mich nicht** wegen eines meiner Tage.

Wer nichts Unrechtes getan hat, hat **ein reines Gewissen.**

Timotheus, engster Mitarbeiter des Paulus, wurde zu jungen Gemeinden gesandt, um dort die Missionsarbeit fortzusetzen, die Paulus begonnen hatte, aber auch um die Ordnung der neuen Gemeinden im Sinne der christlichen Botschaft zu begleiten. Ins Anforderungsprofil der Diakone schreibt Paulus:

▶ 1. TIMOTHEUS 3,8F.[43]

8 Desgleichen sollen die Diakone ehrbar sein, nicht doppelzüngig, keine Säufer, nicht schändlichen Gewinn suchen; 9 sie sollen das Geheimnis des Glaubens mit **reinem Gewissen** bewahren.

G

Wer jemanden **auf dem Gewissen hat**, ist dafür verantwortlich, dass demjenigen Schlimmes geschehen ist, z. B. dass er getötet wurde. Manchmal gebrauchen wir die Redensart „**jemanden auf dem Gewissen haben**" auch für die Folgen (den – zweifelhaften – Erfolg -?-) von Mobbing, Intrigen oder anderem gemeinschaftswidrigem Verhalten. Wenn Sie **etwas auf dem Gewissen haben**, oder wenn Sie **das Gewissen drückt**, schleppen Sie ein Schuldgefühl mit sich herum. Vielleicht gibt es dann einen Menschen, der Ihnen **ins Gewissen redet**, Sie also wohlmeinend aber ernsthaft und eindringlich ermahnt und zu einer Abkehr von Ihrem Verhalten oder zur Einsicht in das Unrecht bewegt (III.7). Mit Einsicht und einem Geständnis können Sie dann Ihr **Gewissen erleichtern**. – Manchmal wird Ihnen aber auch die Freude über irgendetwas dadurch vergällt, dass entweder Sie selbst sich oder andere Ihnen **ein schlechtes Gewissen machen**, Ihnen also einreden, dass das, worüber Sie sich freuen, eigentlich überhaupt nicht gut oder richtig ist.

Unser Verständnis von **Gewissen** geht auf die griechische Philosophie zurück, die von der Vorstellung ausgeht, dass es für jedes sittlich schlechte Verhalten einen Zeugen, nämlich das innere *Mitwissen* gibt (II.6). Paulus schreibt im vorletzten Kapitel seines Briefes an die Gemeinde in Rom:

▶ RÖMER 14,22 (I.1–I.3)

Hast du den Glauben, so habe ihn bei dir selbst vor Gott. Selig ist, der sich selbst **kein Gewissen macht** in dem, was er annimmt.

[43] S. a. 2. Timotheus 1,3.

Gift und Galle

Äußert sich jemand wütend, gehässig, ausfallend, dann spuckt er oder sie **Gift und Galle.**

Im „Lied des Mose“ ist die Rede von den Feinden Israels:

▶ 5. Mose 32,33 (so in I.1)

Ihr Wein ist Drachen**gift und** wütender Ottern **Galle.**

G

Glaube

- der Berge versetzt
- Glaube, Hoffnung, Liebe
- nicht jedermanns Ding
- Wer's glaubt, wird selig. → Thomas

In seiner Regensburger Vorlesung am 12. September 2006 über „Glaube, Vernunft und Universität“ hat Papst Benedikt XVI. aus einem während der Belagerung von Konstantinopel (1394-1402) geführten Dialog zitiert, den der gelehrte byzantinische Kaiser Manuel II. Palaeologos mit einem gebildeten Perser über Christentum und Islam und beider Wahrheit führte und im Verlaufe dessen der Kaiser gegen gewaltsame Bekehrung bzw. Missionierung argumentierte: „Nicht vernunftgemäß handeln ist dem Wesen Gottes zuwider.“ Diese Rede hat ein weltweites Echo gefunden, vor allem eine darin wiedergegebene polemische Aussage des Kaisers über den Propheten Mohammed hat bei einigen islamischen Gruppierungen zu erheblicher Kritik geführt.

Nun handelte es sich hierbei um eine wissenschaftliche Vorlesung des ehemaligen Theologieprofessors Ratzinger vor seiner alten Universität. Charles Haddon Spurgeon (1834-1892), der wohl bekannteste englische Prediger des 19. Jh., hat es – für mich einfacher verständlich – in einer Predigt (IV.6, 10. Januar) so ausgedrückt:

Einige Leute meinen, wenn man Glauben hätte, könnte man wie ein Narr handeln. Aber der Glaube macht einen Menschen weise. Es ist einer der bemerkenswertesten Punkte beim Glauben, dass er geheiligter, gesunder Verstand ist. Er ist nicht Fanatismus. Glauben heißt, Gott zum größten Faktor in unseren Berechnungen zu machen und dann nach der gesündesten Logik zu rechnen. Es heißt nicht, unsere Hand in kochendes Wasser stecken in der Meinung, dass wir uns nicht verbrennen werden. Glauben bedeutet, auf Gott trauen und in Bezug auf Gott handeln, wie wir es sollten. Es heißt, ihn nicht als eine Null behandeln, sondern als eine alles überragende Ziffer bei allen Berechnungen. In diesem Sinne ist der Glaube wirklich Vernunft, die vergeistlicht und aus der gewöhnlichen Sphäre herausgehoben ist.

Eine Kandidatin in der Sendung „Wer wird Millionär?" vom 20.11.2006 sagte, sie **glaube**, dass eine bestimmte Lösung richtig sei. Daraufhin antwortete Moderator Günter Jauch, da **Glaube** bekanntlich **Berge versetze,** sei diese Antwort richtig.

Vom **Berge versetzenden Glauben** spricht Jesus in seinem Gleichnis vom Senfkorn:

▶ MATTHÄUS 17,20[44]

Er aber sprach zu ihnen: Wegen eures Kleinglaubens. Denn wahrlich, ich sage euch: Wenn ihr **Glauben** habt wie ein Senfkorn[45], so könnt ihr sagen zu diesem **Berge:** Heb dich dorthin!, so wird er sich heben; und euch wird nichts unmöglich sein.

Wie oft wird uns, wenn wir über unseren Glauben sprechen, entgegengehalten: **„Glauben heißt nicht wissen"**. Das ist eine Binsenweisheit; natürlich brauche ich das, was ich weiß und beweisen kann, nicht zu glauben. Im Hebräerbrief wird es auf den Punkt gebracht:

---

44 Matthäus 21,21; 1. Korinther 13,2.

45 Vgl. hierzu auch ausführlicher das Gleichnis vom Senfkorn in Matthäus 13,31f.: „Das Himmelreich gleicht einem Senfkorn ... das ist das kleinste unter allen Samenkörnern; wenn es aber gewachsen ist, so ist es größer als alle Kräuter und wird ein Baum, so dass die Vögel unter dem Himmel kommen und wohnen in seinen Zweigen."

▶ HEBRÄER 11,1 (I.1–I.2)

Es ist aber der **Glaube** eine feste Zuversicht des, das man hofft, und nicht zweifeln an dem, was man nicht sieht.

Es gibt kaum jemanden, der/die nicht *„irgendwie an ein höheres Wesen, an etwas über uns“* glaubt. Dieser verschwommenen Unverbindlichkeit tritt der Verfasser des Jakobusbriefes eindeutig entgegen:

▶ JAKOBUS 2,19

Du **glaubst**, dass nur einer Gott ist? Du tust recht daran; die Teufel glauben's auch und zittern.

Das dreizehnte Kapitel des 1. Korintherbriefes trägt die Überschrift **„das Hohelied der Liebe“**. Es ist nur zu verständlich, dass der nachstehende Satz aus dem 13. Vers nicht nur bei Hochzeiten gepredigt wird, sondern auch bei Trauergottesdiensten:

▶ 1. KORINTHER 13,13

Nun aber bleiben **Glaube, Hoffnung, Liebe,** diese drei; aber die Liebe ist die größte unter ihnen.

Die in der jüngsten Zeit wieder häufiger gebrauchte Redensart **„das ist nicht mein Ding“** will ausdrücken, dass der-/diejenige sich nicht für geeignet hält oder irgendetwas nicht ihrer/seiner Art, Denk- oder Handlungsweise entspricht. Man möchte sagen, dass man einfach nichts davon versteht bzw. nichts damit zu tun haben will. Ob diejenigen, die das sagen, wissen, dass schon Martin Luther vor fünfhundert Jahren einen Text im zweiten Brief des Paulus an die Thessalonicher so übersetzte?

▶ 2. THESSALONICHER 3,1F.

1 Weiter, liebe Brüder, betet für uns, dass das Wort des Herrn laufe und gepriesen werde wie bei euch 2 und dass wir erlöst werden von den falschen und bösen Menschen; denn **der Glaube ist nicht jedermanns Ding.**

Gnade vor jemandes Augen finden

Wenn wir oder etwas (z. B. eine Arbeit oder andere Leistung) vor jemandem bestehen können, anerkannt werden, heißt es, wir hätten **vor seinen Augen Gnade gefunden.**

1. Mose 30,27

Laban sprach zu ihm: Lass mich **Gnade vor deinen Augen finden.** Ich spüre, dass mich der HERR segnet um deinetwillen.

G

Die Frage, ob rechtskräftig zur gesetzlichen Höchststrafe – lebenslänglich – verurteilte Terroristen **begnadigt** werden sollen, beschäftigte Anfang 2007 die Öffentlichkeit: Ein Verurteilter hatte den Bundespräsidenten um **Begnadigung** gebeten. Er hatte darum gebeten, dass der Staat **Gnade vor Recht** ergehen lässt, also auf den weiteren Vollzug der Strafe verzichtet. Viele haben dem Bundespräsidenten – unerbetene – Ratschläge gegeben. Sie haben Reue und eine ausdrückliche Distanzierung von der Tat verlangt. Wer um **Gnade** bittet, erklärt damit nicht nur seine Einsicht in das gegen ihn ergangene Urteil. Er weiß, dass es einen Anspruch auf **Gnade** nicht gibt. **Gnade** ist unverdient. Wird sie gewährt, muss sie auch noch von dem Verurteilten angenommen werden: Diese Strafe ist gegen mich mit Recht verhängt worden; aber der restliche Vollzug ist **gnädigerweise** ausgesetzt worden.

Rudolf Wassermann, damaliger Präsident des Oberlandesgerichts Braunschweig, hat zu „Gnade“ und „Begnadigung“ geschrieben: „Ich weiß wohl, dass Begriffe wie Buße und Reue in der Vorstellungswelt moderner Menschen – leider auch vieler Christen – kaum noch Platz haben. Umso wichtiger ist es, an sie zu erinnern, wenn **Gnade** vor Recht gesetzt werden … **Gnade** setzt Umkehr voraus – nicht aus politisch-taktischem Kalkül, sondern aus ethischen Gründen … Die **Begnadigung** ist ein Akt der Menschlichkeit. Sie gehört in den Gedankenkreis von Schuld und Sühne, Einsicht und Umkehr.“ (III.5a)

Wir alle sind letztlich auf **Gnade** angewiesen. Ich habe damals im Rauschen des Blätterwaldes die Aufforderung vermisst, dass man Gott um Weisheit für den Bundespräsidenten bei seiner Entscheidung bitten sollte.

Goliath

- Riese Goliath
- David
- David gegen Goliath

Einen großwüchsigen Menschen nennen wir einen **Goliath** oder **Riesen Goliath** (II.16). **Goliath** wurde von dem Hirtenjungen **David**, dem späteren König Israels, auf spektakuläre Weise in einem Stellvertreterzweikampf besiegt. Seitdem bezeichnen wir eine Auseinandersetzung zwischen Ungleichen als einen Kampf von **David gegen Goliath**.

G

1. Samuel 17,4ff.

4 Da trat aus den Reihen der Philister ein Riese heraus mit Namen **Goliat** aus Gat, sechs Ellen und eine Handbreit groß ... 49 Und **David** tat seine Hand in die Hirtentasche und nahm einen Stein daraus und schleuderte ihn und traf den Philister an die Stirn, dass der Stein in seine Stirn fuhr und er zur Erde fiel auf sein Angesicht. 50 So überwand **David** den Philister mit Schleuder und Stein und traf und tötete ihn. **David** aber hatte kein Schwert in seiner Hand. 51 Da lief er hin und trat zu dem Philister und nahm dessen Schwert und zog es aus der Scheide und tötete ihn vollends und hieb ihm den Kopf damit ab.

Gott(es)

- Mann Gottes
- Gottesmann
- gottlos
- Gotteslästerung – gotteslästerlich
- Gotteshaus
- Gott sei Dank
- gottverlassen
- Der Rest ist für die Gottlosen.
- Gott befohlen
- gehabt euch wohl.

„**Mann Gottes**“ ist mir als eine Art Anrede mit einem ungeduldigen, vorwurfsvollen Unterton geläufig z. B. „**Mann Gottes**, begreif doch endlich“ oder „**Mann Gottes**, hast Du eine lange Leitung“ etc. Mit der Zusammenfassung **Gottesmann** werden wohlwollend, manchmal spöttisch oder ironisch, Geistliche bezeichnet.

G

Diesem etwas burschikosen umgangssprachlichen Wortgebrauch gegenüber steht in der Bibel die ehrfürchtige, respektvolle, gelegentlich unterwürfige Anrede oder Bezeichnung eines Menschen, durch den Gott oder der im Auftrag Gottes handelt. Im Alten Testament werden Mose, Samuel, David, Elia und Elisa, auch andere namenlose Propheten, **Mann Gottes** genannt. Wir finden diese Anrede auch bei Erscheinungen von Engeln:

RICHTER 13,6[46]

Da kam die Frau und sagte es ihrem Mann und sprach: Es kam ein **Mann Gottes** zu mir, und seine Gestalt war anzusehen wie der Engel Gottes, zum Erschrecken, so dass ich ihn nicht fragte, woher oder wohin; und er sagte mir nicht, wie er hieß.

In der Übersetzung des 2. Makkabäerbuchs von 1545 (I.1) und auch noch in der Auflage von 1716 (II.1) heißt es „**Gott befohlen**“ anstelle des seit der Revision von 1912 eingesetzten „**Gehabt euch wohl**“, das allerdings in der Übersetzung der Apostelgeschichte schon von Luther verwendet wird. Beide Abschiedsgrußformen gibt es auch heute noch, „**Gehabt Euch wohl**“ – oft theatralisch oder scherzhaft, manchmal noch mit dem Zusatz „Auf Wiedersehen!“

2. MAKKABÄER 11,20 (SO IN I.1–I.2)[47]

Und von jeglichem Artikel in Sonderheit haben eure und meine Gesandten Befehl, euch weiter zu unterrichten. Hiermit **Gott befohlen**.

APOSTELGESCHICHTE 15,29

... dass ihr euch enthaltet vom Götzenopfer und vom Blut und vom Erstickten und von Hurerei; so ihr euch vor diesen bewahrt, tut ihr recht. **Gehabt euch wohl!**

[46] S.a. 5. Mose 33,1; Richter 13,8; 1. Samuel 2,27; 1. Samuel 9,6ff.; 9,10; 1. Könige 12,22; 13,4ff. u.v.a.

[47] S.a. 2. Makkabäer 11,33 u. 11,38 (I.1–I.2).

Die Hefe ist der bittere Bodensatz, der bei der damaligen Weinherstellung anfiel (I.7), also der **Rest**, den die **Gottlosen** im letzten Gericht – wie wir heute sagen – bis zur bitteren Neige austrinken müssen. Luther merkt dazu an (I.1, S. 1030): „Das ist/Er teilet ein jeglichem sein Maß zu, das er leide. Aber die Grundsuppe bleibt den Gottlosen." Daher unsere – meist ohne Kenntnis des biblischen Ursprungs – gebrauchte Redensart **„der Rest ist für die Gottlosen"**.

G

▶ PSALM 75,9 (SO IN I.1–I.2)

Denn der HERR hat einen Becher in der Hand und mit starkem Wein voll eingeschenkt und schenkt aus demselben. Aber die **Gottlosen** müssen alle trinken und die Hefe aussaufen.

Umgangssprachlich wird **Gotteshaus** für „Kirche" oder „Tempel" gebraucht. Der Tempel in Jerusalem war allerdings nicht wie christliche Kirchen das Versammlungshaus der Gemeinde, sondern die Wohnung Gottes (II.11).

▶ 1. MOSE 28,22[48]

Und dieser Stein, den ich aufgerichtet habe zu einem Steinmal, soll ein **Gotteshaus** werden; und von allem, was du mir gibst, will ich dir den Zehnten geben.

Gott sei Dank! Wie oft wird das gedankenlos dahingeplappert, ohne dass wirklich ein Dank an Gott gemeint ist. Man verwendet es gedankenlos als Ausdruck der Beruhigung, Erleichterung, Freude, meist gleichbedeutend mit „glücklicherweise". Damit wird freilich gegen das zweite Gebot verstoßen: „Du sollst den Namen des Herrn, deines Gottes nicht unnützlich führen, denn der Herr wird den nicht ungestraft lassen, der seinen Namen missbraucht".

Ganz anders in der Bibel. Da ist wirklich ein Dank an Gott gemeint z. B. in dem großartigen 15. Kapitel des 1. Korintherbriefes, wo es um die Auferstehung der Toten geht, besonders um die Auferstehung Jesu:

[48] S. a. Richter 17,5; Matthäus 12,4.

▶ 1. KORINTHER 15,57[49]

Gott aber **sei Dank**, der uns den Sieg gibt durch unsern Herrn Jesus Christus!

Gotteslästerung ist seit 1969 nicht mehr mit Strafe bedroht, sondern nur noch die Beschimpfung von Religion oder einer Kirche oder anderen Religionsgesellschaft oder Weltanschauungsvereinigung, ihrer Einrichtungen oder Gebräuche in einer Weise, die geeignet ist, den öffentlichen Frieden zu stören (gem. § 166 Abs. 1 StGB Freiheitsstrafe bis zu drei Jahren oder Geldstrafe). – Gelegentlich werden auch jetzt noch Reden oder Flüche oder auch manche Lüge als **gotteslästerlich** bezeichnet.

G

▶ 3. MOSE 24,10FF.[50]

10 Es ging aber der Sohn einer israelitischen Frau und eines ägyptischen Mannes mitten unter die Israeliten und zankte sich im Lager mit einem israelitischen Mann 11 und **lästerte den Namen (des HERRN)** und flucht ... 13 Und der HERR redete mit Mose und sprach: ... 16 Wer **des HERRN Namen lästert,** der soll des Todes sterben; die ganze Gemeinde soll ihn steinigen. Ob Fremdling oder Einheimischer, wer den Namen lästert, soll sterben.

Meist verwenden wir das Wort „**gottverlassen**" abfällig, z. B. „ein gottverlassenes Nest oder Kaff" für einen Ort abseits der großen Verkehrsströme. Hier aber geht es um eine tiefe, vielleicht die schrecklichste Form von Einsamkeit, wenn man **von Gott verlassen** ist oder sich von ihm **verlassen** fühlt.

▶ PSALM 8,6 (SO IN I.1–I.2)

Du wirst ihn lassen eine kleine Zeit **von Gott verlassen sein,** aber mit Ehren und Schmuck wirst du ihn krönen.

Bekannt geworden ist der zweite Vers des jüdischen Sterbepsalms 22,2 (I.1–I.3). Viele kennen ihn aus den Passionsberichten des Matthäus und Markus:

---

[49] S. a. Römer 6,17; 2. Korinther 8,16 u. 9,15.

[50] Zu „Gotteslästerung" 2. Makkabäer 13 (I.1–I.3), 15,24; Markus 2,7 (I.1–I.3), 3,28 (I.1–I.3); 14,64; Lukas 5,21.

▶ MATTHÄUS 27,46[51]

Und um die neunte Stunde schrie Jesus laut: Eli, Eli, lama asabtani? Das heißt: **Mein Gott, mein Gott, warum hast du mich verlassen?**

GRAUES HAUPT

Vor einigen Jahren stand im Bus eine junge Frau auf und bot mir ihren Platz an. Davon erzählte ich in fröhlicher Runde und fügte an, ich wäre davon ziemlich betroffen gewesen, denn ich meinte bis dahin, ich befände mich noch „voll im Wettbewerb“. Eine etwa gleichaltrige Dame antwortete trocken: „Sicher, fragt sich nur, in welcher Altersklasse.“

Ich erinnere mich an eine Geschichte, die mir in Kindertagen wiederholt erzählt wurde: Die Eltern eines kleinen Jungen haben den alten Vater zu sich genommen. Nachdem dieser beim Essen wiederholt das Porzellangeschirr hat fallen lassen, bekommt er seine Mahlzeiten in einem Holznapf. Eines Tages sehen die Eltern, wie ihr Sohn mit Werkzeug und Holz einen kleinen Trog bastelt. Auf ihre Frage, wofür er den baue, antwortet der Kleine: „Der ist für Euch, wenn Ihr eines Tages alt seid.“ Keine Frage, dass der alte Vater von nun an wieder von Porzellangeschirr aß.

Der Generationenkonflikt scheint so alt zu sein wie die Menschheit. Schon der griechische Dichter Hesiod (um 700 v. Chr.) stellte fest: „Diese Jugend ist ohne Zweifel unerträglich, rücksichtslos und altklug. Als ich noch jung war, lehrte man uns gutes Benehmen und Respekt vor dem Alter.“

▶ 3. MOSE 19,32

Vor einem **grauen Haupt** sollst du aufstehen und die Alten ehren und sollst dich fürchten vor deinem Gott; ich bin der HERR.

---

[51] S. a. Markus 15,34.

Grube – Wer anderen eine Grube gräbt, fällt selbst hinein.

Die vielfach mit Zweigen abgedeckte **Grube** ist seit der Steinzeit in der Jagd, aber auch als Verteidigungsmittel bekannt. Wer jemandem eine **Grube gräbt**, stellt ihm eine Falle, in die er hineinfällt (II.14). Die Redensart „**wer anderen eine Grube gräbt, fällt selbst hinein**" wird häufig, meist schadenfroh, gebraucht, wenn jemand, der anderen schaden wollte, letztlich selbst der „Dumme" ist und der Schuss nach hinten losgegangen ist.

G

In den nachfolgenden Schriftstellen kommt die alttestamentliche Anschauung zum Ausdruck, dass nach Gottes moralischer Weltordnung jede gute oder böse Tat des Menschen Folgen hat, die auf den Täter zurückwirken.

▶ Sprüche 26,27[52]

Wer eine Grube macht, der wird hineinfallen; und wer einen Stein wälzt, auf den wird er zurückkommen.

Grün

- grünes Holz
- auf keinen grünen Zweig kommen

Unsere Tochter hatte sich als kleines Kind den Arm gebrochen. Für mich war es das erste Mal, dass ich so etwas mit einem unserer Kinder erlebte. Entsprechend besorgt war ich. Da beruhigte mich die übereinstimmende Aussage aller, auch der Ärzte: „Keine Sorge, das ist nur ein **Grünholz**bruch." Also, vereinfacht ausgedrückt, ein unvollständiger Bruch eines noch weichen Knochens.

Vom **grünen Holz** spricht Jesus auf dem Weg zu seiner Hinrichtung am Kreuz. In der Volksmenge, die ihm auf dem Weg dorthin folgt, klagen und beweinen ihn Frauen. Eine öffentliche Totenklage für einen Hingerichteten war verboten. Was die Frauen tun, kommt

52 S. a. Psalm 7,16; Psalm 9,16; Prediger 10,8 (I.1–I.2); Sirach 27,29.

dennoch einer solchen nahe und ist wie ein Protest gegen das, was mit Jesus geschieht. Jesus hat vorher schon das kommende, schreckliche Ende Jerusalems angekündigt (Lukas 19,41ff.). Diese Vorhersage deutet er wieder an (Lukas 23,30): Man wird dann ein Ende der Qual durch einen raschen Tod herbeisehnen oder sich vor dem Zorn des Richters verbergen wollen. Bei dem Sprichwort vom **grünen Holz** (Lukas 23,31) ist an ein Feuer zu denken: Wie dies bei trockenem Holz viel verheerender wütet als bei frischem, so droht der schuldigen Stadt (= Jerusalem) ein schlimmeres Schicksal als dem unschuldigen Gerechten, den man nun in den Tod schickt (I.7).

G

▶ LUKAS 23,29FF.

29 Denn siehe, es wird die Zeit kommen, in der man sagen wird: Selig sind die Unfruchtbaren und die Leiber, die nicht geboren haben, und die Brüste, die nicht genährt haben! 30 Dann werden sie anfangen, zu sagen zu den Bergen: Fallt über uns! und zu den Hügeln: Bedeckt uns! 31 Denn wenn man das tut am **grünen Holz**, was wird am dürren werden?

Die Redewendung „**auf keinen grünen Zweig kommen**" umschreibt vergebliches, angestrengtes Bemühen. Raab (II.14,154) führt sie auf altes deutsches Recht zurück (das Luther kannte): Wer Grundbesitz erwarb, erhielt als Symbol einen **grünen Zweig**. Er zitiert Geiler von Kaiserberg, der um 1500 schrieb: „Sie mögen nimmer begrünen oder uff grienen Zweig kommen". Der **grüne Zweig** steht bildlich für das Wachsen der Natur im Frühjahr (II.7) und im übertragenen Sinn auch für das Heranwachsen und Reifen des Menschen.

Unser geflügeltes Wort „**auf keinen grünen Zweig kommen**" ist vermutlich aus Hiob 15,32 (in der Fassung bis einschl. I.3) „**und sein Zweig wird nicht grünen**" entstanden (II.16): Elifas, einer von Hiobs Freunden, malt ihm in seiner „zweiten Rede" aus, was er zu erwarten hat, wenn er sein Verhalten nicht ändert. Ein Sterben vor der Zeit, d. h. vor Ablauf eines vollen Lebens (V. 32), galt als Strafe für Sünde:

▶ HIOB 15,32

Er wird ein Ende nehmen vor der Zeit; **und sein Zweig wird nicht grünen**

GÜTLICH – SICH (AN ETWAS) GÜTLICH TUN

Wenn Sie etwas so richtig genießen, z. B. eine Flasche Wein oder ein gutes Essen, dann **tun** Sie **sich** daran **gütlich**.

Der Prediger Salomo sinniert über die Zeit und alles Vergängliche, kommt zu der Überzeugung, dass Gott alles zu seiner Zeit schön gemacht hat, dass der Mensch es nicht ergründen kann (Prediger 3,11) und merkt dann, dass es nichts Besseres dabei gibt als fröhlich sein und **sich gütlich tun** in seinem Leben.

▶ PREDIGER 3,12F.

12 Da merkte ich, dass es nichts Besseres dabei gibt als fröhlich sein und **sich gütlich tun** in seinem Leben. 13 Denn ein Mensch, der da isst und trinkt und hat guten Mut bei all seinem Mühen, das ist eine Gabe Gottes.

H

Hölle → Teufel
Hoffnung → Glaube
Honig, Land wo Milch und Honig fließt → Ägypten
Hüter, meines Bruders → Kain

Haare

- zu Berge stehen
- auf dem Haupt
- mehr Schulden als Haare auf dem Kopf
- kein Haar vom Haupt fallen

H

Wenn sich unsere **Haare** sträuben oder sogar **zu Berge stehen**, ist das entweder ein Anzeichen dafür, dass uns kalt ist, oder dass wir erschrocken, entsetzt sind, uns fürchten.

▶ Hiob 4,13ff.

13 Beim Nachsinnen über Gesichte in der Nacht, wenn tiefer Schlaf auf die Leute fällt; 14 da kam mich Furcht und Zittern an, und alle meine Gebeine erschraken. 15 Und ein Hauch fuhr an mir vorüber; es **standen** mir die **Haare zu Berge** an meinem Leibe.

Der Mensch hat ca. 100.000 bis 150.000 Haare. Wollte man früher etwas Unzählbares ausdrücken, so verglich man die Größenordnung mit der Anzahl der Haare, die auch niemand gezählt hatte. Redensartlich gilt das auch heute noch, wenn z. B. jemand **mehr Schulden als Haare auf dem Kopf** hat.

▶ Psalm 40,13

... Meine Sünden haben mich ereilt; ich kann sie nicht überblicken. Ihrer sind **mehr als Haare auf meinem Haupt**, und mein Herz ist verzagt.

Wurde jemandem zugesagt, es werde ihm **kein Haar vom Haupt fallen**, hieß das, es werde ihm nichts geschehen.

▶ 1. Samuel 14,45[53]

Aber das Volk sprach zu Saul: Sollte Jonatan sterben, der dies große Heil in Israel vollbracht hat? Das sei ferne! So wahr der HERR lebt: Es soll **kein Haar von** seinem **Haupt** auf die Erde **fallen**, denn Gott hat heute durch ihn geholfen ...

Haben

– Wer da hat, dem wird gegeben.

Oft wird das Wort „**wer da hat, dem wird gegeben**" im Sinn einer anderen Redensart nichtbiblischen Ursprungs verstanden oder gebraucht, „wo was ist, kommt noch was hin", meist wenn von beachtenswertem Vermögenszuwachs bei anderen die Rede ist, also mit einem Beigeschmack von Neid, Bitterkeit und des sich Fügens in Unabänderliches.

Hier geht es jedoch gerade nicht um Unabänderliches, sondern im Gegenteil um Veränderbares: Auf die Frage, warum er in seinen Predigten so oft Gleichnisse bringe, erläutert Jesus den Jüngern, dass er damit zu denjenigen sprechen will – egal ob theologische Experten oder Laien –, die hören und verstehen *wollen.* Und wer das wirklich *will,* dem schenkt Gott immer mehr Verstehen. Wer sich jedoch verweigert, dem wird auch kein weiteres Verständnis geschenkt, ja es wird ihm sogar noch das wenige Verständnis, das er hat, genommen und der tiefere Sinn dieser kleinen Alltagsgeschichten bleibt ihm verborgen:

▶ Matthäus 13,12[54]

Denn **wer** da **hat, dem wird gegeben**, dass er die Fülle habe; wer aber nicht hat, dem wird auch das genommen, was er hat.

[53] S. a. 2. Samuel 14,11; Apostelgeschichte 27,34.

[54] S. a. Matthäus 25,29; Markus 4,25; Lukas 19,26.

Hahn

- Kein Hahn kräht danach.
- bitterlich weinen

Es kräht kein Hahn danach; es kümmert sich niemand darum.

Unsere Vorfahren glaubten, dass der erste Hahnenschrei die Macht der Nachtgeister bricht. Daher bedeutet diese Redensart ursprünglich, dass das, was während der Nacht vor dem ersten Hahnenschrei geschehen ist, von niemand bemerkt wird (II.14,66).

In der Passionsgeschichte hat der erste Hahnenschrei eine andere Bedeutung: Nach dem letzten Abendmahl vor seiner Verhaftung, Verurteilung und Hinrichtung kündigt Jesus seinen Jüngern an, dass sie alle ihn in dieser Nacht im Stich lassen werden. Petrus widerspricht ihm, er werde auf jeden Fall zu ihm halten. Aber Jesus antwortet ihm, dass er, noch ehe die Nacht vorbei ist, also ehe der **Hahn** den Anbruch des neuen Tages mit seinem **Krähen** verkündet, dreimal bestreiten würde, ihn, Jesus, zu kennen. Und so geschieht es, **nach** der dreimaligen Verleugnung **kräht ein Hahn**.

H

▸ Matthäus 26,34[55]

Jesus sprach zu ihm: Wahrlich, ich sage dir: In dieser Nacht, **ehe der Hahn kräht**, wirst du mich dreimal verleugnen.

Die Zeit, in der es hieß: „ein Junge **weint** nicht", und Jungen sich auch (meist) danach verhielten, haben wir erfreulicherweise hinter uns; auch Jungen **weinen**, wie überhaupt alle Menschen, die von Wut, Freude, Glück, Angst, Erschöpfung, Trauer und Schmerz überwältigt sind. So erging es auch Petrus. Nachdem er den **Hahn hatte krähen** hören, wurde ihm bewusst, dass er – aus Gründen, über die sich zu erheben uns nicht zusteht, weil die wenigsten von uns anders gehandelt hätten – Jesus verleugnet, seine Liebe zu seinem Herrn verraten hatte. Er sucht nicht nach Entschuldigungen oder Rechtfertigungen, sondern, erschüttert von dieser Erkenntnis, ging er hinaus und **weinte bitterlich**.

[55] S.a. Markus 14,30; Johannes 13,38; 18,27.

▶ MATTHÄUS 26,75

Da dachte Petrus an das Wort, das Jesus zu ihm gesagt hatte: Ehe der Hahn kräht, wirst du mich dreimal verleugnen. Und er ging hinaus und **weinte bitterlich.**

HALS

- halsstarrig
- den Hals kosten
- waghalsig

H

Sehen wir uns die lange Liste der mit **halsstarrig** sinnverwandten Wörter an: querköpfig, aufmüpfig, aufsässig, dickköpfig, eigensinnig, kratzbürstig, obstinat, rechthaberisch, starrköpfig, starrsinnig, störrisch, trotzig, unbelehrbar. Hinzu kommt noch „gegen bessere Einsicht auf dem eigenen Willen beharrend" (II.7). Das alles ist gemeint, wenn in der Bibel von **halsstarrig** die Rede ist. Fast das ganze Alte Testament durchzieht die Geschichte von dem immer wieder **halsstarrigen** Volk Israel. Die großen Propheten schildern immer wieder Gott als einen betrogenen Ehemann und Israel als Ehebrecherin, die ihre Liebhaber unter jeden grünen Baum lockt (IV.7,156, s. a. Jeremia 3,6), wobei Gott immer wieder zu Israel hält, weil es sein ausgewähltes Volk ist.

▶ 2. MOSE 32,9[56]

Und der HERR sprach zu Mose: Ich sehe, dass es ein **halsstarriges** Volk ist.

Wenn etwas riskant und ungesetzlich ist, **waghalsig** ist, wird es zwar den Täter heutzutage, nach der Abschaffung der Todesstrafe, nicht mehr **den Hals kosten**; aber die Redensart gibt es immer noch. Sie bezog sich ursprünglich auf die Strafe des Gehängtwerdens, und bezeichnet unabhängig von der juristischen Dimension heute ein Gefahren und Risiken nicht scheuendes, tollkühnes, leichtsinniges Handeln, bei dem man sogar Kopf und Kragen riskiert.

56 S. a. 5. Mose 9,6; 10,16; 2. Chronik 30,8; 36,13; Nehemia 9,16f.; 9,29; Hiob 15,26; Psalm 75,6; Sprüche 29,1; Jeremia 7,26; 17,23; 19,15; Habakuk 2,4; Sirach 30,12.

In der kriegerischen Auseinandersetzung zwischen Saul und David hatte David für einige Zeit mit seinen Männern Asyl bei den Philistern gesucht. Als diese nun gegen Saul Krieg führten, sprachen sich ihre Obersten dagegen aus, David an ihrer Seite kämpfen zu lassen. Sie trauten den Überläufern aus Israel nicht. Ihn an ihrer Seite zu haben könnte im wahrsten Sinne des Wortes für sie **waghalsig** sein:

▶ 1. CHRONIK 12,19 (l.1: 13,20)

Und von Manasse gingen einige zu David über, als er mit den Philistern auszog gegen Saul zum Kampf. Er aber half ihnen nicht, denn die Fürsten der Philister hielten Rat und schickten ihn weg und sprachen: Wenn er (gemeint ist David) wieder zu Saul, seinem Herrn, überginge, so könnte es **uns den Hals kosten.**

H

HAND/HÄNDE

- Hand Gottes
- Hand des Herrn
- Hand über jemandem halten
- Hand von jemandem fortziehen
- auf Händen tragen
- Hand darauf geben

Während der Fußballweltmeisterschaft 1986 in Mexiko trafen am 22. Juni 1986 im Viertelfinalspiel die Mannschaften von England und Argentinien aufeinander. Durch ein vom Schiedsrichter nicht geahndetes Handspiel erzielte der argentinische Fußballstar Diego Maradona ein irreguläres Tor. Nach dem Spiel sagte er vor laufenden Kameras: „Es war ein bisschen **die Hand Gottes** und ein bisschen Maradonas Kopf." Erst im Jahr 2005 gab Maradona zu, den Ball wirklich mit der Hand gespielt zu haben.

Bei der Wanderung durch die Wüste nach dem Auszug aus Ägypten (s. Ägypten) jammerte das Volk Israel immer wieder, wie schlecht es ihm gehe (4. Mose 11,1). Diese Unzufriedenheit richtet sich auch gegen Mose. Als Gott ihm zusagt, er wolle das Volk mit Fleisch versorgen, und zwar ausreichend für einen Monat, äußert Mose Bedenken, er habe allein sechshunderttausend Mann Fußvolk. Wie könne man dafür in der Wüste so viel Vieh schlachten? Gottes Antwort ist:

▸ 4. Mose 11,23

Ist denn die **Hand des HERRN** zu kurz? Aber du sollst jetzt sehen, ob sich dir mein Wort erfüllt oder nicht.

H

Wenn wir eine überraschend steile Karriere beobachten oder Berichte lesen, dass jemand aus einer recht verzwickten Situation ungeschoren davon kam, sagen wir gelegentlich: Da hat aber jemand **die Hand über ihm/ihr gehalten.** Ist dagegen jemand in Ungnade gefallen, der/die sich vorher noch größter Förderung erfreuen durfte, heißt es, die schützende **Hand** sei **fortgezogen** worden.

Die beiden folgenden Zitate zeigen „zwei Seiten einer Medaille". Während der Wüstenwanderung redet Gott immer wieder mit Mose. Aber Mose will auch Gottes Angesicht sehen. Diesen Wunsch kann Gott jedoch nicht erfüllen, denn „kein Mensch wird leben, der mich sieht" (2. Mose 33,20). Er will aber an ihm vorübergehen. Vor dem verzehrenden Glanz seiner Herrlichkeit will er ihn dadurch schützen, dass er **seine Hand über ihm hält,** und danach will er **seine Hand von ihm tun,** so dass er ungefährdet hinter ihm her sehen kann.

▸ 2. Mose 33,22f.

22 Wenn dann meine Herrlichkeit vorübergeht, will ich dich in die Felskluft stellen und **meine Hand über dir halten,** bis ich vorübergegangen bin.
23 Dann will ich **meine Hand von dir tun,** und du darfst hinter mir her sehen; aber mein Angesicht kann man nicht sehen.

Verspricht ein Verliebter, er werde die geliebte Frau **auf Händen tragen,** weiß er dann, dass er dabei aus dem 91. Psalm zitiert?

▸ Psalm 91,11f.[57]

11 Denn er hat seinen Engeln befohlen, dass sie dich behüten auf allen deinen Wegen, 12 dass sie dich **auf** den **Händen tragen** und du deinen Fuß nicht an einen Stein stoßest.

[57] S. a. Matthäus 4,6.

Verabredungen, Verträge usw. werden oft mündlich geschlossen und mit **Handschlag** besiegelt:

▶ ESRA 10,19[58]

und sie **gaben die Hand darauf**, dass sie ihre Frauen ausstoßen und einen Widder für ihre Schuld als Schuldopfer geben wollten.

HAUS

- sein Haus bestellen
- dass mein Haus voll werde
- auf Fels oder Sand bauen

H

Wer unerwartet in eine (meist fröhliche) Gesellschaft hineingerät, wird gelegentlich mit den Worten hereingebeten „**auf dass mein Haus gefüllet** (oder voll) **werde**". Das Leben im Reich Gottes wird mit einem großen Festmahl verglichen (Jesaja 25,6; 8; Offenbarung 19,9). Jesus wurde an einem Sabbat (s. dort) in das Haus eines führenden Theologen zum Essen eingeladen. Mit am Tisch saßen weitere, religiös und gesellschaftlich zu den „oberen Zehntausend" zählende Gäste. Die lauerten, ob er wohl wieder einmal auf skandalöse Weise gegen Gebote verstoßen würde. Mit im Raum war ein wassersüchtiger Mensch, und es war, wie gesagt, Sabbat, und am Sabbat durfte nicht gearbeitet werden (2. Mose 20,10). Jesus fragte die um den Tisch versammelte geistliche Elite, ob es erlaubt sei, am Sabbat zu heilen oder nicht. Alle schwiegen. Jesus heilte den Wassersüchtigen und nahm ihnen dann jeglichen Wind aus den Segeln mit der Frage, ob sie nicht auch einen Sohn oder auch nur einen Ochsen sofort retten würden, der am Sabbat in den Brunnen gefallen wäre. Auch darauf erhielt er keine Antwort. Danach **las** er ihnen **die Leviten** (s. a. dort) zur Rangordnung und Auswahl der Gäste beim großen Abendmahl im Reich Gottes (s. a. „erhöhen/erniedrigen") und erzählte ihnen das Gleichnis vom großen Abendmahl, zu dem zuerst die geistliche und politische Führungsschicht eingeladen wird. Die leistest dieser Einladung aber

[58] S. a. Galater 2,9.

mit mehr als fadenscheinigen, den Gastgeber geradezu beleidigenden Begründungen nicht Folge. Daraufhin lässt der Gastgeber die „Armen, Verkrüppelten, Blinden und Lahmen" zu Tisch bitten (Lukas 14,21), als dann noch Raum am Tisch ist, auch die Nichtsesshaften (Lukas 14,22).

▶ LUKAS 14,23 (SO IN I.1–I.3)

Und der Herr sprach zu dem Knecht: Geh hinaus auf die Landstraßen und an die Zäune und nötige sie hereinzukommen, **auf dass mein Haus voll werde.**

Das nachstehende Gleichnis vom Hausbau könnte die Schilderung einer Unwetterkatastrophe sein, wie wir sie so oft in den Fernsehnachrichten sehen: Durch Hochwasser werden Häuser unterspült und von den Fluten einfach fortgerissen. Schon von alters her haben Menschen für eine feste Gründung ihrer Häuser gesorgt.

In der Bibel dienen Unwetter oft zur bildhaften Beschreibung von Gottes letztem Gericht. Mit dem Fundament, dem tragfähigen Untergrund, ist hier der gelebte Glaube, der Gottes Willen tut, gemeint: „Wer Gott, dem Allerhöchsten traut, der hat auf keinen Sand gebaut" (Georg Neumark, 1621–1681), Wer nur den lieben Gott lässt walten, IV.9, 369, IV.10, 296, V.1).

▶ MATTHÄUS 7,24FF.

24 Darum, wer diese meine Rede hört und tut sie, der gleicht einem klugen Mann, der sein **Haus auf Fels baute.** 25 Als nun ein Platzregen fiel und die Wasser kamen und die Winde wehten und stießen an das Haus, fiel es doch nicht ein; denn es war auf Fels gegründet. 26 Und wer diese meine Rede hört und tut sie nicht, der gleicht einem törichten Mann, der sein **Haus auf Sand baute.** 27 Als nun ein Platzregen fiel und die Wasser kamen und die Winde wehten und stießen an das Haus, da fiel es ein, und sein Fall war groß.

HEIMSUCHEN

Im Mittelhochdeutschen bedeutete *heime suochen* jemanden zu Hause aufsuchen und ließ offen, ob dies in freundlicher oder feindlicher Absicht geschah (II.7): Während im 13. Jh., also vor Luthers Übersetzung, **Heimsuchung** ein Begriff der Rechtssprache war (II.21), denken wir heute an etwas Negatives, Unangenehmes, wenn wir von **Heimsuchen** oder **Heimsuchung** hören oder lesen: Einbrecher haben ein Haus **heimgesucht**. Das Land wurde von einer Heuschreckenplage **heimgesucht**. Ein Freund wurde von einer schweren Krankheit **heimgesucht**. Mancher nicht gerade sehnlichst erwartete Besuch wird als **Heimsuchung** empfunden.

Neben der **Heimsuchung** als Strafandrohung, Strafe Gottes oder als schwere Prüfung gibt es in der Bibel auch schöne Berichte von gnädigen **Heimsuchungen** wie z. B. diese: Gott hatte dem Abraham versprochen, er solle zu einem großen Volk werden (1. Mose 12,2). Hochbetagt, im Alter von neunundneunzig Jahren, erhält der bis dahin Kinderlose erneut die Zusage zahlreicher Nachkommenschaft (1. Mose 17,3-5). Später wiederholt Gott seine Verheißung, die jetzt innerhalb eines Jahres in Erfüllung gehen soll (1. Mose 18,10.14). Und das geschieht auch:

▶ 1. MOSE 21,1F.[59]

1 Und der HERR **suchte** Sara **heim**, wie er gesagt hatte, und tat an ihr, wie er geredet hatte. 2 Und Sara ward schwanger und gebar dem Abraham in seinem Alter einen Sohn um die Zeit, von der Gott zu ihm geredet hatte.

An den Bericht von der Begegnung der mit Jesus und Johannes dem Täufer schwangeren Frauen Maria und Elisabeth (Lukas 1,39–56), der als **Heimsuchung Mariens** oder **Mariä Heimsuchung** bezeichnet wird (II.7), erinnert auch der katholische Feiertag **Mariä Heimsuchung** (Visitatio Mariae) am 31. Mai, der teilweise auch in der anglikanischen und lutherischen Kirche (IV.19) begangen wird.

Am Anfang der Zehn Gebote betont Gott seine Einmaligkeit und Heiligkeit und verlangt von denen, die sich zu ihm bekennen, ungeteilte Verehrung. Er kündigt über künftige Generationen hinweg die **strafende Heimsuchung** derer an, die ihn hassen. Auch an anderen Stellen der Bibel droht Gott. Das klingt streng, unverhältnismäßig. Aber – das Herummäkeln, Kritisieren etc. an Gottes Geboten beruht

---

59 S. a. 1. Mose 50,24; 1. Samuel 2,20 (I.1–I.3).

auf einem grundsätzlich falschen Denkansatz: Es beurteilt, ja manchmal auch verurteilt es Gott nach menschlichen Maßstäben. Wir können zwar versuchen, uns andere Menschen verfügbar zu machen, nicht jedoch den **allmächtigen** Gott. Er ist nicht unser Schuldner, sondern umgekehrt.

2. MOSE 20,5F.[60]

5 Denn ich, der HERR, dein Gott, bin ein eifernder Gott, der die Missetat der Väter **heimsucht** bis ins dritte und vierte Glied an den Kindern derer, die mich hassen, 6 aber Barmherzigkeit erweist an vielen tausenden, die mich lieben und meine Gebote halten.

H

HERR IM HAUSE

– Er soll dein Herr sein.

Nachdem Eva und Adam verbotenerweise die Frucht vom Baum der Erkenntnis gegessen hatten (s. Adam und Eva), verwies Gott beide aus dem Paradies und sprach eine zusätzliche Strafe aus:

1. MOSE 3,16

Und zur Frau sprach er: Ich will dir viel Mühsal schaffen, wenn du schwanger wirst; unter Mühen sollst du Kinder gebären. Und dein Verlangen soll nach deinem Mann sein, aber **er soll dein Herr sein.**

Der persische König Xerxes[61] feierte 180 (!) Tage lang ein Fest mit den führenden Politikern und Militärs seines Reiches, „damit er sehen ließe den herrlichen Reichtum seines Königtums und die köstliche Pracht seiner Majestät“ (Ester 1,4). Bei diesem Fest wurde auch nicht wenig getrunken. „Als der König guter Dinge war vom Wein“ (Ester

[60] S. a. 2. Mose 32,34 (I.1); 3. Mose 26,16; 4. Mose 16,29; Psalm 89,33; Jesaja 10,12; 13,11; 23,17; 24,21; 26,14; 27,1; Jeremia 5,9; 5,29; 6,6; 6,15; 8,12; 9,8; 10,15; 11,22; 14,10; 15,3; 21,14; 23,2; 23,4; 25,12; 27,8; 29,32; 36,31; 44,13; 44,29; 46,25; 50,18; 51,18; 51,44; 51,47; 51,52; Klagelieder 4,22; Hosea 1,4; 2,15; 4,9; 8,13; 9,9; 12,3; Amos 3,2; 3,14; Micha 7,4; Zefanja 1,8; 2,7; 3,7; Sacharja 10,3; Lukas 19,44; Apostelgeschichte 15,14.

[61] * um 519, † 465 v. Chr., König von Persien seit 486, im Alten Testament Ahasveros genannt.

1,10), ordnete er das Erscheinen seiner Frau an (die getrennt von den Männern mit den Frauen feierte), „um dem Volk und den Fürsten ihre Schönheit zu zeigen; denn sie war schön." (Ester 1,11) Weil die sich weigerte, sich vor der betrunkenen Männergesellschaft zur Schau stellen zu lassen, reagierte der König mit äußerster Härte: Eine sofort eingesetzte Juristenkommission stellte fest, diese Weigerung sei nicht nur eine schwerwiegende eheliche, sondern auch staatspolitische Verfehlung; die Königin solle ihres Amtes enthoben werden, das der König dann einer anderen geben wollte. Das wurde dann auch sofort in Gesetzesform gegossen, die – vereinfacht zusammengefasst – besagte: **„Der Mann ist Herr im Hause"**. Dieses Gesetz sollte allgemein im ganzen Königreich gelten und wurde daher in allen Ländern bekannt gemacht:

▶ ESTER 1,22

Da wurden Schreiben ausgesandt in alle Länder des Königs, in jedes Land nach seiner Schrift und zu jedem Volk nach seiner Sprache, dass ein jeder Mann der **Herr** (I.1–I.3: Oberherr) **in seinem Hause** sei.

Der Grundgedanke **„der Mann ist Herr im Hause"** galt auch in Deutschland noch bis lange nach dem Inkrafttreten des Grundgesetzes (23. Mai 1949) mit dem Gleichberechtigungsgrundsatz (Art. 3 GG). Erst 1957 verbot das Bundesverfassungsgericht eine Klausel in Arbeitsverträgen, die eine automatische Beendigung des Arbeitsverhältnisses vorsah, wenn die Frau heiratete. Im selben Jahr beschloss der Bundestag das „Gleichberechtigungsgesetz", das u.a. das „letzte Wort" des Ehemannes in allen Eheangelegenheiten beseitigte. Seit 1958 durften Frauen ohne Zustimmung des Ehemannes ein eigenes Konto eröffnen. Weitere neunzehn Jahre dauerte es dann noch, bis eine Ehefrau ohne Zustimmung ihres Ehemannes einen Arbeitsvertrag schließen durfte (III.5, Nr. 27/2007 v. 05.07.2007, 12).

Herz

- Herz ausschütten
- zu Herzen nehmen
- Wes das Herz voll ist, des geht der Mund über.
- ein Mann nach meinem Herzen
- Herz stehlen
- Herzensdieb
- (auf) Herz und Nieren prüfen
- von ganzem Herzen
- ein Herz und eine Seele
- ein Herz wie Stein

Was wären Literatur und Musik ohne das Stichwort „**Herz**“? – Wir reden vom Mutterherzen; jemand hat ein gutes **Herz** oder hat alles, was sein **Herz** begehrt; uns will das **Herz** vor Freude zerspringen; das **Herz** stockt vor Schreck; das **Herz** schlägt uns vor Angst oder Aufregung bis zum Hals hinauf; wir drücken jemanden ans **Herz**; jemand ist uns ans **Herz** gewachsen; uns dreht sich das **Herz** im Leibe herum; uns blutet das **Herz** oder es lacht uns vor Freude im Leibe; etwas oder jemand bricht uns das **Herz**; Sie haben (hoffentlich) das **Herz** auf dem rechten Fleck; eine Frau trägt ein Kind unter dem **Herzen**; Sorgen oder Leid drücken uns beinahe das **Herz** ab; jemand hat ein **Herz** aus Stein; ein anderer hat das **Herz** eines Löwen (oder – im Gegenteil – eines Hasen), er nahm sein **Herz** in die Hände; jemand hat unser **Herz** im Sturm erobert; jemand spricht mir aus dem **Herzen** usw.

Wenn in der Bibel von „**Herz**“ oder von „**Nieren**“ oder von beiden die Rede ist, sind meistens nicht die Organe gemeint, sondern im Inneren des Menschen verborgene Stellen, von denen Gedanken (Verstand, Geist, Erinnerungen, Gewissen) und Gefühle ausgehen (Freude, Liebe, Trauer, Zorn usw.).

Das kommt z. B. in der Geschichte über die Salbung des jungen David zum König deutlich zum Ausdruck:

▶ 1. Samuel 16,7

Ein Mensch sieht, was vor Augen ist; der HERR aber sieht das **Herz** an.

Wenn ein Mensch voll und ganz Ihren Ansichten und Vorstellungen entspricht, dann sagen Sie vielleicht „**das ist ein Mann nach meinem Herzen**" – und zitieren damit aus der Bibel:

1. SAMUEL 13,14[62]

... Der HERR hat sich **einen Mann** gesucht **nach seinem Herzen** ...

Einen Menschen **auf Herz und Nieren prüfen** heißt ihn äußerst gründlich prüfen und auch Verborgenem, nicht Offensichtlichem nachspüren. Die Menschen in der Bibel haben damals schon geglaubt, dass Gott das tiefste Innere des Menschen kennt, also das, was dieser Mensch sonst vor anderen verbirgt.

PSALM 7,10[63]

Lass der Gottlosen Bosheit ein Ende nehmen, aber die Gerechten lass bestehen; denn du, gerechter Gott, **prüfest Herzen und Nieren.**

Wenn Sie jemanden eindringlich ermahnen, hoffen Sie, dass er/sie sich Ihre Worte **zu Herzen nimmt**. So tut es auch Mose in seiner Abschiedsrede:

5. MOSE 32,46

... sprach er zu ihnen: **Nehmt zu Herzen** alle Worte, die ich euch heute bezeuge.

Verfolgen wir ein Ziel mit äußerster Anstrengung all unserer Kräfte und Sinne, ohne uns von irgendwem oder irgendwas ablenken oder abhalten zu lassen, verfolgen wir es **von ganzem Herzen:**

5. MOSE 4,29 (und weitere 60 Fundstellen)

Wenn du aber dort den HERRN, deinen Gott, suchen wirst, so wirst du ihn finden, wenn du ihn **von ganzem Herzen** und von ganzer Seele suchen wirst.

Manchmal ist einem das **Herz** so voll, dass man das, was einen bewegt, nicht mehr für sich behalten kann. Wie gut, wenn man dann

---

62 S. a. Apostelgeschichte 13,22.

63 S. a. Psalm 26,2; Jeremia 17,10; 20,12; Offenbarung 2,23.

jemanden hat, dem man **sein Herz ausschütten** kann. So ging es auch Hanna, einer lange Jahre kinderlosen Frau. Sie entschließt sich eines Tages, Gott ihr Leid zu klagen, ihm ihr **Herz auszuschütten**:

1. SAMUEL 1,15

... Ich bin eine betrübte Frau; Wein und starkes Getränk hab ich nicht getrunken, sondern **mein Herz** vor dem HERRN **ausgeschüttet.**

Woran denken Sie, wenn von **„ein Herz und eine Seele"** die Rede ist? An die gleichnamige Fernsehserie aus den 70er-Jahren mit „Ekel Alfred" Tetzlaff, seiner Frau Else und der übrigen „reizenden" Familie? Mit dieser Antwort wären Sie in der bekannten Ratesendung nicht Millionär geworden. Mit **„ein Herz und eine Seele"** beschreiben wir (auch mal spöttelnd) einen Zustand zwischenmenschlichen harmonischen Einvernehmens.

In der Apostelgeschichte wird von den ersten Christen berichtet:

APOSTELGESCHICHTE 4,32

Die Menge der Gläubigen aber war **ein Herz und eine Seele**; auch nicht einer sagte von seinen Gütern, dass sie sein wären, sondern es war ihnen alles gemeinsam.

Wer Grundstücke oder Häuser besaß, verkaufte den Besitz, brachte den Erlös zu den Aposteln und legte ihn ihnen zu Füßen. Jedem in der jungen Gemeinde wurde davon so viel zugeteilt, wie er nötig hatte.

Viele, die unter Berufung auf diese Bibelstelle Modelle des Kommunismus oder des Sozialismus praktizieren wollten, sind damit aus den unterschiedlichsten Gründen gescheitert. Von einem solchen Scheitern berichtet übrigens auch die Apostelgeschichte mit erstaunlicher Offenheit (Apostelgeschichte 5,1ff.). Es geht nicht um ein „alles in einen Topf werfen", sondern um die Verantwortung der Christen für die unverschuldet Notleidenden, um Gerechtigkeit im eigentlichen Sinne. Damit wir uns nicht falsch verstehen, das Wort **„man soll dem Ochsen, der drischt, nicht das Maul verbinden"** (5. Mose 25,4), gilt auch für Vorstände und Aufsichtsräte, auch großer internationaler Konzerne. Es gilt allerdings auch das Gebot **„einer trage des**

anderen Last“ (Galater 6,2 – s. a. Last). Zu diesem „Lastenausgleich“ gehören soziale Verantwortung für die Schwachen, die Steuerehrlichkeit, auch das Thema Schwarzarbeit usw.

Sie sind begeistert, wissen vor Freude, vor Glück sich nicht zu fassen; sie müssen es jemandem sagen. In dieser Situation erinnern Sie sich selbst oder andere vielleicht Sie an das folgende Jesuswort:

MATTHÄUS 12,34F.

34 Ihr Schlangenbrut, wie könnt ihr Gutes reden, die ihr böse seid? **Wes das Herz voll ist, des geht der Mund über.** 35 Ein guter Mensch bringt Gutes hervor aus dem guten Schatz seines Herzens; und ein böser Mensch bringt Böses hervor aus seinem bösen Schatz.

H

Jemand versteht es, Sie so für sich einzunehmen, dass man auch sagen könnte, er/sie habe **Ihr Herz gestohlen**. Vielleicht sind wir in unserer sich nach außen so nüchtern gebenden Redeweise nicht oft in der Lage (oder bereit?), uns so auszudrücken oder jemanden zu verstehen, der/die dies tut oder sogar vom **Herzensdieb** spricht, wie es z. B. noch in dem aus Mainzer Karnevalssendungen mit dem „singenden Dachdecker“ Ernst Neger bekannt gewordenen Lied „Heile, heile Gänschen“ heißt:

Und sind die Kinder größer dann,
erwacht im Herz die Lieb.
Es dreht sich alles um den Mann,
den bösen **Herzensdieb** ...

In unseren beiden nachstehenden Texten geht es jedoch nicht um gefühlvolles Vokabular aus der Sprache der Liebe, sondern um etwas ganz Rationales, um Täuschung. Zur Übersetzung merkte Luther an: „*(Stal das Hertz) Hertz stelen ist, Hebreisch geredt, soviel als etwas thun, hinter eines anderen Wissen*“ (I.1 und 2). Nach damaligem Sprachverständnis konnte jemand, dem das **Herz** als dem Sitz von Geist und Verstand **gestohlen** war, nicht mehr nüchtern, rational oder folgerichtig denken oder erkennen, war also leicht zu täuschen, zu überlisten oder in die Irre zu führen.

Der bei der Verfolgung seiner materiellen Ziele alles andere als zimperliche Jakob[64] hatte ein erhebliches Vermögen im Dienste seines Schwiegervaters Laban angehäuft (s. 1. Mose 30,25ff.). Das führte zu Feindschaft mit den Brüdern seiner Frauen. Als ihm dann noch Gott befahl, wieder heimzuziehen, brach er kurzerhand auf. Mit einem Täuschungsmanöver gelang es ihm, seine Flucht vor der Familie seiner Frauen geheim zu halten; sie wurde erst am dritten Tage entdeckt, als der Treck schon einen gehörigen Vorsprung hatte.

▶ 1. MOSE 31,20 (I.1–I.2)

Also **stal** Jacob dem Laban zu Syrien **das Hertz**, damit, das er ihm nicht ansagte, das er flohe ...

Mit einer raffinierten Strategie gelingt es Absalom, Davids Sohn, im Volk Israel eine so große Anhängerschaft zu gewinnen, dass er eine Verschwörung gegen seinen Vater anzetteln kann:

▶ 2. SAMUEL 15,6

Auf diese Weise tat Absalom mit ganz Israel, wenn sie vor Gericht kamen zum König. So **stahl** Absalom **das Herz** der Männer Israels.

Von einem nach unserem Eindruck völlig gefühllosen Menschen sagen wir, er/sie habe ein **Herz wie Stein**, d. h. er/sie habe alle Gefühle abgetötet. Vielleicht wirkt das auch nur so. Viele Menschen verdrängen ihre Lebensnot, schirmen sie ab, indem sie sich betäuben, sich durch Zerstreuungen ablenken. Der Preis solcher Verdrängungen ist hoch: Der Mensch wird stumpf und gleichgültig, und seine innerseelische Entwicklung stagniert (IV.11,26).

Hiob erhebt nach zunächst klaglosem Erdulden immer härtere Anklagen gegen Gott, die er dann aber doch widerruft. Obwohl der „Rechtsstreit“ damit entschieden ist, ergreift Gott noch einmal das Wort. Er beschreibt seine Allmacht am Beispiel des Nilpferds und des Krokodils, beides Geschöpfe, die er geschaffen hat und die nur er beherrschen kann, nicht jedoch der Mensch. Vom Krokodil sagt er u.a.:

---

[64] S. dort; überhaupt ist es sehr interessant, einmal die ganze Geschichte ab 1. Mose 25,19 zu lesen.

HIOB 41,16

Sein **Herz** ist so hart **wie** ein **Stein** und so fest wie der untere Mühlstein.

HEULEN UND ZÄHNEKLAPPERN

Das redensartliche **Heulen und Zähneklappern** ist ein Zeichen von Angst. In der Bibel meint das Zähneklappern jedoch das Zähneknirschen, das Knirschen von im Schmerz aufeinandergepressten Zähnen, das auch ein Zeichen von Zorn ist.

H

MATTHÄUS 8,11F.[65]

11 Aber ich sage euch: Viele werden kommen von Osten und von Westen und mit Abraham und Isaak und Jakob im Himmelreich zu Tisch sitzen; 12 aber die Kinder des Reichs werden hinausgestoßen in die Finsternis; da wird sein **Heulen und Zähneklappern.**

HIMMEL

- dritter/siebenter Himmel
- Himmelfahrtskommando
- himmelschreiend
- Himmel und Erde in Bewegung setzen
- zwischen Himmel und Erde schweben

Der geliebten Frau verspricht man den **Himmel auf Erden**; uns ist **himmelangst**; eine nach oben gebogene Nase nennen wir spöttisch **Himmelfahrtsnase**; im **Himmelbett** schlafen heute fast nur noch Babys; **himmelblau** ist nicht nur eine Farbe; über wen ist nicht schon ein **Himmeldonnerwetter** hernieder gegangen; unsere Ansichten liegen **himmelweit** auseinander; etwas Unvorhergesehenes kommt wie ein Blitz **aus heiterem Himmel**; es ist noch kein Meister **vom Himmel gefallen.** Aus der Weihnachtsgeschichte (Lukas 2,13) kennen wir „die Menge der **himmlischen Heerscharen**", also eine Armee von Engeln.

[65] S. a. Matthäus 13,41f.; 13,49f.; 22,13; 24,51; 25,30; Lukas 13,28.

H

Der Film „Sieben Ohrfeigen“ (1937) ist heute weniger bekannt als der langsame Walzer, den Lilian Harvey und Willy Fritsch darin tanzten und sangen „Ich tanze mit dir in den **Himmel** hinein, in den **siebenten Himmel der Liebe**“. „**Im siebenten Himmel sein**“ ist eine Umschreibung des höchsten Glücks. Sie geht auf die babylonische Lehre zurück, dass es sieben Himmel gibt, die man nacheinander durchschreiten muss, um in den letzten **Himmel** des Gottes Anu zu gelangen.

Bis zum Mittelalter herrschte ein dreigeteiltes Weltbild vor, das sich die Erde als eine Scheibe vorstellte, über der sich der **Himmel** wölbte, der Sitz Gottes, das Paradies, und unter der sich die Unterwelt befand, das Reich der Toten, die Hölle. Gute Menschen kamen in den **Himmel**, die anderen in die Hölle, wobei die Scholastik, die mittelalterliche Schultheologie, die Sache durchaus differenzierter betrachtete und auch der Gnade Gottes und dem Glauben des Menschen eine wichtige Rolle zuschrieb.

Im Alten Testament ist an vielen Stellen von **Himmeln** in der Mehrzahl die Rede. Sie wurde im späteren Judentum auf **sieben Himmel** festgelegt. Der Bibel ist diese Zahl unbekannt; nur Paulus spricht von einem **dritten Himmel.**[66]

2. KORINTHER 12,2

Ich kenne einen Menschen in Christus; vor vierzehn Jahren – ist er im Leib gewesen? Ich weiß es nicht; oder ist er außer dem Leib gewesen? Ich weiß es auch nicht; Gott weiß es –, da wurde derselbe entrückt **bis in den dritten Himmel.**

Anstelle des Gottesnamens steht im Neuen Testament mehrfach „**Himmel**“; das ist auch heutiger Sprachgebrauch (z. B. **weiß der Himmel – um Himmels willen**). Möglicherweise geschieht dies in Befolgung des zweiten Gebots „Du sollst den Namen des Herrn, deines Gottes, nicht unnütz gebrauchen …“

[66] Mit dem „Dritten Himmel“ meint Paulus den Ort der unmittelbaren Gegenwart Gottes, entsprechend dem „Allerheiligsten“ im Jerusalemer Tempel (s. a. Allerheiligstes).

▶ LUKAS 15,21[67]

Der Sohn aber sprach zu ihm: Vater, ich habe gesündigt **gegen den Himmel** und vor dir; ich bin hinfort nicht mehr wert, dass ich dein Sohn heiße.

Wir sprechen von **himmelschreiendem** Unrecht, von einer **zum Himmel schreienden** Tat. Und wir sollen auch zum **Himmel**, zu Gott **schreien**, d.h. beten. Es ist uns zugesagt, dass er unsere Hilfeschreie anhören wird:

▶ 2. MOSE 2,23[68]

... Und die Israeliten seufzten über ihre Knechtschaft und **schrien, und ihr Schreien** über ihre Knechtschaft **kam vor Gott.**

Einen Zustand der Unsicherheit bzw. Ungewissheit, bildlich: ohne festen Boden unter den Füßen, ohne einen Anhaltspunkt, beschreiben wir als **zwischen Himmel und Erde schweben.** Vielleicht geht dies auf das traurige Beispiel Absaloms zurück, dessen Rebellion gegen seinen Vater David ganz wörtlich in einem solchen Schwebezustand endete:

▶ 2. SAMUEL 18,9

Und Absalom begegnete den Männern Davids und ritt auf einem Maultier. Und als das Maultier unter eine große Eiche mit dichten Zweigen kam, blieb sein Haupt an der Eiche hängen und er **schwebte zwischen Himmel und Erde**; denn sein Maultier lief unter ihm weg.

Wollen wir unter Aufbietung all unseres Könnens und all unserer Kräfte und aller Beziehungen etwas erreichen, dann setzen wir **Himmel und Erde in Bewegung.**

▶ HAGGAI 2,6 (SO IN I.1–I.3)

... Denn so spricht der HERR Zebaoth: Es ist nur noch ein kleines dahin, dass ich **Himmel und Erde,** das Meer und das Trockene **bewegen** werde.

---

67 S.a. Johannes 3,27; 6,38; 2. Korinther 5,1; Philipper 3,20; Hebräer 8,1; Offenbarung 11,19.

68 S.a. 2. Mose 22,26; 5. Mose 26,7; 1. Samuel 7,8; 9,16; 2. Samuel 22,7; 2. Chronik 20,9; Nehemia 5,6; 9,9; Psalm 50,15; Jesaja 19,20; Hosea 8,2; 1. Makkabäer 4,40.

Himmelfahrtskommando ist ein Begriff aus dem militärischen Jargon, der einen besonders riskanten Auftrag bezeichnet, dessen Ausführung mit hoher Wahrscheinlichkeit zum Tod des oder der Ausführenden führt. Umgangssprachlich wird er für eine unangenehme und praktisch unlösbare Aufgabe verwendet, die man – in Kenntnis des hohen Risikos, zu scheitern – dennoch erledigen muss.

Die Bibel berichtet von drei „**Himmelfahrten**“:

H

▶ 1. MOSE 5,22FF.

22 Und Henoch wandelte mit Gott ... 24 Und weil er mit Gott wandelte, nahm ihn Gott hinweg **und (er) ward nicht mehr gesehen.**

▶ 2. KÖNIGE 2,11

Und als sie miteinander gingen und redeten, siehe, da kam ein feuriger Wagen mit feurigen Rossen, die schieden die beiden voneinander. Und Elia **fuhr** im Wetter **gen Himmel**.

▶ MARKUS 16,19[69]

Nachdem der Herr Jesus mit ihnen geredet hatte, wurde er **aufgehoben gen Himmel** und setzte sich zur Rechten Gottes.

Auf diese Berichte dürfte wohl die gefährliche Situationen oft bewusst ironisierende Soldatensprache zurückgehen.

HINEINFRESSEN – ETWAS IN SICH HINEINFRESSEN

Mit Ärger, Frust, Kränkung, Streit, Unrecht, Leid, überhaupt mit negativen Empfindungen, Gefühlen usw. umzugehen, ist oft schwer. Erziehung, Schüchternheit, Höflichkeit, Einsicht in Unabänderliches oder Klugheit halten einen davon ab, über ein Problem, Kummer oder Leid zu sprechen – **man frisst alles in sich hinein**, bis man schließlich „explodiert“. Beides, die Unterdrückung der Emotionen und der Gefühlsausbruch, kränken andere oder machen einen selbst krank (Blut-

[69] S. a. Lukas 24,51; Apostelgeschichte 1,9.

hochdruck, Magenbeschwerden, Herz etc.). Die andere Möglichkeit wäre ein rechtzeitiges Gespräch mit jemandem, der/die richtig zuhören kann, also sein Herz auszuschütten (s. Herz). Unsere Redensart **„etwas in sich hineinfressen“** stammt aus dem 39. Psalm:

▶ PSALM 39,3

Ich bin verstummt und still und schweige fern der Freude und muss **mein Leid in mich fressen.**

H

HIOB

- bis hierher und nicht weiter
- Hiobsbotschaft
- Der Herr hat's gegeben, der Herr hat's genommen; der Name des Herrn sei gelobt.

Hiob, ein frommer, rechtschaffener, gottesfürchtiger Mensch, war nicht nur wohlhabend, sondern reich. Er hatte sieben Söhne und drei Töchter. Eines Tages brachten ihm Boten Nachrichten, dass er seinen gesamten Besitz durch Feinde und Naturereignisse verloren hatte und dass seine Kinder bei einem Hauseinsturz umkamen. Diese und ähnliche schlimme Nachrichten nennt man **Hiobsbotschaften. Hiob** nimmt diese Katastrophen als von Gott über ihn verhängt mit dem Satz entgegen, der oft auf Beerdigungen gesprochen wird, der über Traueranzeigen und auf Grabsteinen steht: **Der HERR hat's gegeben, der HERR hat's genommen; der Name des HERRN sei gelobt!**

▶ HIOB 1,13FF.

13 An dem Tage aber, da seine Söhne und Töchter aßen und Wein tranken im Hause ihres Bruders, des Erstgeborenen, 14 kam ein **Bote** zu **Hiob** ... 20 Da stand **Hiob** auf und sprach: Ich bin nackt von meiner Mutter Leibe gekommen, nackt werde ich wieder dahinfahren. **Der HERR hat's gegeben, der HERR hat's genommen; der Name des HERRN sei gelobt!**

Mit den Worten **„bis hierher und nicht weiter“** fordern wir jemanden ganz entschieden auf, Grenzen zu beachten. Mit diesen Worten stellt

Gott klar, wer es war, der die Welt durch sein Wort erschaffen, in diesem Fall, wer dem Meer Einhalt geboten hat:

▶ HIOB 38,11

Bis hierher sollst du kommen **und nicht weiter**; hier sollen sich legen deine stolzen Wellen!

HOCH

- Das ist mir zu hoch.
- Hochmut kommt vor dem Fall.
- hoch und niedrig

Wenn ich etwas absolut nicht verstehe, kann ich nur noch zugeben: **„Das ist mir zu hoch"**.

In seiner letzten Antwort an den HERRN erkennt Hiob Gottes Allmacht an und räumt seine Unwissenheit ein:

▶ HIOB 42,3[70]

... Darum hab ich unweise geredet, was **mir zu hoch ist** und ich nicht verstehe.

Ursprünglich bedeutete **Hochmut** eine gehobene Stimmung, eine edle Gesinnung. Inzwischen verstehen wir darunter einen auf Überheblichkeit beruhenden Stolz und eine sich daraus ergebende Geringschätzung oder Missachtung gegenüber anderen oder sogar Gott. Der/die **Hochmütige** sieht auf jemanden herab (II.7). Wenn wir solchen **Hochmut** erleben, sagen wir gelegentlich warnend **„Hochmut kommt vor dem Fall"**. Diese Redensart entstammt den „Sprüchen Salomos", einer Sammlung altorientalischer Lebenskunde oder Weisheit (I.7):

▶ SPRÜCHE 16,18

Wer zugrunde gehen soll, der wird zuvor stolz; und **Hochmut kommt vor dem Fall.**

---

[70] S. a. Psalm 139,6.

Hohn und Spott

Hohn und Spott ernten oft Menschen, die zur Besonnenheit mahnen, zur Ordnung rufen, die Recht und Gerechtigkeit (s. dort) einfordern, die warnen. So auch der Prophet Jeremia: Er hat sich nicht nach dem Prophetenamt gedrängt, im Gegenteil. Aber Gott hat ihm doch dieses schwere Joch (s. dort) auferlegt. Er muss immer wieder Gottes Gericht über Israel ankündigen. Das hört natürlich niemand gern. Man versucht Jeremia mundtot zu machen. Als **Hohn und Spott** zu nichts führen, lässt man ihn auspeitschen oder ins Gefängnis werfen. Über die Last dieses Amtes klagt er im 20. Kapitel des Prophetenbuches:

H

▶ Jeremia 20,7f.

7 HERR, du hast mich überredet und ich habe mich überreden lassen. Du bist mir zu stark gewesen und hast gewonnen; aber ich bin darüber **zum Spott geworden** täglich, und jedermann verlacht mich. 8 Denn sooft ich rede, muss ich schreien; »Frevel und Gewalt!« muss ich rufen. Denn des HERRN Wort ist mir zu **Hohn und Spott** geworden täglich.

Hosianna ... kreuzigt ihn!

Der „Neueinkauf" wurde als ein Weltklassestürmer über den grünen Klee gelobt. In den ersten Ligaspielen schien er die hohen Erwartungen zu erfüllen. Dann kam ein Formtief oder was immer, und schon war die Rede von einer gigantischen Fehlinvestition. So etwas gibt es nicht nur im Sport, auch in der Politik, im Beruf, auch in zwischenmenschlichen Beziehungen: erst das jubelnde „**Hosianna**", dann das vernichtende „**kreuzigt ihn**!".

Jesus, der Wunderheiler, der Rabbi, der der Obrigkeit immer wieder die Leviten (s. dort) las, ihr das Maul stopfte (s. dort), zog unter den misstrauischen Blicken der Pharisäer und Schriftgelehrten in Jerusalem ein. Kurz vor dem Passahfest füllte sich die Stadt zunehmend mit Pilgern. Das Volk war neugierig. Dieser Jesus hatte doch gerade erst den Lazarus von den Toten erweckt (Johannes 12,9). Den musste man sehen. Und dann kam er, auf einem Esel reitend. Viele erinnerten sich, dass ihnen dies vor Zeiten durch den Propheten Sacharja als Zeichen für den Einzug des Königs angekündigt worden war (Sacharja 9,9). Nun musste die Befreiung von der römischen Besatzung unmittelbar bevorstehen[71]. Der Begeisterungstaumel war unermesslich. Sie schrien immer wieder **Hosianna**[72], und breiteten vor ihm Kleider und Palmenzweige aus. Aus dem uns im Alten Testament ursprünglich als Flehruf begegnenden Wort war ein Jubelruf geworden:

H

MATTHÄUS 21,9[73]

Die Menge aber, die ihm voranging und nachfolgte, schrie: **Hosianna** dem Sohn Davids! Gelobt sei, der da kommt in dem Namen des Herrn! **Hosianna** in der Höhe!

Die kurz danach folgende Austreibung aus dem Tempel (s. dort) schien ihren Erwartungen zunächst Recht zu geben. Die geistliche und weltliche Führung sah daher nicht nur ihre Autorität (von Römers Gnaden) gefährdet, sondern befürchtete Unruhen, die erfahrungsgemäß zu einem entschlossenen Eingreifen der römischen Besatzungstruppen führen würden. Nachdem ihnen Judas (s. dort) eine Möglichkeit zur unauffälligen Verhaftung Jesu gegeben hatte, erfolgte diese, anschließend das Hin und Her zwischen Herodes und Pontius Pilatus (s. dort). Nun musste der römische Statthalter entscheiden. Der fand keine rechtliche Handhabe, Jesus, wie von den Hohenpriestern und – unter deren agitierendem Einfluss – auch vom Volk verlangt, zum Tode zu verurteilen. Nachdem das von den Priestern und Schriftgelehrten aufgehetzte und von Jesu Passivität mehr als enttäuschte Volk eine von Pilatus angebotene Begnadigung Jesu abgelehnt hatte, skandierte es zunehmend „**kreuzige ihn!**“.

---

[71] So später die Emmausjünger, Lukas 24,21: „Wir aber hofften, er sei es, der Israel erlösen werde.“

[72] I.7: Ein Gebetsruf aus dem messianischen Psalm 118,25: ‚Ach, hilf!‘, ‚Rette doch!‘, ‚Gib doch Heil!‘.

[73] S. a. Matthäus 21,15; Markus 11,9f.; Johannes 12,12f.

Markus 15,13f.[74]

13 Sie schrien abermals: **Kreuzige ihn**! 14 Pilatus aber sprach zu ihnen: Was hat er denn Böses getan? Aber sie schrien noch viel mehr: **Kreuzige ihn**!

Pontius Pilatus, der zusätzlich von den Hohenpriestern mit der Drohung unter Druck gesetzt wurde, wer einen Umstürzler nicht entschlossen verfolge, mache sich selbst des Hochverrats schuldig (Lukas 23,2 und Johannes 19,12), **wusch** demonstrativ **seine Hände in Unschuld** (s. Pilatus) und verurteilte Jesus zum Tode am Kreuz.

Was für ein Absturz in wenigen Tagen von „**Hosianna**" bis zu „**Kreuzige ihn**"!

H

Hütten – hier lass uns Hütten bauen

Haben Sie nicht auch schon einmal an einem besonders schönen Ort, z. B. im Urlaub, gesagt oder gedacht: „**Hier lass uns Hütten bauen**; hier ist es schön, so fern vom Alltagslärm und Stress, ohne Probleme, beinahe paradiesisch, hier möchte ich bleiben."?

Jesus nimmt drei Jünger mit sich, um auf einem Berg zu beten. Dort werden die Jünger Zeugen eines Geschehens, das in den nachstehend zitierten Stellen der Bibel „Verklärung" genannt wird (s. verklären). Die Jünger haben den Eindruck, im Paradies (s. Adam und Eva) zu sein. Und diesen Augenblick wollen sie möglichst festhalten. Darum sagt Petrus zu Jesus: „**Lass uns** drei **Hütten bauen**."

Matthäus 17,4[75]

Petrus aber fing an und sprach zu Jesus: Herr, hier ist gut sein! Willst du, so will ich hier drei **Hütten bauen**, dir eine, Mose eine und Elia eine.

Aber Jesu Weg führte ihn zurück in den Alltag, nach Jerusalem, ans Kreuz.

[74] S. a. Lukas 23,21; Johannes 19,6; 19,15.

[75] S. a. Markus 9,5; Lukas 9,33.

Hut – auf der Hut sein

Wer **auf der Hut** ist, achtet auf seinen eigenen Schutz, nimmt sich in Acht, ist vorsichtig, besonders was den Umgang mit anderen anbetrifft.

Auf Anraten des Propheten Elisa umging der König Israels einen Ort, in dem gegnerische, syrische Truppen lagerten, und blieb unbehelligt.

▶ 2. Könige 6,10

So sandte denn der König von Israel hin an den Ort, den ihm der Mann Gottes gesagt und vor dem er ihn gewarnt hatte, und war dort **auf der Hut;** und tat das nicht nur einmal oder zweimal.

I

irre werden (an jemandem)

Wenn wir an jemandem oder an etwas **irre werden**, dann zweifeln wir an unserem eigenen Verstand, werden in unserer Auffassung oder Überzeugung unsicher (II.7).

In die Gemeinden in Galatien waren Leute gekommen, die behaupteten, zur Vollendung des christlichen Glaubens sei es nötig, das alttestamentliche Gesetz zu halten und insbesondere die Beschneidung, als Zeichen des Bundes Gottes mit seinem Volk, zu übernehmen. Paulus sieht dadurch den Glauben der Galater im Kern bedroht und schreibt einen engagierten Brief, in dem dringende Warnung, theologische Argumentation und werbende Bitte eindrucksvoll miteinander verbunden sind.

▸ GALATER 4,20

Ich wollte aber, dass ich jetzt bei euch wäre und mit andrer Stimme zu euch reden könnte; denn ich **bin irre an** euch.

J

Jubeljahr → Erlassjahr

JA

- Ja, ja; nein, nein. Was darüber ist, das ist vom Übel.
- ja und Amen zu etwas sagen

Es scheint schon vor zweitausend Jahren so etwas wie „statements“ gegeben zu haben, also öffentliche (meist politische) Erklärungen oder Behauptungen, in denen viel und sehr bedeutungsvoll geredet und wenig (manchmal sogar nichts) gesagt wird.

Jesus sagt – und Jakobus wiederholt das –, dass wir wahrhaftig sein sollen, dann erübrigen sich die Bekräftigungsformeln:

▸ MATTHÄUS 5,37[76]

Eure Rede aber sei: **Ja, ja; nein, nein. Was darüber ist, das ist vom Übel.**

Das (hebräische) Wort **Amen** hat den Sinn von „so ist es/so sei es!“. In 1. Korinther 14,16 stellt sich die Gemeinde mit diesem Wort hinter das Gebet eines Einzelnen, und in 5. Mose 27,15-26 steht gleich zwölfmal hintereinander „Und alles Volk soll sagen: **Amen**“:

76 S. a. Jakobus 5,12.

▶ 5. Mose 27,15-26

15 Verflucht sei, wer einen Götzen oder ein gegossenes Bild macht, einen Gräuel für den HERRN, ein Werk von den Händen der Werkmeister, und es heimlich aufstellt! Und alles Volk soll antworten und sagen: **Amen.** 16 Verflucht sei, wer seinen Vater oder seine Mutter verunehrt! Und alles Volk soll sagen: **Amen** ... 26 Verflucht sei, wer nicht alle Worte dieses Gesetzes erfüllt, dass er danach tue! Und alles Volk soll sagen: **Amen.**

Am Ende des Neuen Testaments, in Offenbarung 22,20 heißt es: „Ja, ich komme bald, **Amen**." Büchmann leitet daraus unser **„Ja und Amen zu etwas sagen"** ab (II.16).

J

Jakob

- Himmelsleiter
- Linsengericht
- nicht der wahre Jakob
- schwarze Schafe
- übertreiben

Schon während der Schwangerschaft erfuhr Rebekka, dass sie Zwillinge gebären würde (1. Mose 25,23), Stammväter zweier unterschiedlich mächtiger Völker. Entgegen dem üblichen Erstgeburtsrecht sollte der Ältere dem Jüngeren dienen. Der Erstgeborene wurde Esau genannt, sein Bruder Jakob. Jakob war ein häuslicher Typ *„ein gesitteter Mann und blieb bei den Zelten"*. Esau wurde *„ein Jäger und streifte auf dem Felde umher"* (1. Mose 25,27). Ihr Vater Isaak hatte Esau lieb und aß gern von seinem Wildbret; Rebekka aber hatte Jakob lieb (1. Mose 25,28). Eines Tages kam Esau müde und ausgehungert von der Jagd zurück. Jakob hatte gerade ein **Linsengericht** gekocht, von dem Esau etwas abhaben wollte. Jakob aber wollte ihm nur etwas abgeben, wenn Esau ihm als Gegenleistung sein Erstgeburtsrecht verkaufen würde.

Der erstgeborene Sohn genoss eine rechtliche Vorzugsstellung, war quasi der „Thronerbe", und erhielt auch den Erstgeburtssegen. Das von Jakob geforderte **Erstgeburtsrecht** war daher keinesfalls eine auch nur annähernd angemessene Gegenleistung für einen Teller Linsensuppe. Aber Esau ging darauf ein und verkaufte mit Eid sein Erstgeburtsrecht an seinen jüngeren Bruder Jakob (V. 33).

1. MOSE 25,29-34

29 Und Jakob kochte ein Gericht. Da kam Esau vom Feld und war müde 30 und sprach zu Jakob: Lass mich essen das rote Gericht; denn ich bin müde ... 31 Aber Jakob sprach: Verkaufe mir heute deine **Erstgeburt.** 32 Esau antwortete: Siehe, ich muss doch sterben; was soll mir da die **Erstgeburt**? 33 Jakob sprach: So schwöre mir zuvor. Und er schwor ihm und verkaufte so Jakob seine Erstgeburt. 34 Da gab ihm Jakob Brot und das **Linsengericht,** und er aß und trank und stand auf und ging davon. So verachtete Esau seine **Erstgeburt.**

Deshalb nennen wir etwas Wertloses, das im Tausch für etwas ungleich Wertvolleres gegeben wird, ein **Linsengericht**.

Ihr Vater hatte von diesem mehr als hinterlistigen Handel keine Ahnung. Als er alt und blind geworden war und sein Ende nahen fühlte, wollte er seine Söhne segnen. Rebekka und Jakob täuschten ihm vor, Jakob sei Esau, sein Erstgeborener. Der Betrug gelang. Jakob erhielt – formaljuristisch korrekt – den Erstgeburtssegen, den Isaak dem Esau zugedacht hatte. Kurz danach kam der Betrug heraus. Aber es war zu spät. Isaak nahm den erschlichenen Segen nicht zurück (1. Mose 27,33), er bestätigte vielmehr Jakobs Vorrechtsstellung gegenüber dem nunmehr „degradierten“ Esau.

1. MOSE 27,36

Da sprach er: Er heißt mit Recht Jakob[77], denn er hat mich nun zweimal überlistet. Meine **Erstgeburt** hat er genommen und siehe, nun nimmt er auch meinen Segen.

Ob die Redensart **„das ist (auch) nicht der wahre Jakob“** auf diese Täuschung des altersblinden Isaak durch Jakob (und seine Mutter Rebekka) zurückzuführen ist, ist nicht gesichert. Eine andere Erklärung bezieht sich auf die Legende, nach welcher der Apostel Jakobus der Ältere, der Schutzpatron Spaniens, in Santiago de Compostela begraben sein soll. Dessen Gebeine wurden aber auch in anderen, also „falschen“ Gräbern vermutet, in denen allerdings **nicht der**

[77] D. h. der Hinterlistige.

richtige bzw. **wahre Jakob** seine letzte Ruhe gefunden haben konnte (II.22).

Der auf hinterhältige Weise um sein **Erstgeburtsrecht** gebrachte Esau sann auf Vergeltung. Er wollte seinen Bruder Jakob umbringen, verschob dies aber auf die Zeit nach dem absehbaren Tod ihres Vaters (1. Mose 27,41). Rebekka, ihrer Mutter und Jakobs „Komplizin", wurde dies zugetragen. Sie riet Jakob zur Flucht zu ihrem Bruder Laban. Dem Vater gegenüber wurde diese Flucht als eine Brautschau ausgegeben, zu der er seinen Segen gab. Dennoch, es blieb eine Flucht.

Eines Abends übernachtete Jakob in der Wüste. Im Traum sah er eine **Leiter**, auf der die Engel Gottes auf und nieder stiegen. Dann erschien ihm Gott und bestätigte die seinem Vorfahren Abraham gegebene Verheißung (1. Mose 13,14f.), dass seine große Nachkommenschaft in einem großen Land leben wird. Der Bericht hierüber (1. Mose 28,10ff.) trägt die Überschrift „Jakob schaut die **Himmelsleiter**". – Sicher gibt es nicht nur in Hamburg-Blankenese an der Elbe eine Straße, die „**Himmelsleiter**" heißt. In Aufführungen von Engelbert Humperdings Märchenoper „Hänsel und Gretel" darf die „**Himmelsleiter**" nicht fehlen, wenn der Abendsegen gesungen wird: „Abends, wenn ich schlafen geh …"

Doch zurück zu unserem Flüchtling Jakob. Der arbeitete bei seinem Onkel Laban. Vereinbart war, dass er nach sieben Jahren als „Lohn" dessen Tochter Rahel zur Frau bekommen sollte. Onkel Laban trickste allerdings am Hochzeitstag Jakob aus und führte ihm – verschleiert – seine ältere Tochter Lea zu. Jakob bemerkte das zu spät, nachdem er rechtsgültig mit Lea verheiratet war. Also arbeitete er weitere sieben Jahre, um auch Rahel heiraten zu können. In dieser Zeit sorgte er auf nicht immer ganz unbedenkliche Weise für eine nicht unbedeutende „Umschichtung" aus Labans Vermögen in das seine (1. Mose 30,25ff.). Das Ganze war von dem listigen Jakob natürlich völlig legal gestaltet: In einer Schafherde sind schwarze und gefleckte Tiere weniger erwünscht, weil man einheitlich weiße Wolle gewinnen möchte, die sich bei der Weiterverarbeitung nach Wunsch färben lässt (II.8). Er schlug daher seinem Schwiegervater vor, diese „störenden" Tiere auszusondern und als Lohn für sich zu behalten, womit der Schwiegervater einverstanden war: Jakob gelang es nun mit einem Trick bei der Schafzucht (1. Mose 30,37ff.), dass Labans Herden, besonders die guten und kräftigen Schafe, viele bunte und gefleckte Lämmer hervorbrachten, und so wurde er immer reicher.

▶ 1. MOSE 30,32

Ich will heute durch alle deine Herden gehen und aussondern alle gefleckten und bunten Schafe und alle **schwarzen Schafe** und die bunten und gefleckten Ziegen. Was nun bunt und gefleckt sein wird, das soll mein Lohn sein.

Schwarze Schafe sind daher diejenigen Menschen, die aus dem Rahmen fallen, die sich nicht einordnen, sich der Gruppen- oder Fraktionsdisziplin nicht fügen etc.

J

Das wollten Labans Söhne so nicht hinnehmen. Jakob entschloss sich daher, heimwärts zu ziehen. Der schwierigste Teil der Heimkehr war natürlich das bevorstehende Zusammentreffen mit Esau. Dessen Drohung, ihn umzubringen, war ja vor zwanzig Jahren der Grund für seine Flucht gewesen. Die Brüder konnten sich jedoch ehrlich versöhnen. Esau lud seinen Bruder ein, gleich mit ihm zu ziehen und bei ihm zu wohnen. Das aber ging dem Jakob dann doch etwas zu schnell. Er verzögerte seine Heimkehr mit dem einleuchtenden Hinweis, dass die Herde mit den vielen noch gesäugten Jungtieren (für die er immerhin fast zwei Jahrzehnte seines Lebens gearbeitet hatte) Schaden bis hin zum Totalverlust nehmen könnte, wenn man sie **übertreiben** würde, d. h. schneller und weiter treiben würde als das gut für sie wäre.

▶ 1. MOSE 33,13

Er aber sprach zu ihm: Mein Herr weiß, dass ich zarte Kinder bei mir habe, dazu säugende Schafe und Kühe; wenn sie auch nur einen Tag **übertrieben** würden, würde mir die ganze Herde sterben.

Wenn wir von **Übertreibung** sprechen, meinen wir in erster Linie, dass wir weit über etwas an und für sich Vernünftiges hinaus handeln, eben **übertreiben**, sei es bei der Arbeit, bei der Darstellung eines Geschehens usw.

Letztlich bleibt festzuhalten, dass Gott sich zur Erfüllung seiner Ankündigung, der Erstgeborene werde gegenüber seinem jüngeren Bruder zurückgesetzt (1. Mose 25,23), auch menschlich äußerst fragwürdigen Handelns bedient.

Jeremiade

– Klagelied

In den **Klageliedern** Jeremias wird der Untergang Judas und Jerusalems 587 v. Chr. beklagt. Ein Gejammer, eine Wehklage wird danach **Jeremiade** genannt.

Jericho – Posaunen/Trompeten von Jericho

Mit **Trompeten** oder **Posaunen** wurden früher militärische oder Jagdsignale gegeben oder wichtige Bekanntmachungen oder Ereignisse angekündigt wie z. B. die Ankunft einer Postkutsche. In neuerer Zeit (seit Ende des 19. Jh.) soll das Martinshorn Einsatzfahrzeugen von Feuerwehr, Polizei und Rettungsdiensten Vorfahrt verschaffen. Manche Probe eines **Posaunen**chores wird mit den Worten kommentiert: „Sie blasen aus D-Moll wie die **Trompeten** (oder **Posaunen**) **von Jericho**“, und – nach einer Kunstpause – „die demolierten bekanntlich die Stadt“ (IV.21).

Auf dem Weg in das „Gelobte Land, wo Milch und Honig fließt“ (s. Ägypten), musste das Volk Israel unter Führung von Josua, den Gott zu Mose Nachfolger berufen hatte (Josua 1,1), Jericho passieren. Jericho kam eine strategische Schlüsselstellung für die Eroberung Kanaans zu (IV.1,169). Die Stadt war als Festung ausgebaut, umgeben von den berühmten **Mauern von Jericho**. Für die Israeliten waren diese Mauern militärisch uneinnehmbar, insbesondere da sie sich wohl kaum auf Belagerungstechnik verstanden. Josua ließ Jericho durch Kundschafter ausspähen (Josua 2,1ff.). Gott hatte den Sieg versprochen; er hatte ganz klare Verhaltensmaßregeln gegeben (Josua

6,3-5) und damit klargestellt, dass hier nicht menschliche Macht und Kriegskunst am Werk sein würden:

JOSUA 6,1FF.

1 **Jericho** aber war verschlossen und verwahrt vor den Israeliten, sodass niemand heraus- oder hineinkommen konnte. 2 Aber der HERR sprach zu Josua: Sieh, ich habe **Jericho** samt seinem König und seinen Kriegsleuten in deine Hand gegeben. 3 Lass alle Kriegsmänner rings um die Stadt herumgehen einmal und tu so sechs Tage lang. 4 Und lass sieben Priester sieben **Posaunen** tragen vor der Lade her, und am siebenten Tage zieht siebenmal um die Stadt und lass die Priester die **Posaunen** blasen. 5 Und wenn man die **Posaune** bläst und es lange tönt, so soll das ganze Kriegsvolk ein großes Kriegsgeschrei erheben, wenn ihr den Schall der **Posaune** hört. Dann wird die **Stadtmauer** einfallen und das Kriegsvolk soll hinaufsteigen, ein jeder stracks vor sich hin.

Bei den **Posaunen** handelte es sich um Widderhörner (hebr. Schofar), die einen durchdringenden Ton gaben (I.7). Man konnte normalerweise auf ihnen nur einen Ton blasen, und sie dienten daher als Signalinstrument.

JOCH – EIN JOCH AUF JEMANDEN LEGEN

Das **Joch** ist ein Geschirr zum Anspannen von Zugtieren. Von daher werden Unterdrückung, Fremdherrschaft, Sklaverei und unausweichlicher Zwang auch **Joch** genannt.

3. MOSE 26,13[78]

Denn ich bin der HERR, euer Gott, der euch aus Ägyptenland geführt hat, damit ihr nicht ihre Knechte bleibt, und habe euer **Joch** zerbrochen und habe euch aufrecht einhergehen lassen.

In meiner Lutherbibel steht an mehr als sechzig Stellen das Wort **Joch**. Nur an einer (1. Könige 19,19ff.) wird es im ursprünglichem Sinne gebraucht, als das Geschirr für Zugtiere.

[78] S. a. Jesaja 10,27; Jeremia 30,8; Hesekiel 34,27; Apostelgeschichte 15,10 u.a.

1. KÖNIGE 19,19FF.

19 Und Elia ging von dort weg und fand Elisa, den Sohn Schafats, als er pflügte mit zwölf **Joch**en vor sich her, und er war selbst bei dem zwölften ... 21 Und Elisa wandte sich von ihm weg und nahm ein **Joch** Rinder und opferte es, und mit den **Joch**en der Rinder kochte er das Fleisch und gab's den Leuten, dass sie aßen.

Jesus will seine Jünger vom **Joch** des Gesetzes, wie es seine Zeitgenossen verstanden, befreien: Die frommen Juden versuchten, das Gesetz des Mose aus eigener Kraft zu halten, sodass es wie ein Joch auf ihnen lag. Da Jesus durch seinen Tod am Kreuz dieses Gesetz erfüllt hat, hat das Joch seine Last verloren.

MATTHÄUS 11,29F.

29 Nehmt auf euch mein **Joch** und lernt von mir; denn ich bin sanftmütig und von Herzen demütig; so werdet ihr Ruhe finden für eure Seelen. 30 Denn mein **Joch** ist sanft, und meine Last ist leicht.

JUDAS

- Judaslohn
- Silberlinge
- Blutgeld

Ein Verräter wird oft **Judas** genannt, und was er für seinen Verrat erhält ist der **Judaslohn**. Beides ist auf die Passionsgeschichte zurückzuführen: Am Abend vor seiner Verhaftung, dem Vorabend zum Passahfest, hatte Jesus mit seinen Jüngern das traditionelle Passahlamm gegessen. In der Erinnerung an dieses Passahmahl feiert die Christenheit seitdem das heilige Abendmahl. Während dieses letzten Beisammenseins sagt Jesus den Jüngern, dass ihn einer von ihnen verraten wird. Es ist **Judas**, der Kassenwart. Der hatte den Hohenpriestern, die auf eine Gelegenheit warteten, Jesus noch vor dem Passahfest ohne großes Aufsehen zu verhaften und abzuurteilen, angeboten, sie zu ihm zu führen. Dafür sollte er dreißig **Silberlinge** bekommen, den **Judaslohn**. Dreißig **Silberlinge** waren im Alten Testament der Schadenersatz für einen von einem Rind getöteten Sklaven (2. Mose 21,32) und der durchschnittliche Kaufpreis für einen Sklaven (3. Mose 27,3-5). Das ist ein Spottpreis, verglichen mit dem Wert des Öls, mit dem eine Frau kurz zuvor Jesus gesalbt hatte (s. ein gutes Werk tun). Das war mehr als das Zehnfache gewesen (I.7 zu Matthäus 26,16).

▶ MATTHÄUS 26,14FF.[79]

14 Da ging einer von den Zwölfen, mit Namen **Judas** Iskariot, hin zu den Hohenpriestern 15 und sprach: Was wollt ihr mir geben? Ich will ihn euch verraten. Und sie boten ihm **dreißig Silberlinge**. 16 Und von da an suchte er eine Gelegenheit, dass er ihn verriete.

Nachdem Jesus durch **Judas**' Mitwirkung verhaftet, verurteilt und hingerichtet worden war, reute diesen sein Verrat. Er brachte seinen Lohn, an dem inzwischen das Blut Jesu klebte, den Hohenpriestern zurück. Die lehnten jedoch die Rücknahme ab, weil es **Blutgeld** geworden war und kauften dafür einen Acker als Begräbnisplatz für Fremde. Judas aber nahm sich das Leben.

▶ MATTHÄUS 27,6

Aber die Hohenpriester nahmen die Silberlinge und sprachen: Es ist nicht recht, dass wir sie in den Gotteskasten legen; denn es ist **Blutgeld**.

JUGENDSÜNDE

Unter **Jugendsünde** versteht jede(r) etwas anderes. Meist ungern erinnern wir uns daran, was wir in der Entwicklungsphase des Heranreifens, des Loslösens aus den bisherigen hierarchischen Gegebenheiten in Schule und Elternhaus usw. nicht immer nur unüberlegt, leichtsinnig getan haben. Erstaunlicherweise sind wir eher bereit, später andere mit weisem, nachsichtigem Lächeln dafür zu entschuldigen als uns selbst.

David bittet im 25. Psalm um Gottes Vergebung und Leitung. Wer bereit ist, sich dieser Leitung anzuvertrauen, der darf auch hoffen, dass Gott die unvermeidlichen Verfehlungen in seiner Barmherzigkeit

[79] S. a. Matthäus 27,3; 27,6; 27,9.

vergibt, insbesondere die des noch nicht voll verantwortlichen jungen Menschen (I.7).

PSALM 25,7

Gedenke nicht der **Sünden** meiner **Jugend** und meiner Übertretungen, gedenke aber meiner nach deiner Barmherzigkeit, HERR, um deiner Güte willen!

JUNGFRAU – WIE DIE JUNGFRAU ZUM KIND

Sie kommen auf unerklärliche Weise, völlig überraschend, ohne eigenes Zutun, zu einem Gewinn, zu einer Erbschaft, ergattern ein Schnäppchen, oder Sie haben sich irgendwo eine Erkältung oder eine andere ansteckende Krankheit zugezogen usw. Oft sagen dann Sie selbst oder andere, Sie seien dazu gekommen **wie die Jungfrau zum Kind.**

Diese Redensart ist auf die Ankündigung der Geburt Jesu durch den Propheten Jesaja sowie auf die Berichte von der Geburt Jesu bei Matthäus und Lukas zurückzuführen:

JESAJA 7,14[80]

Darum wird euch der HERR selbst ein Zeichen geben: Siehe, **eine Jungfrau** ist schwanger und **wird einen Sohn gebären**, den wird sie nennen Immanuel.

LUKAS 1,26FF.

26 Und im sechsten Monat wurde der Engel Gabriel von Gott gesandt in eine Stadt in Galiläa, die heißt Nazareth, 27 zu einer **Jungfrau**, die vertraut war einem Mann mit Namen Josef vom Hause David; und die Jungfrau hieß Maria. 28 Und der Engel kam zu ihr hinein und sprach: Sei gegrüßt, du Begnadete! Der Herr ist mit dir! 29 Sie aber erschrak über die Rede und dachte: Welch ein Gruß ist das? 30 Und der Engel sprach zu ihr: Fürchte dich nicht, Maria, du hast Gnade bei Gott gefunden. 31 Siehe, du wirst schwanger werden und einen Sohn gebären, und du sollst ihm den Namen Jesus geben. 32 Der wird groß sein und Sohn des Höchsten genannt werden; und Gott der Herr wird ihm den Thron seines Vaters David geben, 33 und er wird König sein über das Haus Jakob in Ewigkeit, und sein Reich wird kein Ende haben. 34 Da sprach

80 S. a. Matthäus 1,18ff.

Maria zu dem Engel: **Wie soll das zugehen, da ich doch von keinem Mann weiß?** 35 Der Engel antwortete und sprach zu ihr: Der heilige Geist wird über dich kommen, und die Kraft des Höchsten wird dich überschatten; darum wird auch das Heilige, das geboren wird, Gottes Sohn genannt werden.

In einigen Bibelübersetzungen steht „junge Frau" anstelle von „Jungfrau". Aus dem Bericht des Lukas (1,34) ergibt sich aber, dass tatsächlich eine unberührte Frau gemeint ist, denn Maria sagt in der Verkündigungsgeschichte als Antwort auf die Ankündigung ihrer Schwangerschaft: „Wie soll das zugehen, da ich doch von keinem Mann weiß?" Der Verfasser der Vorbemerkung zum Lukasevangelium in der Stuttgarter Jubiläumsbibel (I.4) hält es für möglich, dass der Evangelist Lukas die Berichte über die Geburt, Kindheit und Jugend Jesu noch „aus dem Munde der Maria selber gehört hat".

Für die katholische Kirche ist die Jungfrauengeburt ein Dogma, d.h. eine den Anspruch auf absolute Gültigkeit, Wahrheit, erhebende Aussage. Zu dem, was das Apostolische Glaubensbekenntnis mit den Worten „geboren von der Jungfrau Maria" formuliert, hat der protestantische Theologe Karl Barth (1886–1968) einmal gesagt (III.5b): „Gott hat es gefallen, das Geheimnis der Menschwerdung seines Sohnes durch das Wunder der **Jungfrauengeburt** anzuzeigen."

K

Kalb – Tanz um das goldene Kalb → Ägypten
krähen → Hahn
kreuzigt ihn → Hosianna

Kain

- Soll ich meines Bruders Hüter sein?
- Kainszeichen – Kainsmal

Wie oft wohl wird täglich auf die Frage: „Wo ist eigentlich …?" geantwortet „**Soll ich meines Bruders Hüter sein?**"

Trüge jeder Mörder ein „**Kainszeichen**" auf der Stirn, so gäbe es keine unaufgeklärten Tötungsdelikte.

Beide Redensarten entstammen einer uralten Geschichte, gleich am Anfang der Bibel (1. Mose 4,1ff.): Adams und Evas erstes Kind war **Kain**, der später Ackerbauer wurde. Sein Bruder Abel wurde Viehzüchter. Eines Tages brachten beide Söhne Gott Opfer von den Früchten ihrer Arbeit, Abel von seinen jungen Tieren, Kain von seiner Ernte. Wir dürfen annehmen, dass sich keiner der beiden Brüder vom anderen übertreffen lassen wollte, dass ihre Opfer also nach menschlichem Ermessen gleichwertig waren. Gott aber sah Abel und sein Opfer gnädig an, nicht jedoch Kain und dessen Opfer. In dem nachstehenden Bericht ist zwar nicht ausdrücklich die Rede von „Eifersucht" oder „Neid"; aber das dürfte dennoch der Grund dafür sein, dass Kain seinen Bruder kurz danach totschlug. Gott blieb das nicht verborgen: „Wo ist dein Bruder Abel?" Kains freche Antwort ist bekannt: „**Soll ich meines Bruders Hüter sein?**" Gott sagte ihm auf den Kopf zu, dass Abels Blut zum Himmel geschrien hat (s. a. „himmelschreiend") und verkündete als Strafe, dass der von ihm bebaute Acker ihm keinen Ertrag mehr geben und er selbst **unstet und flüchtig** sein würde. Kain bat um Gnade, denn er befürchtete, dass ihn totschlagen würde, wer ihn fände. Aber Gott sagte ihm zu, wer ihn totschlüge (und damit *seinem* Gericht vorgreife), solle eine siebenfältige Rache erfahren. Und „Gott machte ein **Zeichen an Kain**, dass ihn niemand erschlüge, der ihn fände“ (1. Mose 4,15).

▶ 1. MOSE 4,9F.

9 Da sprach der HERR zu Kain: Wo ist dein Bruder Abel? Er sprach: Ich weiß nicht; **soll ich meines Bruders Hüter sein?** 10 Er aber sprach: Was hast du getan? Die Stimme des Blutes deines Bruders schreit zu mir von der Erde.

▶ 1. MOSE 4,15

Aber der HERR sprach zu ihm: Nein, sondern wer Kain totschlägt, das soll siebenfältig gerächt werden. Und der HERR machte ein **Zeichen an Kain**, dass ihn niemand erschlüge, der ihn fände.

K

KAISER

– gebt dem Kaiser, was des Kaisers ist, und Gott, was Gottes ist

Nach einer europaweiten Erhebung zu „moralischen“ Fragen würden 58% der befragten Deutschen „schwarzfahren“, 55% würden dem Finanzamt Einkünfte verschweigen. Es gab noch mehr für uns unrühmliche Umfrageergebnisse.

Unserem Land, der größten Volkswirtschaft der Europäischen Union, fehlt so viel Geld, dass es entweder gigantische Schulden machen oder drastisch sparen muss. Diskutiert man über Lösungsmöglichkeiten, prallen gegensätzliche Interessen aufeinander. Schuldenmachen ist nicht nur unseriös, es ist eine unverantwortliche Belastung der künftigen Generationen. Rentenkürzungen belasten Menschen, die einen nicht hoch genug zu bewertenden Anteil am Wiederaufbau unseres Landes und seiner Wirtschaft nach dem Zweiten Weltkrieg haben.

Bei der eingangs zitierten Umfrage gab es immer wieder einen Kommentar zur Steuerehrlichkeit: „Wenn der Staat vernünftiger mit dem Geld umginge (Stichwort „Verschwendung von Steuermitteln“), käme er auch mit weniger aus.“ Ich vermisse andererseits eine ehrliche

Auseinandersetzung mit der verbreiteten Anspruchsmentalität gegenüber unserem Gemeinwesen, nach dem Motto: „sozial ist, wenn ein anderer bezahlt". Von nichts kommt doch nichts. Aber wer ist denn dieser Staat? Doch niemand anders als Sie und ich! Die Defizite, die z. B. Schwarzfahrer, Schwarzarbeiter, Subventionsbetrug und betrügerische Erschleichung von Fürsorgemitteln verursachen, müssen durch „den Staat" ausgeglichen werden. Würden die Einkünfte aus Schwarzarbeit oder Schwarzgeld ordnungsgemäß versteuert, hätte der Staat keinen Anlass zu Ausgabenkürzungen oder Abgabenerhöhungen.

Die „alten" Zehn Gebote sind brandaktuell, auch was unser Verhältnis zum Staat anbetrifft: du sollst nicht lügen, stehlen, begehren, was anderen gehört. Oder wie Jesus sagt „**gebt dem Kaiser** (dem Staat), **was des Kaisers ist und Gott, was Gottes ist**" (Matthäus 22,21; Markus 12,17; Lukas 20,25).

Mit einer wirklich teuflischen Fangfrage soll Jesus „fertig gemacht" werden: Soll man dem Kaiser Steuern zahlen oder nicht? Bejaht er diese Frage, so arbeitet er mit der verhassten römischen Besatzungsmacht zusammen, verneint er sie, dann hat er zum Steuerboykott aufgefordert. Beide Antworten wären für ihn tödlich. Aber Jesus lässt sich auf diese angeblich auswegslose Alternative nicht ein. Also lautet seine Antwort: „**gebt dem Kaiser, was des Kaisers ist, und Gott, was Gottes ist!**"

▶ MATTHÄUS 22,21

... Da sprach er zu ihnen: So **gebt dem Kaiser, was des Kaisers ist, und Gott, was Gottes ist!**

Ich halte den ersten Teil von Jesu Antwort für eine Aufforderung zur Steuerehrlichkeit.

Kamel

- Es ist leichter, dass ein Kamel durch ein Nadelöhr gehe, als dass ein Reicher ins Himmelreich komme.

Meist wird diese Aussage verwendet, wenn Geiz oder Neid im Spiel sind, beides Folgen des Vergleichens mit dem, was andere haben oder sind. Damit wird aber etwas aus dem Zusammenhang gerissen: Die Evangelisten Matthäus, Markus und Lukas berichten, dass ein Mensch zu Jesus kommt und ihn fragt, was er tun müsse, um das ewige Leben zu haben bzw. zu ererben. Jesus verweist auf die Zehn Gebote; die – so sagt der Mensch – habe er alle gehalten, und er fragt, was denn noch fehle. Jesu Antwort macht ihn traurig: Er soll alles, was er hat, verkaufen, den Erlös den Armen geben und ihm nachfolgen. Der Mensch geht; er war sehr reich. Danach sagt Jesus zu seinen Jüngern, es sei sehr schwer für einen Reichen, ins Himmelreich zu kommen, **eher ginge ein Kamel durch ein Nadelöhr**. Auf die entsetzte Frage seiner Jünger, wer denn dann selig werden könne, antwortet Jesus: „Bei den Menschen ist's unmöglich; aber bei Gott sind alle Dinge möglich."

Ich will mich nicht auf die Frage einlassen, ob es sich bei dem „Nadelöhr" tatsächlich um den Teil der Nähnadel handelt, durch den der zu vernähende Faden gezogen wird, oder um eine kleine Toröffnung der Jerusalemer Stadtmauer, ob mit dem „Kamel" das „Wüstenschiff" gemeint ist, oder es sich um einen Übertragungsfehler bei der handschriftlichen Vervielfältigung der Bibel gehandelt haben könnte.[81] Darauf kommt es auch gar nicht an. Jede dieser Deutungen bedeutet etwas Unmögliches, und Jesus möchte durch diesen geradezu paradoxen Vergleich deutlich machen, welche Gefahr darin liegt, wenn man sein Herz an irdische, materielle und damit eben vergängliche Güter hängt. Und Jesu Aufforderung, ihm nachzufolgen, ist wortwörtlich zu nehmen, nämlich mit ihm zu gehen, egal, was kommt. Bei solchem Mitgehen ist freilich jegliches Gepäck hinderlich; es muss daher zurückgelassen werden. Auf diesem Wege darf es keine wie auch immer

[81] kamelos = Kamel oder kamilos = Schiffstau.

geartete „Absicherung“ geben, damit sich niemand rühmen kann, er/sie habe selbst für sich gesorgt. Blindes Gottvertrauen ist gefragt: ER wird's wohl machen (Psalm 37,5)! Vor allem will Jesus seine Jünger zu der Einsicht führen, dass eben aus eigener Kraft kein Mensch in das Reich Gottes kommen kann.

Auf die Frage, was denn Reichtum sei, habe ich eine Antwort gefunden, die mich sehr angesprochen hat:

Ich hatte eine Mutter und einen Vater, die sich wirklich liebten; daher weiß ich, was Liebe ist. Ich habe hart dafür gearbeitet, zwei Kinder ungefährdet durch die schwierigen Jahre des Heranwachsens zu bringen; daher weiß ich, was Zufriedenheit ist. Ich habe gebetet, und meine Gebete sind erhört worden; daher weiß ich, was Glaube ist. Ich habe an meiner Seite den liebenswertesten, aufmerksamsten Menschen gehabt, den ich kenne; daher weiß ich, was Glück ist. Und weil ich das alles weiß, weiß ich auch, was Reichtum ist (Abigail van Buren, amerik. Kolumnistin, III.3, 10/2002,49).

▶ MATTHÄUS 19,24-26[82]

24 Und weiter sage ich euch: **Es ist leichter, dass ein Kamel durch ein Nadelöhr gehe, als dass ein Reicher ins Reich Gottes komme.** 25 Als das seine Jünger hörten, entsetzten sie sich sehr und sprachen: Ja, wer kann dann selig werden? 26 Jesus aber sah sie an und sprach zu ihnen: Bei den Menschen ist's unmöglich; aber bei Gott sind alle Dinge möglich.

KELCH

- möge dieser Kelch an mir/dir vorübergehen
- lass diesen Kelch an mir vorübergehen

Wie oft wohl wird dieser Stoßseufzer täglich zum Himmel geschickt, wenn uns oder einem Menschen, der uns nahe steht, etwas bevorsteht, von dem wir meinen, dass es unsere/seine Kräfte übersteigt. Manchmal wird aber dieser Ausruf auch nur theatralisch, ironisch, spöttisch dahingeredet, wenn sich jemand vor einer störenden, als unangenehm

[82] S. a. Markus 10,17ff. u. Lukas 18,18ff.

empfundenen Anfrage, Bitte oder Verpflichtung aus Bequemlichkeit, Feigheit oder dergleichen drücken will.

Unsere Redensart geht auf die Passionsgeschichte zurück: Jesus hat gerade mit seinen Jüngern das Passahlamm, das Erinnerungsmahl an die Befreiung des Volkes Israel aus der ägyptischen Gefangenschaft (s. Ägypten), gegessen und dabei das Abendmahl eingesetzt. Jesus weiß, welch schwerer Weg jetzt vor ihm liegt. Im Garten Gethsemane betet er voller Angst und bittet Gott, diesen **Kelch** an ihm **vorübergehen** zu lassen. Im Alten Testament sind **Kelch** oder Becher Symbole der Strafe Gottes. So spricht z. B. Jeremia (25,15) vom **Zornbecher** oder Jesaja (51,17) vom **Kelch des Grimms**. Hesekiel (23,31) vergleicht das Gericht Gottes über Babylon mit einem **Kelch, dessen Inhalt den Tod bringt** (I.7). Dieser **todbringende Kelch des Zorns, des Gerichts** über das sündige Menschengeschlecht, das stellvertretend an Jesus vollzogen werden soll, ist wohl in unserer Redewendung gemeint.

K

▶ MATTHÄUS 26,39[83]

Und er ging ein wenig weiter, fiel nieder auf sein Angesicht und betete und sprach: Mein Vater, ist's möglich, so **gehe dieser Kelch an mir vorüber**; doch nicht wie ich will, sondern wie du willst!

KOLOSS AUF TÖNERNEN FÜSSEN

Von manchem Staat oder Menschen, der zunächst durch sein äußeres Erscheinungsbild (Bevölkerungszahl, Wirtschafts- oder Militärkraft, Größe, Muskelkraft oder dergl.) beeindruckt, dies aber nicht in erwartungsgemäßes Handeln umsetzen kann, heißt es, er sei „**ein Koloss auf tönernen Füßen**".

Daniel, ein junger israelitischer Kriegsgefangener des Königs Nebukadnezar, wurde zusammen mit drei Leidensgenossen im Palast des babylonischen Königs für den Dienst an seinem Hof ausgebildet (Daniel 1,3ff.). Ähnlich wie in der Josefsgeschichte (s. Ägypten) hatte der

[83] S. a. Matthäus 26,42; Markus 14,36.

König einen Traum, über den er so erschrak, dass er aufwachte und sofort seine Zauberer, Zeichendeuter, Wahrsager und Weisen rufen ließ, damit sie ihm diesen Traum deuteten (s. a. Apokalypse). Daniel schilderte dem König im Auftrag Gottes nicht nur dessen Traum, sondern deutete ihn auch für den Herrscher: Nach ihm wird sein Reich schrittweise in immer schwächer werdende Teilreiche zerfallen, die durch ein neues Reich abgelöst werden.

DANIEL 2,31-34

31 Du, König, hattest einen Traum, und siehe, ein großes und hohes und hell glänzendes Bild stand vor dir, das war schrecklich anzusehen. 32 Das Haupt dieses Bildes war von feinem Gold, seine Brust und seine Arme waren von Silber, sein Bauch und seine Lenden waren von Kupfer, 33 seine Schenkel waren von Eisen, **seine Füße waren** teils von Eisen und **teils von Ton**. 34 Das sahst du, bis ein Stein herunterkam, ohne Zutun von Menschenhänden; der traf das Bild an seinen **Füßen, die von** Eisen und **Ton** waren, und zermalmte sie.

K

KOPF

- über den Kopf (ge)wachsen
- kopfschütteln

Schon Goethes Zauberlehrling erfuhr „die ich rief, die Geister, werd ich nicht mehr los". Was kann einem nicht schon alles **über den Kopf wachsen**, die Kinder (nicht nur, was die Körperlänge anbetrifft), Arbeit, Schulden, Sorgen usw.

Im Buch Esra wird der in die Babylonische Gefangenschaft entführten Bevölkerung des Reiches Juda vom persischen Großkönig Kyrus die Rückkehr gestattet, und zwar mit dem erklärten Ziel, den Tempeldienst in Jerusalem neu einzurichten.[84] Nachdem eine erste Rückkehrergruppe unter größten Schwierigkeiten den Tempel wieder aufgebaut hatte, wurde etwa achtzig Jahre später eine zweite Gruppe vom Perserkönig Artaxerxes nach Jerusalem entsandt, die für den ord-

[84] Die Perser betrieben eine tolerante Religionspolitik; ihnen war wichtig, dass zu allen Göttern für das Wohl des Großkönigs und seines Reiches gebetet wurde (I.7, Einführung, Anmerkung zu Esra 6,10).

nungsgemäßen Vollzug des Opferdienstes sorgen und das Leben des Volkes nach dem Gesetz Mose ordnen sollte. Ein besonderes Anliegen Esras war es, den Eheschließungen von Judäern mit Andersgläubigen ein Ende zu machen, um das Volk Gottes rein zu halten. Als geistlicher Führer des Volkes und als Priester machte Esra sich zum Sprecher für alle und bekannte vor Gott die Schuld des Volkes:

▶ ESRA 9,6

... unsere Missetat ist **über unser Haupt gewachsen,** und unsere Schuld ist groß bis an den Himmel.

Ursprünglich sollten mit dem **Kopfschütteln** böse Geister abgewehrt oder vertrieben werden (I.7 zu Jeremia 18,16). Später drückte man damit Spott aus (I.7 zu Hiob 16,1-6). Heute ist es ein Zeichen des Unverständnisses, der Verwunderung, der Ablehnung oder der Verneinung.

K

▶ 2. KÖNIGE 19,21[85]

... Die Tochter Jerusalem **schüttelt ihr Haupt** hinter dir her.

KRETHI UND PLETHI

Krethi und Plethi ist sinnverwandt mit „jeder Depp“ oder „Hinz und Kunz“, manchmal auch mit einer „bunt zusammengewürfelten (oder gemischten) Gesellschaft“; gelegentlich ist auch „Pöbel“ gemeint. Diese meist geringschätzige, abwertende Bedeutung haben die **Kreter und** Philister (**Pleter**) in der Bibel nicht. Sie gehörten zur Leibgarde des Königs David (II.20). Anderen Quellen zufolge handelt es sich bei den **Kretern und Pletern** um Scharfrichter und Kuriere (Eilboten) des Königs (II.20) …[86]

[85] S. a. Hiob 16,4; Psalm 22,8.

[86] Die beiden im Hebräischen verwendeten Wörter waren jedoch offensichtlich bereits den griechischen Übersetzern der Septuaginta nicht mehr verständlich, die sie einfach beibehielten und sie (grundlos) in oben genanntem Sinne interpretierten.

▶ 2. SAMUEL 8,18[87]

Benaja, der Sohn Jojadas, war über die **Kreter und Pleter** gesetzt; auch die Söhne Davids sind Priester gewesen.

Die Kreter genossen allerdings wohl bereits in der Antike keinen besonders guten Ruf, wie Paulus an seinen Mitarbeiter Titus schreibt: „Die Kreter sind immer Lügner, böse Tiere und faule Bäuche“ (Titus 1,12).

L

LAND

– bleibe im Lande und nähre dich redlich

Ein altväterliches Sprichwort? Vor rund zweihundert Jahren warnte der Dichter Friedrich Rückert vor den Gefahren der Auswanderung

87 S. a. 2. Samuel 15,18; 20,7; 1. Chronik 18,17.

mit einem Gedicht „**Bleibet im Lande und nähret euch redlich**“. Er zitierte damit ein Wort aus dem 37. Psalm, auf das andere Auswanderungskritiker sich damals ebenfalls bezogen (mehr dazu IV.22). Auch heute rauscht der Blätterwald über den Drang ins Ausland, den hierzulande für viel deutsches Steuergeld ausgebildete Wissenschaftler haben.

Diese (heutige) sprichwörtliche Bedeutung des Psalmwortes ist aber ursprünglich nicht gemeint. Es wird nicht vor etwaigen unredlichen Geschäften im Ausland gewarnt, sondern die Zusage ausgesprochen, dass, wer Gott vertraut, das Rechte tut. Als Folge davon wird er – darf er! – in dem Lande bleiben, das Gott seinem Volk gegeben hat. Dort wird er in Sicherheit wohnen (I.7 zu Psalm 37,3b).

► Psalm 37,3

Hoffe auf den HERRN und tu Gutes, **bleibe im Lande und nähre dich redlich.**

L

Last

– einer trage des anderen Last

Einer trage des anderen Last – Dieses Bibelwort ist der Titel eines in Ost und West mehrfach preisgekrönten DEFA-Films von 1987. Es war auch das Thema der Rede, mit der sich die spätere Bundestagsvizepräsidentin Petra Pau am 6. August 2005 erfolgreich um einen Listenplatz auf der Landesliste Berlin der PDS (jetzt Die Linke) bewarb.

Einer trage des anderen Last – wenn diese Worte fallen, ist meist davon die Rede, dass die Not anderer mit meinem Geld gelindert werden soll. Ich weiß nicht, wie es Ihnen geht, wenn Sie diese Zeilen lesen. Ob dann auch Sie an die vielen Spendenaufrufe denken, die immer wieder im Briefkasten liegen, häufig hervorragend aufgemacht, mit der erkennbaren Absicht, mir und sicher auch Ihnen ob unserer vom Absender vermuteten besseren wirtschaftlichen Situation ein schlechtes Gewissen zu machen? Und wenn ich mir dann überlege, wer bis zum Einwurf in meinen Briefkasten an diesem Aufruf schon alles verdient hat, werde ich doch sehr nachdenklich, ob das mit dem nachstehenden Bibelwort wirklich gemeint war:

GALATER 6,1FF.

1 Liebe Brüder, wenn ein Mensch etwa von einer Verfehlung ereilt wird, so helft ihm wieder zurecht mit sanftmütigem Geist, ihr, die ihr geistlich seid; und sieh auf dich selbst, dass du nicht auch versucht werdest. 2 **Einer trage des andern Last,** so werdet ihr das Gesetz Christi erfüllen. 3 Denn wenn jemand meint, er sei etwas, obwohl er doch nichts ist, der betrügt sich selbst. 4 Ein jeder aber prüfe sein eigenes Werk; und dann wird er seinen Ruhm bei sich selbst haben und nicht gegenüber einem andern. 5 Denn ein jeder wird seine eigene Last tragen.

So, in diesem Zusammenhang gelesen, steht da erst einmal die Aufforderung, dass ich mich an die eigene Nase fassen soll, ehe ich auf einen anderen, einen Gestrauchelten, herabsehe. Dann aber folgt die Erinnerung an das Gebot der Nächstenliebe, ihm aufzuhelfen, ihn erst einmal wieder auf die Füße zu stellen, dazu beizutragen, dass er seine Menschenwürde wieder erlangt, sie auch selbst erst wieder begreift. Schließlich aber kommt auch die Selbstverständlichkeit hinzu, anderen aus ihrer Not zu helfen, und zwar im Rahmen der eigenen Möglichkeiten – mehr wird nirgendwo verlangt, und niemand sollte sich ein schlechtes Gewissen machen (lassen), wenn er nicht mehr tut. Übrigens: Es gibt auch viele immaterielle Möglichkeiten der Hilfe beim Lastentragen.

LÄSTERMAUL

Ein **Lästermaul** ist, wer in böser Absicht über andere Schlechtes redet (IV.23). Es ist gut, dass das **Lästermaul** grammatikalisch ein sächliches Geschlecht hat, denn es gibt sowohl weibliche als auch männliche **Lästermäuler. Lästermäuler lästern**, d.h. sie reden abwertend, kritisch, nicht selten auch mehr oder weniger boshaft und normalerweise über Abwesende. **Lästern** wird als „Werkzeug schonender Sozialhygiene" bezeichnet; der Geschmähte höre es ja nicht, und so dumm werde er nicht sein, dass er nicht wüsste, dass über ihn gelästert wird (III.5c).

In seiner „väterlichen Mahnung“ preist der Verfasser der Sprüche Salomos die Weisheit als Hilfe zum Leben, die im Herzen behalten werden soll (I.7):

▸ SPRÜCHE 4,20FF.

20 Mein Sohn, merke auf meine Rede und neige dein Ohr zu meinen Worten.
24 Tu von dir die Falschheit des Mundes und sei kein **Lästermaul**.

LEBEN

- das Leben sauer machen
- es sich sauer werden lassen

Schon vor mehreren tausend Jahren haben Menschen andere Menschen unterdrückt, sie schikanös behandelt, ihnen Arbeit und andere Lasten aufgebürdet, die mit großer Wahrscheinlichkeit zum Zusammenbruch, zu Krankheit, sogar zum Tod führten. Die Ägypter (s. dort) haben in ihrer Politik der „Entfremdung“ ihres Landes das ganze Volk Israel unterjocht (s. Joch) und zur Zwangsarbeit gepresst, und das mit Methoden, die diesem Ziel mehr als förderlich waren. Die Bibel umschreibt dies noch relativ untertreibend damit, dass sie den Israeliten **das Leben sauer machten**:

▸ 2. MOSE 1,13F.

13 Da zwangen die Ägypter die Israeliten unbarmherzig zum Dienst 14 und **machten ihnen ihr Leben sauer** mit schwerer Arbeit in Ton und Ziegeln und mit mancherlei Frondienst auf dem Felde, mit all ihrer Arbeit, die sie ihnen auflegten ohne Erbarmen.

Sirach, der Weisheitslehrer, spricht von der Vergeblichkeit menschlichen Bemühens:

▸ SIRACH 11,11

Mancher **lässt sich's sauer werden**, müht sich und rennt dem Reichtum nach und fällt doch immer mehr zurück.

Leichen – über Leichen gehen

Verfolgt jemand seine Ziele brutal, rücksichtslos, skrupellos, dann heißt es, „**er geht über Leichen**". Gegen Unzumutbares wehrt man sich gelegentlich mit den Worten: „**nur über meine Leiche**".

In der Makkabäerzeit wurde bei einer Evakuierungsaktion für die jüdische Bevölkerung Galiläas dem Flüchtlingstreck der Durchzug durch die gut befestigte, nicht zu umgehende Stadt Efron verweigert, obwohl die Israeliten ausdrücklich ihre friedlichen Absichten bekundet hatten (1. Makkabäer 5,46ff.). Daraufhin stürmte das israelitische Heer unter Führung von Judas Makkabäus die Stadt und eroberte sie. Was dann folgte, wird mit einem Satz beschrieben:

▶ 1. Makkabäer 5,52

Und Judas ließ alles, was männlich war, erstechen und plünderte und zerstörte die Stadt und **zog über die toten Körper hinweg** ...

L

Letzte

– Die Ersten werden die Letzten sein und die Letzten die Ersten.

Manchmal sagen wir spöttisch, wenn es um die Pünktlichkeit geht: **Die Letzten werden die Ersten und die Ersten die Letzten sein.**

Petrus hatte Jesus gefragt, welchen Lohn sie dafür erhalten werden, dass sie alles verlassen haben und ihm nachgefolgt sind. Jesus antwortet, dass die zwölf Jünger eines Tages die zwölf Stämme Israels richten werden, die rechte Nachfolge aber niemandem unbelohnt bleiben wird. Jedoch gehe es dabei anders zu als von vielen gedacht: Manche, die sich als **Erste** fühlen, werden erfahren, dass sie bei Gott **Letzte** sind, umgekehrt allerdings auch.

▶ Matthäus 19,30[88]

Aber viele, die die **Ersten** sind, **werden die Letzten und die Letzten werden die Ersten sein.**

---

[88] S. a. Markus 10,31.

Nach einem Rangstreit unter den Jüngern, wer wohl der Größte von ihnen sei, stellt Jesus *seine* „Rangordnung" klar, die er auch mit der Fußwaschung (sonst ein Sklavendienst) der Jünger vor dem letzten Abendmahl noch einmal unterstreicht (Johannes 13,3ff.):

▶ Markus 9,35

Und er setzte sich und rief die Zwölf und sprach zu ihnen: Wenn jemand will **der Erste** sein, der **soll der Letzte sein** von allen und aller Diener.

Leviten – jemandem die Leviten lesen

Wem die **Leviten gelesen** werden, der/die hatte etwas getan, das einfach so nicht hingenommen werden konnte; er/sie wurde deshalb nachdrücklich zur Rede gestellt und energisch auf die geltende Ordnung hingewiesen.

Vor dem Einzug in das Gelobte Land wurde dieses unter die Stämme des Volkes Israel verteilt; ausgenommen war der Stamm **Levi**, der zum Priesterdienst bestellt wurde (4. Mose 1,48ff.) und anstelle von „Land" einen Anteil an den Kirchensteuern (Tempelabgaben) erhielt. Die Angehörigen des Stammes Levi hießen **Leviten**. Zu ihren Aufgaben gehörte es, darüber zu wachen, dass alle Vorschriften des Dritten Buches Mose (**Levitikus**) über den Gottesdienst eingehalten wurden.

Im Mittelalter war das 26. Kapitel des Buches **Levitikus** (3. Mose) Grundlage für **Strafpredigten**: Der Bischof Chrodegang von Metz (742–766) schrieb im Rahmen einer Überarbeitung der Benediktiner-Ordensregel unter anderem regelmäßige Zusammenkünfte vor, bei denen Abschnitte aus dem Buch **Levitikus** und den Ordensregeln vorgelesen und mahnende Worte an die Versammlung gerichtet wurden (II.14,85 und II.23). Daraus entstand die Redensart **„jemandem die Leviten lesen"**.

Licht

- Es werde Licht.
- Licht scheuen
- Denen ist ein Licht aufgegangen .
- Licht der Welt
- Licht unter den Scheffel stellen
- Lasst euer Licht leuchten.

„**Es werde Licht!**“ sagt heute noch mancher mit spöttelndem Unterton, wenn er im Dunkeln den Lichtschalter nicht findet. Der schöpferische Befehl Gottes „**Es werde Licht!**“ steht am Anfang der Bibel in der Schöpfungsgeschichte:

1. Mose 1,3

Und Gott sprach: **Es werde Licht!** Und es ward Licht.

L

Wenn jemand oder etwas **das Licht scheut**, dann, weil er/es sich sonst – bei Licht besehen – als Böse, gesetzwidrig oder dergl. herausstellt.

Hiob 24,16

Im Finstern bricht man in die Häuser ein; am Tage verbergen sie sich und **scheuen** alle **das Licht.**

So, wie man nur bei Helligkeit sehen kann, so kann man – wenn einem **ein Licht aufgegangen ist** – mehr einsehen, erkennen, verstehen, begreifen. Hier aber ist nicht das gemeint, sondern in Matthäus 4,16 bezieht sich Jesus auf die Ankündigung seiner Geburt in Jesaja 9,1:

Jesaja 9,1

Das Volk, das im Finstern wandelt, sieht ein großes Licht, und über denen, die da wohnen im finstern Lande, scheint es hell.

Psalm 97 beschreibt die Königsherrschaft Gottes, und für den Beter ist solch ein Leben in der Gegenwart Gottes und im Einklang mit seinen Boten ein Leben im Licht:

▶ PSALM 97,11[89]

Dem Gerechten muss das **Licht** immer wieder **aufgehen** und Freude den frommen Herzen.

Wer sein **Licht unter den Scheffel stellt**, will, dass es nicht gesehen wird. Das ist widersinnig und hat mit Bescheidenheit nichts zu tun. Jesus sagt seinen Jüngern zu, dass sie – wie er selbst (Johannes 8,12) – **Licht sind** und von aller Welt gesehen werden, wenn er in ihnen lebt und Gott durch sie hindurchleuchtet. Wenn seine Jünger aufgefordert werden, **ihr Licht leuchten zu lassen**, sollen sie nicht etwa angeben, sondern sich als zu ihm gehörig zu erkennen geben (I.7 zu Matthäus 5,13-15).

▶ MATTHÄUS 5,14FF.[90]

14 Ihr seid das **Licht der Welt**. Es kann die Stadt, die auf einem Berge liegt, nicht verborgen sein. 15 Man zündet auch nicht ein **Licht** an und setzt es **unter einen Scheffel**, sondern auf einen Leuchter; so leuchtet es allen, die im Hause sind. 16 So **lasst euer Licht leuchten vor** den Leuten, damit sie eure guten Werke sehen und euren Vater im Himmel preisen.

L

LIPPENBEKENNTNIS

Wenn Worten keine Taten folgen, sind das **Lippenbekenntnisse.** Matthäus berichtet über eine Auseinandersetzung Jesu mit Pharisäern und Schriftgelehrten. Alttestamentliche Reinigungsgebote waren in spätjüdischer Zeit soweit verfeinert und ausgebaut worden, dass zur Zeit Jesu z. B. das Händewaschen vor jeder Mahlzeit zu einer unerlässlichen Handlung mit nahezu gottesdienstähnlichem Charakter geworden war (II.10). Die Pharisäer und Schriftgelehrten hatten ihn gefragt, warum seine Jünger diese Vorschriften nicht halten und vor dem Essen diese rituellen Waschungen vornehmen. Jesus hielt ihnen entgegen, dass *sie* es sind, die Gottes Gebote nicht halten, weil sie sie durch ihre eigenen Vorschriften ersetzt haben:

---

89 S. a. Jesaja 9,1; Matthäus 4,16.

90 S. a. Markus 4,21; Lukas 11,33; Philipper 2,14f.

▶ MATTHÄUS 15,7F.

7 Ihr Heuchler, wie fein hat Jesaja von euch geweissagt und gesprochen (Jesaja 29,13): 8 **„Dies Volk ehrt mich mit seinen Lippen, aber ihr Herz ist fern von mir …"**

LOCKVOGEL

Ein entsprechend herausgestelltes, außerordentlich günstiges Angebot holt die Kundschaft ins Geschäft, die es nur selten wieder verlässt, ohne außer dem Preisschlager noch etwas anderes gekauft zu haben. Man spricht dann von **Lockvogelwerbung**, **Lockvogelangebot** oder **Lockvogelpreisen**. In der Jagd und Fallenstellerei werden **Lockvögel** eingesetzt, welche andere Vögel anlocken, die dann einfacher als sonst eingefangen oder erlegt werden können.

Die Propheten des Alten Testaments haben die soziale Ungerechtigkeit ihrer Zeit stets deutlich beim Namen genannt. Jeremia hat die skrupellose Ausnutzung der Schwächeren mit dem Verhalten eines Vogelfängers verglichen. Wie dessen Korb voll ist von gefangenen Vögeln, so haben die Gottlosen ihre Häuser durch Betrug (Tücke) mit dem Besitz der Schwachen gefüllt. Priester und Propheten sorgen nicht für Recht und Wahrheit, wie es ihre Pflicht wäre, sondern unterstützen das verbrecherische Treiben. Und die verantwortlichen freien Männer aus dem Volk sind wohl einverstanden, weil niemand gegen das Unrecht aufbegehrt (I.7).

▶ JEREMIA 5,26F.[91]

26 Man findet unter meinem Volk Gottlose, die den Leuten nachstellen und Fallen zurichten, um sie zu fangen, wie's die Vogelfänger tun. 27 Ihre Häuser sind voller Tücke, wie ein Vogelbauer voller **Lockvögel** ist. Daher sind sie groß und reich geworden …

[91] S. a. Sirach 11,31.

M

magere und fette Jahre → Ägypten
Manna → Ägypten
Mann, ein Mann nach meinem Herzen → Herz
Mann Gottes → Gottes
Der Mensch lebt nicht vom Brot allein. → Brot
Milch, Land, wo Milch und Honig fließt → Ägypten
Morgenrot, schlecht Wetter droht.→ Abendrot

Mammon

– zwei Herren dienen

Auch wenn wir – meist abwertend, gelegentlich auch mit ein wenig Neid – z. B. vom schnöden **Mammon** sprechen, dem viele nachjagen, dem Geld, das zwar nicht alles ist, ohne das aber vieles nichts ist, sollten wir uns vor Augen halten, dass wir aus der Bibel zitieren. Das aramäische Wort **Mammon** bedeutet Geld, Luxus, Reichtum, Besitz. Jesus personifiziert diesen **Mammon** und vergleicht ihn mit einem Götzen. Wer diesem Götzen dient, entfremdet sich Gott. Der ehem. bayerische Landesbischof und EKD-Ratsvorsitzende Hermann Dietzfelbinger schrieb dazu: „Wer sein Denken von Gott bestimmen lässt, kommt in Konflikt mit den gängigen Ansichten über die Bedeutung von Geld und Gut und hat damit zu kämpfen“ (IV.24, 63).

Jesus spricht zu seinen Jüngern vom „Schätze sammeln und Sorgen“:

▶ Matthäus 6,24

Niemand kann zwei Herren dienen: Entweder er wird den einen hassen und den andern lieben, oder er wird an dem einen hängen und den andern verachten. **Ihr könnt nicht Gott dienen und dem Mammon.**

Maß

- Gewicht, zweierlei Gewicht
- Elle – mit gleicher Elle messen
- rechtes Maß

Unser Pastor erzählte im Konfirmandenunterricht öfters von einem Gespräch mit einer Marktfrau, die er gefragt hatte, ob sie seine Predigt vom letzten Sonntag recht verstanden hätte. Nach einigem Zögern kam die Antwort: eigentlich nicht alles, aber sie habe zu Hause wieder die richtigen **Gewichte** für die Waage herausgeholt.

Anders als heute, wo alles geregelt ist, sogar die Krümmung der Banane, gab es bei der Niederschrift der nachstehenden Texte keine durch staatliche Vorschriften garantierten **Maße und Gewichte**. Es bestand daher stets die Gefahr der Manipulation, der Übervorteilung.

M

3. Mose 19,35f.

35 Ihr sollt **nicht ungleich** (I.1–I.2, ab I.3 unrecht) handeln im Gericht, mit der **Elle**, mit **Gewicht**, mit **Maß**. 36 Rechte Waage, **rechtes Gewicht**, rechter Scheffel und rechtes Maß sollen bei euch sein; ich bin der HERR, euer Gott, der euch aus Ägyptenland geführt hat.

5. Mose 25,13ff.

13 Du sollst nicht **zweierlei Gewicht**, groß und klein, in deinem Beutel haben, 14 und in deinem Hause soll nicht **zweierlei Maß**, groß und klein, sein. 15 Du sollst ein volles und **rechtes Gewicht** und ein volles und rechtes Maß haben, auf dass dein Leben lange währe in dem Lande, das dir der HERR, dein Gott, geben wird. 16 Denn wer das tut, der ist dem HERRN, deinem Gott, ein Greuel, ein jeder, der übeltut.

Luther übersetzte das seit der Revision 1964 (I.5) verwendete „Maß“ noch mit „Scheffel“.

Matthäi am Letzten

Ist jemand mit seinem/ihrem Latein, wirtschaftlich, finanziell, gesundheitlich oder dergleichen am Ende, dann sagt man, bei ihm/ihr sei es **„Matthäi am Letzten"**. Auch diese Redensart ist – indirekt – auf Luthers Bibelübersetzung zurückzuführen. Er überschreibt das Evangelium des Matthäus – korrekt – mit der Genitivform des Namens Matthäus, **Matthäi.** In meinem Kleinen Katechismus steht noch die „alte" Version von Luthers Erklärung zum Vierten Hauptstück – Das Sakrament der heiligen Taufe – *Da unser Herr Christus spricht* ***Matthäi am Letzten*** … Heute heißt es – leichter verständlich – "*bei Matthäus im letzten Kapitel*". Dort steht der **Missionsbefehl:**

▶ Matthäus 28,19

Darum gehet hin und machet zu Jüngern alle Völker: Taufet sie auf den Namen des Vaters und des Sohnes und des heiligen Geistes.

M

Menetekel – gewogen und zu leicht befunden

Meist fällt das Urteil **„gewogen und zu leicht befunden"**, wenn jemand oder etwas sachlichen, fachlichen, ethischen o.ä. Ansprüchen nicht genügt.

Belsazar, der letzte babylonische Regent (556-539 v. Chr.)[92] gab kurz vor der Eroberung Babylons durch die Perser ein rauschendes Fest „für seine tausend Mächtigen und soff[93] sich voll mit ihnen". Als sie alle betrunken waren, ließ Belsazar bei der Eroberung Jerusalems erbeutete Tempelgeräte kommen, die für den Gebrauch im Heiligtum geweiht waren und für keinen weltlichen Zweck verwendet werden durften (I.7). Der König und seine Mächtigen sowie seine Frauen und Nebenfrauen[94] tranken aus diesen (Gott geweihten) Gefäßen

[92] Belsazar war eigentlich der Kronprinz des letzten babylonischen Königs Nabonid, trug aber die Zeichen der Königswürde und wurde als solcher tituliert.

[93] So wörtlich seit Luthers erster Bibelübersetzung von 1545 (Daniel 5,1).

[94] Frauen und Nebenfrauen nahmen normalerweise nicht an den Gelagen der Männer teil. Ihre Anwesenheit ist kennzeichnend für den Stil der Veranstaltung (I.7 zu Daniel 5,3).

und lobten ihre „goldenen, silbernen, ehernen, eisernen, hölzernen und steinernen Götter“. Das war Gotteslästerung! Aber Gott ließ sich das nicht gefallen: Vor den Augen aller erschien auf einer Wand eine Menschenhand und schrieb etwas, das niemand lesen oder verstehen konnte. Als allen klar wurde, dass es sich hierbei nicht um einen Zaubertrick handelte, mit dem die Stimmung noch weiter nach oben getrieben werden sollte, rief der zu Tode erschrockene König seine Weisen, Gelehrten und Wahrsager. Wer diese Schrift lesen und deuten konnte, sollte nach seinem Vater, König Nabonid, und ihm der Dritte in seinem Königreich sein. Die Königinmutter erinnerte sich an Daniel, den Gefangenen aus Juda, den König Nebukadnezar seinerzeit über die Zeichendeuter, Weisen, Gelehrten und Wahrsager gesetzt hatte. Sie glaubte, er wäre mit dem Geist der babylonischen Götter erfüllt und daher geeignet, dieses Rätsel zu lösen. Daniel aber war kein Götzendiener, sondern Diener Gottes. Er deutete die Schrift:

▶ DANIEL 5,25FF.

25 So aber lautet die Schrift, die dort geschrieben steht: Mene **mene tekel** u-parsin. 26 Und sie bedeutet dies: **Mene,** das ist, Gott hat dein Königtum gezählt und beendet. 27 **Tekel,** das ist, man hat dich auf der Waage **gewogen und zu leicht befunden.** 28 **Peres,** das ist, dein Reich ist zerteilt und den Medern und Persern gegeben.

Nach dieser Geschichte nennen wir ein Anzeichen drohenden Unheils ein **Menetekel**.

MENSCH

- ich bin auch (nur) ein Mensch
- Menschen(s)kind

Der ungeduldige Ausruf „**Menschenskind**“ hat die gleiche Bedeutung wie der ungeduldige Ausruf „Mann Gottes“ (s. dort).

Gleich nach Beginn der Bauarbeiten am Turmbau zu Babel (s. babylonische Sprachverwirrung) wollte Gott nachsehen, was dort geschah:

1. MOSE 11,5

Da fuhr der HERR hernieder, dass er sähe die Stadt und den Turm, die die **Menschenkinder** bauten.

Wetten, dass Sie das auch schon gesagt haben, wenn andere von Ihnen mehr verlangt haben, als Sie beim besten Willen leisten konnten: „**Ich bin** (doch) **auch nur ein Mensch**!“

In der römischen Residenz- und Garnisonsstadt Cäsarea lebte der Hauptmann Kornelius. Der Hauptmann hatte von einem Engel Gottes Weisung bekommen, er solle nach Simon Petrus schicken und hören, was der ihm zu sagen hätte. Kornelius hielt Petrus nach dieser Ankündigung durch einen Engel Gottes für etwas ganz und gar Außergewöhnliches, zumindest wohl den heidnischen Göttern ähnlich und damit anbetungswürdig. Als Petrus eintraf, ging ihm Kornelius mit aller Ehrerbietung entgegen, fiel ihm zu Füßen und betete ihn an. Petrus erkannte, dass hier die Gefahr bestand, dass die Grenzen zwischen Gott und Mensch verwischt würden (I.7), hob ihn auf und widersprach ihm:

APOSTELGESCHICHTE 10,26

Steh auf, ich bin auch (nur[95]) ein Mensch.

METHUSALEM
– biblisches Alter

In unserer zunehmend alternden Gesellschaft gilt die „normale“ Alterspyramide (unten, an der breitesten Stelle, die Kinder, in der Mitte die Erwachsenen und an der Spitze die Alten) nicht mehr. Ob Jüngere unter „alt wie **Methusalem**“ wohl einen „grottenalten“ Menschen verstehen? Diese Zweifel gelten umso mehr, wenn dieser **Methusalem**, zumindest unter diesem Namen, nicht in der Bibel zu finden ist, denn in allen Übersetzungen bis zurück zum Original-Luthertext heißt er

[95] Erst mit der Revision 1964 (ab I.5) wurde „nur“ eingefügt.

Metusalah; aber aus dem biblischen *Metusalah* bzw. *Metuschelach* ist unser umgangssprachlicher **Methusalem** geworden

1. MOSE 5,25FF.

25 **Metuschelach** war 187 Jahre alt und zeugte Lamech 26 und lebte danach 782 Jahre und zeugte Söhne und Töchter, 27 dass sein ganzes Alter ward 969 Jahre, und starb.

Das Alter von 969 Jahren ist das höchste in der Bibel überlieferte Lebensalter eines Menschen, wobei die Angaben des vorsintflutlichen Geschlechtsregisters (1. Mose 5,1-32) sich durchaus, wenngleich mit allgemein sinkender Tendenz, in diesen Größenordnungen bewegen. Aus dem Rahmen fällt hier mit „nur" 365 Jahren Henoch, den Gott in den Himmel entrückte, sodass er „nicht mehr gesehen ward" (s. dort, s. a. „Himmel"). Noch heute sprechen wir bei einer hohen Zahl von Lebensjahren von einem **biblischen Alter**.

MOLOCH

Wir sprechen vom **Moloch**, wenn wir schlagwortartig eine anonyme, gnadenlose, grausame, alles verschlingende, immer wieder neue Opfer fordernde Macht meinen, z. B. den **Moloch** Krieg, Terror, den Bürokratie-**Moloch**. Auch eine Millionenstadt erscheint besonders vom Lande oder aus einer Kleinstadt kommenden Menschen als **Moloch**.

Der **Moloch**[96] war eine im semitischen Raum verbreitete Gottheit, deren Verehrung im 7. und 8. Jh. v. Chr. auch nach Israel eindrang. Zum **Moloch**dienst der Kanaaniter gehörte das Verbrennen von Kindern[97] (5. Mose 12,31), das in Israel unter Androhung von Todesstrafe verboten war (3. Mose 18,21; 20,2-5)[98] (I.7 u. II.10).

[96] Luther übersetzte noch (I.1 u. I.2) Molech; ab I.3 heißt es Moloch.

[97] Im Alten Testament wird es gelegentlich damit umschrieben, dass man das Opfer „durchs Feuer gehen" ließ (z. B. 2. Könige 16,3; 21,6; Jeremia 32,35).

[98] S. a. Psalm 106,37f.

▶ 3. MOSE 18,21[99]

Du sollst auch nicht eins deiner Kinder geben, dass es dem **Moloch** geweiht werde, damit du nicht entheiligst den Namen deines Gottes; ich bin der HERR.

MUND

- jemandem den Mund/das Maul stopfen
- das Maul halten
- in den Mund gelegt

Wird jemand aufgefordert, das **Maul** oder den **Mund** zu **halten**, dann soll er schweigen. Der Weisheitslehrer Jesus Sirach warnt seine Schüler vor „Zungensünden“:

▶ SIRACH 23,7F. (SO IN I.1)

7 Liebe Kinder, lernt **das Maul[100] halten**; denn wer es hält, der wird sich mit Worten nicht verfangen, 8 wie der Gottlose sich verfängt und der Lästerer und Stolze dadurch fallen.

M

Bildlich gesprochen heißt jemandem „**den Mund oder das Maul stopfen**“, ihn zum Schweigen zu bringen, sodass er nicht mehr (wider-) sprechen kann. Wollte man ihn buchstäblich zum Schweigen bringen oder am Schreien hindern, dann müsste man ihm/ihr ein Stück Tuch (Knebel) in den Mund stopfen (II.6 u. II.7).

▶ PSALM 40,10

Ich verkündige Gerechtigkeit in der großen Gemeinde. Siehe, ich will mir meinen **Mund** nicht **stopfen** lassen; HERR, das weißt du.

Die Sadduzäer, eine Gruppe von Juden, die nicht an die Auferstehung glaubten, hatten Jesus eine sehr akademische Frage vorgelegt: Nach dem Gesetz des Mose (5. Mose 25,5-6) hatte der Bruder die kinderlose Witwe seines Bruders zu heiraten, damit dieser Nachkommen hätte. Die Sadduzäer komplizierten diesen Sachverhalt mit dem

---

[99] S. a. 3. Mose 20,2ff.; 2. Könige 23,10; Jeremia 32,35.

[100] In neueren Textrevisionen heißt es jetzt weniger drastisch „Mund“.

Denkmodell, dass diese Witwe nacheinander mehrere später ebenfalls gestorbene Brüder ihres verstorbenen Mannes heiratete und schließlich selbst auch starb. Sie fragten Jesus, wessen Frau sie nun nach der Auferstehung sei; alle hätten sie ja gehabt. Jesus wies die Frage mit einem Hinweis auf die Schrift zurück, in der sich Gott als der Gott Abrahams, Isaaks und Jakobs vorstellte – und Gott sei nicht ein Gott der Toten, sondern der Lebenden. Den nächsten Abschnitt lässt Matthäus mit den Worten beginnen:

▶ MATTHÄUS 22,34[101]

Als aber die Pharisäer hörten, dass er den Sadduzäern **das Maul gestopft** hatte …

Wir verwenden die Redensart „**jemandem die Worte in den Mund legen**“, wenn wir eine(n) andere(n) auf etwas hinlenken oder ihm/ihr etwas zuschreiben, was er/sie nicht gesagt hat. Es ist also von Manipulation die Rede, der Verhaltensbeeinflussung zum Nutzen des Beeinflussenden oder eines Dritten (IV.25).

Davon kann aber in der nachstehenden Textstelle keine Rede sein: Jeremia wehrt sich gegen die Bestellung zum Propheten Gottes mit dem Hinweis, er sei noch zu jung und tauge daher nicht zur Predigt. Das weist Gott jedoch zurück: Jeremia ist *sein* Sprachrohr, er wird nichts Eigenes sagen. Weil Gott ihm die Worte in den Mund legt, sind die Ankündigungen von Unheil, die er zu überbringen hat, keine leeren Drohungen (I.7).

▶ JEREMIA 1,7FF.[102]

7 Der HERR sprach aber zu mir: Sage nicht: „Ich bin zu jung“, sondern du sollst gehen, wohin ich dich sende, und predigen alles, was ich dir gebiete. 8 Fürchte dich nicht vor ihnen; denn ich bin bei dir und will dich erretten, spricht der HERR. 9 Und der HERR streckte seine Hand aus und rührte meinen Mund an und sprach zu mir: Siehe, **ich lege *meine* Worte in deinen Mund.**

[101] S. a. Titus 1,10f.

[102] Ähnlich die Situation in 2. Mose 4,15.

Mut

– seinen Mut (sein Mütchen) an jemandem kühlen

Rache ist süß, heißt es. Egal wer oder was und womit er oder sie meinen Zorn oder Frust ausgelöst hat, Rache muss sein. Ich muss meine überhitzten Gefühle abkühlen, **mein Mütchen kühlen** – entweder an deren Auslöser oder an einer anderen, nicht selten schwächeren oder unbeteiligten Person oder sogar an einem nun wirklich nicht dafür verantwortlichen Gegenstand. In dieser Redensart wird nicht zufällig die Verkleinerungsform von „**Mut**" gebraucht, „**Mütchen**": Meist gehört auch kein großer **Mut** dazu, sein **Mütchen** an jemandem zu kühlen, der offensichtlich zahlenmäßig („zwei gegen einen ist unfair"), kräftemäßig (Große gegen Kleine) oder hinsichtlich der Möglichkeit der Verteidigung (z. B. wenn der Angreifer mit einem Baseballschläger auf einen Unbewaffneten losgeht) unterlegen ist.

Das Volk Israel erinnert sich an die geglückte Flucht aus Ägypten (s. Ägypten). Der Pharao war mit einem großen Truppenaufgebot dem Flüchtlingstreck nachgejagt, um die billigen „Fremdarbeiter" wieder zurückzuholen. Gott aber ermöglichte dem Volk Israel den Durchzug durchs Schilfmeer (2. Mose 14), in dem bei der anschließenden Verfolgung das ägyptische Heer mit Mann und Ross und Wagen unterging.

M

▶ 2. Mose 15,9[103]

Der Feind gedachte: Ich will nachjagen und ergreifen und den Raub austeilen und **meinen Mut an ihnen kühlen.**

[103] S. a. Hiob 16,10.

N

Nadelöhr → Kamel
Nächster/Nächstenliebe → Samariter
nein → ja
Nieren – auf Herz und Nieren prüfen → Herz

Nacht – die Nacht zum Tage machen

Wer über den normalen Arbeitstag hinaus bis in die späte Nacht hinein arbeitet oder die Nacht durchfeiert, der **macht die Nacht zum Tage.**

Hiob wird von seinen Freunden mit ihrem Spott bis in die Nacht verfolgt. Er klagt, dass man ihm die **Nacht zum Tage machen** will.

▶ Hiob 17,12 (I.1–I.2)

Und **haben aus der Nacht Tag gemacht** und aus dem Tage Nacht.

Nichts dahinter

Alles nur Prahlerei, Großtuerei, Angabe, Wichtigtuerei **und nichts dahinter** – große Sprüche/Worte/Versprechungen/Töne/Klappe (oder auch Schnauze) **und nichts dahinter** – markige oder auch leere Worte **und nichts dahinter** – dies ist eine alles bezeichnende, alles entlarvende, ernüchternde Erkenntnis, eine Erfahrung, die wir immer wieder machen.

Im Neuen Testament geht es um die Lehre Jesu und um die apostolische Lehre des Evangeliums, an der in treuem Glauben festzuhalten ist. Und schon in neutestamentlicher Zeit griff falsche Lehre um sich und führte vom guten Weg ab. Deshalb galt die Mahnung: „Prüft die Geister!“ (1. Johannes 4,1) Der Verfasser des zweiten Petrusbriefes setzt sich in scharfer Form mit Irrlehrern auseinander:

2. PETRUS 2,18 (I.1–I.3)

Denn sie reden **stolze Worte, da nichts hinter ist,** und reizen durch Unzucht zur fleischlichen Lust diejenigen, die recht entronnen waren und nun im Irrtum wandeln ...

NIMM – VOM STAMME NIMM

Wer ein „einnehmendes" Wesen hat, stets auf den eigenen Vorteil bedacht ist, von dem heißt es, er sei **vom Stamme Nimm.**

Unter den in 4. Mose 13 aufgezählten Stämmen des Volkes Israel, deren Sippenälteste zur Erkundung des Landes Kanaan ausgesandt wurden, war (Vers 9) auch der Vertreter des Stammes Benjamin. Büchmann vermutet[104], dass diese Aufzählung scherzhaft um den „**Stamm Nimm**" erweitert wurde.

4. MOSE 13,9

Palti, der Sohn Rafus, vom Stamme **Benjamin**;

N

NIMMERSATT

Wer unersättlich ist, „den Hals nicht voll kriegt", wird oft **Nimmersatt** genannt.

PREDIGER 1,8 (SO IN I.1–I.3)

Es sind alle Dinge so voll Mühe, dass es niemand ausreden kann. Das Auge sieht sich **nimmer satt,** und das Ohr hört sich **nimmer satt.**

NOT – IN HÖCHSTER NOT

Wenn wir von einer besonders schlimmen, ausweglosen Lage sprechen, ist die Rede von „**höchster Not**".

Zu Silvester 1946, mitten in einem der kältesten Winter seit Menschengedenken, hielt Kardinal Frings vor den hungernden Über-

[104] I.17, in I.18 schon als Tatsache hingestellt.

lebenden im zerbombten Köln eine Aufsehen erregende Predigt, in der er einen Diebstahl im juristischen Sinne dann für moralisch gerechtfertigt erklärte, wenn der Täter das zum Überleben Notwendige auf andere Weise, durch seine Arbeit oder durch Bitten, nicht erlangen kann. „Dabei ist Folgendes zu bemerken: Es muss sich um **höchste oder quasi-höchste Not** handeln, d. h. unmittelbare Gefahr des Todes, schwere Gesundheitsschädigung, der Verlust der Freiheit drohen. Der andere darf dadurch, dass ihm sein Eigentum genommen wird, nicht in die gleiche Notlage versetzt werden"(IV.26, 282-286).

In der Makkabäerzeit erinnerte die jüdische Gemeinde in Jerusalem die Gemeinde in Ägypten an einen Brief, den sie ihr im Jahre 143 v. Chr. geschrieben hatte und in dem von Glaubensverfolgungen die Rede war (I.7):

▶ 2. MAKKABÄER 1,7

Zur Zeit des Königs Demetrius, im 169. Jahr, haben wir in Judäa an euch geschrieben **in** unsrer **höchsten Not**, die uns in jenen Jahren betroffen hatte ...

O

O → A und O
Ochse → Arbeiter
Öl auf die Wunde gießen → Samariter

OBRIGKEIT

Wir Deutschen gelten als **obrigkeit**shörig, als anfällig für „starke Männer". Das könnte mit der Aufforderung des Paulus in seinem Brief an die Gemeinde in Rom zu tun haben, dass Christen sich auch weltlichen Machthabern, auch sog. „heidnischen“, unterzuordnen haben; denn ihre Macht ist gottgewollt; ja diese Machthaber sind von Gott eingesetzt. Das hat Jesus bei seiner Vernehmung Pilatus entgegengehalten, als der ihn fragte: „Weißt du nicht, dass ich Macht habe, dich los zu geben, und Macht habe, dich zu kreuzigen?“ und Jesus antwortete: „Du hättest keine Macht über mich, wenn sie dir nicht von oben her gegeben wäre“ (Johannes 19,10ff.).

Im Bewusstsein dieses „Gottesgnadentums“ ihres Amtes fügen heute noch die Monarchen von Dänemark, Großbritannien, Liechtenstein, den Niederlanden und Spanien ihrem Namen den Zusatz „Von Gottes Gnaden“ hinzu. Dieser göttliche Ursprung weltlicher Macht hat oft zu unheiligen Allianzen von Kirche und weltlicher Macht geführt, die z. B. mit dem Schlagwort „Thron und Altar“ belegt wurden.

RÖMER 13,1FF.[105]

1 Jedermann sei untertan der **Obrigkeit**, die Gewalt über ihn hat. Denn es ist keine **Obrigkeit** außer von Gott; wo aber **Obrigkeit** ist, die ist von Gott angeordnet. 2 Wer sich nun der **Obrigkeit** widersetzt, der widerstrebt der Anordnung Gottes; die ihr aber widerstreben, ziehen sich selbst das Urteil zu. 3 Denn vor denen, die Gewalt haben, muss man sich nicht fürchten wegen guter, sondern wegen böser Werke. Willst du dich aber nicht fürchten vor der **Obrigkeit**, so tue Gutes; so wirst du Lob von ihr erhalten.

OFFENBARUNG – ETWAS IST KEINE „OFFENBARUNG“

Wenn wir uns (oder etwas) einem anderen Menschen anvertrauen, ihm vertraulich sagen, was uns bedrückt, dann **offenbaren** wir uns oder etwas. Manchmal heißt es von einer Mitteilung, von einem Schulaufsatz oder dergl., dies sei **keine Offenbarung**. Damit werten wir diese Sache ab. Der Aufsatz ist dann in unseren Augen wirklich nichts Besonderes.

Die Bibel spricht an vielen Stellen von „**Offenbarung**“, zunächst

[105] S. a. Titus 3,1.

da, wo ganz allgemein verborgene Dinge aufgedeckt, enthüllt, ans Licht gebracht werden[106], hauptsächlich aber dort, wo es sich um die Selbstoffenbarung Gottes handelt. Das letzte Buch der Bibel trägt den Titel „**Die Offenbarung des Johannes**“, kurz „**Offenbarung**“ (griech. apokalypsis, s. a. Apokalypse).

▶ 4. Mose 24,4[107]

... es sagt der Hörer göttlicher Rede, der des Allmächtigen **Offenbarung** sieht, dem die Augen geöffnet werden, wenn er niederkniet ...

Offener Brief

In der letzten Zeit ist in Politik und Kultur ein **offener Brief** als Instrument der Auseinandersetzung nicht mehr unüblich. Eher könnte man schon die nichtöffentliche Korrespondenz als ungewöhnlich bezeichnen. Manchmal kommen mir Zweifel, ob ein solcher **offener Brief** wirklich an den Adressaten gerichtet ist; soll er nicht vielmehr „Reklame“ für den Absender machen?

▶ Nehemia 6,5

Da sandte Sanballat zum fünftenmal seinen Diener zu mir mit einem **offenen Brief** in seiner Hand.

Ohr(en)

- verstopfen
- gellen

Geräuschempfindliche suchen Einschlaf- oder Durchschlaferleichterung, indem sie sich z. B. Watte in die Ohren stopfen. Will ein Kind etwas absolut nicht hören, hält es sich demonstrativ mit beiden Händen die Ohren zu. Im vertrauten Umgang wird schon mal gefragt

---

106 Z. B. Matthäus 10,26; Markus 4,22; Galater 5,19; 1. Timotheus 4,15.

107 S. a. 4. Mose 24,16; Daniel 10,1; Römer 2,5; 1. Korinther 1,7; 14,6; 14,30; 2. Korinther 4,2; Galater 1,12; 2,2; Epheser 1,17; 3,3; 1. Petrus 1,13; 4,13; Offenbarung 1,1.

„hast du Bohnen in den Ohren?“, wenn man bei dem/der anderen „nicht angekommen“ ist.

Vor einigen Jahren rauschte in Hamburg der Blätterwald: Die Bettler sollten ihre Plätze vor den Konsumtempeln in der Innenstadt räumen, erforderlichenfalls sollte die Räumung gewaltsam erfolgen. Inzwischen sind die ärgsten Auswüchse fast gewerblich organisierten Bettelns beseitigt. Aber es bleibt noch immer ein eigenartiges Gefühl, einem Menschen zu begegnen, der bettelt. Ist es wirklich Not oder eine Alternative zu Broterwerb durch Arbeit? Meine Frau hatte vor Jahren einer jungen Frau, von der sie in der Stadt mit der Behauptung, sie habe Hunger, angebettelt wurde, angeboten, ihr eine Mahlzeit in einem Restaurant zu bezahlen. Dort wollte sie dann jedoch stattdessen Geld. In solchen oder ähnlichen Situationen denke ich oft an die Worte Jesu vom Weltgericht (Matthäus 25,45), „Was ihr nicht getan habt einem von diesen Geringsten, das habt ihr mir auch nicht getan.“ – Und lasse mir leicht ein schlechtes Gewissen machen.

▶ SPRÜCHE 21,13

Wer seine **Ohren verstopft** vor dem Schreien des Armen, der wird einst auch rufen und nicht erhört werden.

O

Hin und wieder ist es erforderlich, den anderen zum aufmerksamen Zuhören aufzufordern. Jesus tut das auch, wenn er seine Hörerschaft aufruft genau hinzuhören, was er sagt:

▶ MARKUS 4,9

Und er sprach: **Wer Ohren hat zu hören, der höre!**

Eine laute schrille Stimme kann ganz schön schlimm in den Ohren **gellen**. Von „**gellen**“ sprechen wir meistens, wenn uns von dem, was wir hören, die Ohren schmerzen, das Gehörte uns noch in den Ohren nachklingt.

▶ 1. Samuel 3,11[108]

Und der HERR sprach zu Samuel: Siehe, ich werde etwas tun in Israel, wovon jedem, der es hören wird, beide **Ohren gellen** werden.

Onanie

Kinderlosigkeit bedeutete im Altertum ein schweres Los, weil man nur in seinen Nachkommen weiterzuleben glaubte. Die kinderlose Frau wurde gering geachtet (I.7 zu 1. Mose 16ff.). Daher bestand unter dem „Gesetz des Mose“ (5. Mose 25,5-10) die Verpflichtung, für einen kinderlos verstorbenen Bruder stellvertretend Nachkommen zu zeugen, also eine „Schwagerehe“ einzugehen (I.1). Einer solchen Verpflichtung entzieht sich Onan aus selbstsüchtigen Motiven. Nach ihm wird Selbstbefriedigung oder Masturbation **Onanie genannt**, obwohl es bei Onan darum gar nicht ging, sondern um eine Methode der Empfängnisverhütung (coitus interruptus):

▶ 1. Mose 38,8f.

8 Da sprach Juda zu **Onan**: Geh zu deines Bruders Frau und nimm sie zur Schwagerehe, auf dass du deinem Bruder Nachkommen schaffest. 9 Aber da **Onan** wusste, dass die Kinder nicht sein Eigen sein sollten, ließ er's auf die Erde fallen und verderben, wenn er einging zu seines Bruders Frau, auf dass er seinem Bruder nicht Nachkommen schaffe.

O

[108] S. a. 2. Könige 21,12.

P – Q

Paradies → Adam und Eva
Paulus → Saulus
Person, Ansehen der Person → Recht
Plagen, Zehn – Ägyptens → Ägypten
Pontius Pilatus → Pilatus
Posaunen – Trompeten/Posaunen von Jericho → Jericho
Prediger → Rufer

Perlen vor die Säue werfen

Es geht um einen Rat oder um Hilfe, die jemand braucht. Sie haben sich Mühe gegeben dieser Person zu helfen, fragen sich dann aber (oder werden von Dritten gefragt), ob die von Ihnen vorgeschlagene Lösung oder Hilfestellung auch vom anderen als solche erkannt, anerkannt wird. Dann heißt es schon mal, das alles sei doch nur vergebliche Liebesmüh; der andere erkenne Ihre Arbeit nicht an, wisse sie überhaupt nicht zu schätzen; sie würden doch nur **Perlen vor die Säue werfen.**

In der Bergpredigt warnt Jesus davor, seine Botschaft vom Reich Gottes um jeden Preis an Menschen weiterzugeben, die in ihrem Innersten nicht dafür bereit sind und nur feindselig, aggressiv darauf reagieren (I.7).

► Matthäus 7,6

Ihr sollt das Heilige nicht den Hunden geben, und eure **Perlen** sollt ihr nicht **vor die Säue werfen,** damit die sie nicht zertreten mit ihren Füßen und sich umwenden und euch zerreißen.

Pflugscharen – Schwerter zu Pflugscharen

„**Schwerter zu Pflugscharen**" ist das Motto der internationalen Friedensbewegung (II.19). Die Plastik „Wir schmieden **Schwerter zu Pflugscharen**" war ein Geschenk der Sowjetunion an die UNO. Sie wurde 1957 vor dem UNO-Gebäude in New York aufgestellt. Ab 1980 war in der DDR ein runder Aufnäher als Symbol der christlichen Friedensbewegung weit verbreitet. Darauf war die Plastik abgebildet: Ein Mann, der ein Schwert zum Pflug schmiedete. Umrandet war dieses Bild mit dem Zitat „**Schwerter zu Pflugscharen**" und der Angabe der Bibelstelle, „Micha 4". Dieser Aufnäher führte zu Verfolgungen durch die Staatsorgane. Die Träger wurden gezwungen, ihn zu entfernen. Es wurde mit Schul- oder Universitätsverweis und Aussperrung aus dem Betrieb gedroht (II.24). Es war dem Regime offensichtlich nicht genehm, von der kirchlichen Friedensbewegung an den biblischen Ursprung dieses Motivs erinnert zu werden.

Die Propheten Jesaja und Micha (ca. 8. Jh. v. Chr.) hatten Visionen einer zukünftigen Welt des Friedens, ja ganz wörtlich der Abrüstung: Aus Kriegswaffen (Schwertern) werden dem Frieden dienende Ackerbaugeräte (Pflugscharen) geschmiedet:

▶ MICHA 4,3[109]

Sie werden ihre Schwerter zu Pflugscharen und ihre Spieße zu Sicheln machen. Es wird kein Volk wider das andere das Schwert erheben und sie werden hinfort nicht mehr lernen, Krieg zu führen.

Der Prophet Joel (ca. 4. Jh. v. Chr.) übermittelt genau den umgekehrten Aufruf Gottes an die Völker, also die Heiden und Feinde Israels: Sie sollen am „Tag des Herrn", also des Endgerichts, aus ihren **Pflugscharen Schwerter** und aus ihren Sicheln Spieße machen und gegen sein Volk Israel zum Kampf antreten. Die Worte von Micha und Jesaja beziehen sich auf das Friedensreich, das kommen wird, wenn dieser Kampf um die Welt ausgefochten ist, davor wird es, nach der Bibel, anders zugehen:

[109] S. a. Jesaja 2,4.

▶ JOEL 4,10 (l.1.:3,15)
Macht aus euren **Pflugscharen Schwerter** und aus euren Sicheln Spieße ...

PFUNDE
– wuchern mit Pfunden

Oft genug wurden wir im Laufe unseres Lebens aufgefordert, **mit** unseren **Pfunden** zu **wuchern**. Wer gute berufliche Aussichten haben will, muss **mit seinen Pfunden wuchern**. Eine gute Ausbildung z. B. ist die Basis, eine hervorragende Weiterbildung der Bonus, den heutzutage viele Personalchefs von Bewerbern erwarten. Jeder Mensch bekommt am Anfang seines Lebens ein „Startkapital" mit auf den Weg, eine besondere Begabung, seien es handwerkliche Geschicklichkeit, der „grüne Daumen" für alles, was grünt und blüht, die Gabe, mit anderen Menschen umzugehen usw. Hat jemand es zu etwas gebracht, heißt es, er habe **mit seinen Pfunden gewuchert**, also das, was er hat, zielstrebig und wirkungsvoll für seine Ziele eingesetzt.

Jesus nennt dieses Startkapital im Gleichnis **Zentner** oder **Pfunde** (Matthäus 25,14-30): Ein Mensch vertraut seinen engsten Mitarbeitern für die Dauer seiner Abwesenheit sein gesamtes Vermögen an, und zwar einem jedem nach seiner Tüchtigkeit; d. h. keiner wird über- aber auch nicht unterfordert. Nach der Rückkehr müssen die Verwalter Rechenschaft ablegen: Zwei hatten unterschiedlich große Anfangsvermögen durch geschickte Arbeit jeweils verdoppelt. Der dritte hatte nichts getan, nichts riskiert, das Geld in der Erde vergraben und in unveränderter Menge wieder abgeliefert. Die beiden ersten wurden belohnt, der dritte bestraft. – Hart, zu hart? Jesus ist auf dem Weg nach Jerusalem, ans Kreuz. Er ist der Verreisende, der seinen Mitarbeitern (seinen Jüngern) die Sorge für das Reich Gottes, für seine Kirche, anvertraut. Das erfordert intensive Arbeit; Risiken sind dabei unvermeidlich; aber sie wissen ja, in wessen Dienst sie stehen.

▶ MATTHÄUS 25,19-21[110]

19 Nach langer Zeit kam der Herr dieser Knechte und forderte Rechenschaft von ihnen. 20 Da trat herzu, der fünf **Zentner** empfangen hatte, und legte weitere fünf Zentner dazu und sprach: Herr, du hast mir fünf **Zentner** anvertraut; siehe da, ich habe damit weitere fünf **Zentner** gewonnen. 21 Da sprach sein Herr zu ihm: Recht so, du tüchtiger und treuer Knecht, du bist über wenigem treu gewesen, ich will dich über viel setzen; geh hinein zu deines Herrn Freude!

PHARISÄER

Wer jemanden einen **Pharisäer** nennt, bescheinigt ihm Selbstgerechtigkeit, Scheinheiligkeit, Heuchelei, Frömmelei, Falschheit usw.

So geht auch die Bezeichnung für das gleichnamige Getränk aus Kaffee mit Rum und Schlagsahne auf den Ausspruch „Ihr Pharisäer" des Nordstrander Pastors Georg Bleyer (19. Jh.) bei einer Kindstaufe zurück: Er hatte sich den Genuss von Alkohol während der Tauffeiern verbeten und wurde von den Bauern der nordfriesischen Insel heuchlerisch hinters Licht geführt.

P–Q

Die **Pharisäer**, von denen die Bibel berichtet, verkörperten das strenge und fromme Schriftgelehrtentum des Volkes Israel. In ihrem Bestreben, das Gesetz des Mose streng zu befolgen und ihm möglichst bis in kleinste Einzelheiten der Alltagswelt der Menschen Geltung zu verschaffen, legten sie viel Wert auf die „Überlieferungen der Väter", die sie zu einem zweiten Gesetz ausbauten. Dabei kam ein Katalog mit hunderten von Einzelgeboten heraus, an die sich der fromme Jude tunlichst zu halten hatte, wollte er Gottes Zorn nicht spüren (II.25). Jesu Wirken vollzog sich vor allem in der Auseinandersetzung mit den **Pharisäern** (II.12,, 355f., s.a. Mund/Maul stopfen). Allein im Matthäusevangelium werden an 25 Stellen die **Pharisäer** genannt. Während für die **Pharisäer** das buchstäblich befolgte (und manchmal haarspalterisch ausgelegte) Gesetz oberste Handlungsregel war, ging es Jesus um den Geist der Liebe und Gnade im Gesetz. Vor allem kriti-

---

110 S.a. Lukas 19,11ff.

sierte Jesus an den Pharisäern ihre Heuchelei, mit der sie von anderen forderten, was sie selber nicht hielten: Im 23. Kapitel des Matthäusevangeliums fordert er zwar einerseits seine Zuhörer auf, alles, was die **Pharisäer** lehren, zu tun und zu halten; aber sie sollten sich nicht am tatsächlichen Handeln der **Pharisäer** orientieren, denn „sie sagen's zwar, tun's aber nicht. Sie binden schwere und unerträgliche Bürden und legen sie den Menschen auf die Schultern; aber sie selbst wollen keinen Finger dafür krümmen." (Matthäus 23,3f.)

Am anderen Ende der religiösen Hierarchie standen in neutestamentlicher Zeit die im ganzen Römischen Reich verhassten Zöllner, die die Zolleinnahme für eine bestimmte Summe vom römischen Staat pachteten und aus dieser Investition maximalen Gewinn herausziehen wollten, unter Missachtung der festgesetzten Tarife.

Im **Gleichnis vom Pharisäer und Zöllner** (Lukas 18,9ff.) vergleicht sich ein **Pharisäer** im Tempel im Gebet mit einem Zöllner. Er zählt vor Gott seine in der Tat beachtlichen Leistungen auf und dankt ihm dafür, dass er nicht wie dieser Zöllner ist. Der steht ganz hinten im Tempel, niedergedrückt vom Bewusstsein seiner Schuld vor Gott und den Menschen und getraut sich nicht, seine Augen zu erheben, schlägt sich nur an die Brust und stammelt: „Gott sei mir Sünder gnädig." (Lukas 18,13) Jesu Anwendung des Gleichnisses besteht in dem Ausspruch „Wer sich selbst erhöht, der wird erniedrigt werden." (s. erhöhen/erniedrigen)

Pilatus, Pontius

- jemanden von Pontius nach Pilatus schicken
- Hände in Unschuld waschen
- schreiben – Was ich geschrieben habe, das habe ich geschrieben.
- Wahrheit – Was ist Wahrheit?

Sind Sie nicht auch auf der Suche nach der „zuständigen Stelle" oft überrascht, wie viele Unzuständige es gibt? – „Nein, das ist nicht hier, da müssen Sie mal in Zimmer … nachfragen." Dort schickt man Sie weiter nach … – wunderbar beschrieben von Reinhard Mey in seinem Lied „Einen Antrag auf Erteilung eines Antragsformulars …“. Man hat Sie **von Pontius nach Pilatus geschickt**.

Pontius Pilatus war von 26–36 n. Chr. römischer Statthalter (Prokurator), also oberster Verwaltungsbeamter der Besatzungsmacht in der von Rom besetzten Provinz Judäa, einer der unruhigsten Provinzen des Reiches. In seine Zuständigkeit fielen u.a. Strafverfahren wegen Hochverrats und Anstiftung zum Aufruhr. – Jesus war vor ein paar Tagen triumphal in Jerusalem eingezogen (s. Hosianna). Der Hohe Rat der Juden hatte ihn unter Mithilfe des Judas (s. dort) festnehmen lassen und wegen Gotteslästerung zum Tode verurteilt. Nach geltendem römischem Besatzungsrecht musste dieses Todesurteil allerdings durch den römischen Prokurator, also **Pontius Pilatus**, bestätigt werden; nur der konnte es auch vollstrecken lassen (IV.1, S. 380). Der Hohepriester Kaiphas **schickte** deshalb den Verurteilten **zu Pontius Pilatus**. Im Verhör stellte **Pontius Pilatus** Jesus die Frage: „Bist du der König der Juden?“. Jesus erwiderte: „Ich bin ein König. Ich bin dazu geboren und in die Welt gekommen, dass ich die **Wahrheit** bezeugen soll. Wer aus der **Wahrheit** ist, der hört meine Stimme.“ **Pilatus** antwortete darauf mit der berühmten, seitdem immer wieder gestellten Frage: „**Was ist Wahrheit?**“

P–Q

► JOHANNES 18,38

Spricht **Pilatus** zu ihm: **Was ist Wahrheit?** Und als er das gesagt hatte, ging er wieder hinaus zu den Juden und spricht zu ihnen: Ich finde keine Schuld an ihm.

Die Juden, aufgehetzt durch die Priester und Schriftgelehrten, forderten die Verurteilung Jesu. **Pilatus** wurde die Sache lästig. Er fand einen formaljuristischen Ausweg: Jesus stammte aus Galiläa. Also war nicht er zuständig für dieses Verfahren, sondern der als Hilfsstatthalter für dieses Gebiet von den Römern im Amt belassene Landesfürst Herodes Antipas, der sich gerade in Jerusalem aufhielt. Der aber würde sich hüten, ein Todesurteil zu bestätigen, das **Pilatus** ablehnte (IV.27, S. 39). **Pontius Pilatus schickte Jesus daher zu Herodes**. Nach einem ergebnislosen Verhör **schickte Herodes Jesus wieder zurück zu Pontius Pilatus.**

Unsere Redensart „**jemanden von Pontius nach Pilatus schicken**" (ursprünglich und richtiger „Einen von Herodes zu **Pilatus** schicken") entstand also aus den Passionsberichten der Evangelien (II.14, 117).

Pontius Pilatus erklärte den Anklägern, dass ein Todesurteil durch nichts zu rechtfertigen sei, er wollte ihn freilassen. Damit aber waren die nicht einverstanden. Sie erpressten **Pilatus**: „Lässt du diesen frei, so bist du des Kaisers Freund nicht, denn wer sich zum König macht, der ist gegen den Kaiser" (Johannes 19,12): Das war ein Wink mit dem Zaunpfahl einer Anzeige wegen Beihilfe zum Hoch- und Landesverrat. **Pilatus** ließ daher den Dingen ihren Lauf:

MATTHÄUS 27,24

Als aber **Pilatus** sah, dass er nichts ausrichtete, sondern das Getümmel immer größer wurde, nahm er Wasser und **wusch sich die Hände** vor dem Volk und sprach: Ich bin **unschuldig** an seinem Blut; seht ihr zu!

Wenn wir unsere „**Hände in Unschuld waschen**", wollen wir nichts mit einer üblen Sache zu tun haben.

Das Waschen der Hände ist eine symbolische Handlung, von der schon vor mehr als tausendfünfhundert Jahren vor der Zeitenwende berichtet wird:

P–Q

5. MOSE 21,6F.

6 Und alle Ältesten der Stadt, die dem Erschlagenen am nächsten liegt, sollen ihre **Hände waschen** über der jungen Kuh, der im Talgrund das Genick gebrochen ist. 7 Und sie sollen anheben und sagen: **Unsere Hände haben dies Blut nicht vergossen, und unsere Augen haben's nicht gesehen.**

PSALM 26,6[111]

Ich **wasche** meine **Hände in Unschuld** und halte mich, HERR, zu deinem Altar ...

[111] S. a. Psalm 73,13.

Ob **Pilatus** wohl von dieser altjüdischen symbolischen Handlung gewusst hat, als er sich **die Hände in Unschuld wusch**? Jedenfalls verurteilte er Jesus zum Tode am Kreuz. Entsprechend römischer Praxis, dem Verurteilten auf dem Wege zur Hinrichtung eine Tafel mit der Angabe seiner Schuld vorauszutragen oder umzuhängen, die dann am Kreuz befestigt wurde, ließ **Pilatus** auch für Jesus eine solche Tafel beschreiben, die auf Kruzifixen mit der Abkürzung **INRI** wiedergegeben ist: ***Iesus Nazarenus Rex Iudaeorum***, Jesus von Nazareth, der König der Juden, und zwar in der Landessprache Hebräisch, der Amtssprache Lateinisch und in der allgemeinen Verkehrs- und Handelssprache Griechisch. Dagegen wandten sich die Hohenpriester mit der Spitzfindigkeit, Jesus *sei* nicht der König der Juden, sondern er habe das lediglich von sich gesagt, und das möge **Pilatus** auch schreiben. Der aber wies das Verlangen zurück:

▸ JOHANNES 19,22

Was ich geschrieben habe, das habe ich geschrieben.

Diese Antwort gibt es auch heute noch, wenn jemand auf seinem Text, auf seiner Formulierung beharrt.

PLAPPERN

– (nicht) viele Worte machen

Wenn auch das deutsche Wort **Plappern** als Verb/Tätigkeitswort erst seit dem 16. Jh. bezeugt ist (II.6), so wird, was damit lautmalerisch ausgedrückt ist, getan, seit Menschen erste Sprechversuche unternommen haben. Nach der Erfindung der Mobiltelefone dürfte es jedoch noch zugenommen haben. Seriöse wissenschaftliche Untersuchungen verweisen inzwischen das Gerücht, Frauen und Plappern seien sinnverwandte Begriffe, ins Reich der Fabel. Den bei den weiblichen Testpersonen zahlenmäßig größeren Vokabel-Output von ca. 550 Worten täglich bezeichnen sie als zu vernachlässigende Menge.

Versuchsweise können wir **plappern** als überwiegend inhalts- oder gedankenloses Schwätzen, Klatschen, Tratschen, Quasseln usw. definieren. Eine Abart ist das gedankenlose Nach**plappern**.

An dies alles scheint Jesus gedacht zu haben, als er seine Jüngern ermahnte:

▶ MATTHÄUS 6,7

Und wenn ihr betet, sollt ihr nicht viel **plappern** wie die Heiden; denn sie meinen, sie werden erhört, wenn sie **viele Worte machen**.

Aus dem Satzschluss „**viele Worte machen**“ ist inzwischen durch eine kleine Einfügung eine andere Redensart geworden „**nicht viele Worte machen**“, mit der tatkräftiges Handeln umschrieben wird.

PROPHET

- Kein Prophet gilt etwas im eigenen Lande.
- Der Prophet gilt nichts im eigenen Lande.

Die Situation kommt Ihnen sicher bekannt vor: Sie verstehen nicht nur etwas von einer Sache, sondern so viel, dass Sie eine verantwortbare Empfehlung, einen Rat geben können – und das tun Sie auch. Die Leute kennen Sie schon lange und wissen, was sie an Ihnen haben. Die Reaktion ist nicht besonders ermutigend: Es geschieht nichts. Kurz danach gibt ein anderer, keinesfalls mit mehr Wissen und Kompetenz ausgestattet, dieselbe Empfehlung, und die wird begeistert aufgenommen. Es hat keinen Sinn, darüber zu diskutieren, denn Sie wissen: **Der Prophet gilt nichts im eigenen Lande.**

Diese Erfahrung musste auch der Zimmermannssohn Jesus (Lukas 4,22) in Nazareth machen: Nach der Rückkehr aus Ägypten ließ sich der Zimmermann Josef mit seiner Familie in Nazareth nieder (Matthäus 2,23). Das war in jener Zeit ein bescheidenes Dorf, in dem jeder jeden kannte. Dort verbrachte Jesus einen großen Teil seiner Kindheit und Jugend. Abgesehen von der Geschichte seiner Geburt (Lukas 2,1ff.) und dem Bericht vom zwölfjährigen Jesus im Tempel (Lukas 2,41ff.) finden wir in der Bibel keine weiteren Berichte über das Leben Jesu bis zum Beginn seines Wirkens im Alter von dreißig Jahren.

Umso mehr befassten sich Legenden (z. B. IV.28) und die Kunst damit.[112] Er hat nach den Kindheitsjahren, die sich von denen anderer Kinder jener Zeit vermutlich kaum unterschieden, von seinem Vater das Zimmermannshandwerk erlernt und diesen Beruf auch ausgeübt. Dieser junge Mann also, den man von klein auf kannte, stand eines Tages in der Synagoge auf, um zu predigen. Das ist ja grundsätzlich das gute Recht eines jeden erwachsenen Juden. Aber hier stand einer auf und predigte, lehrte und tat das mit Autorität. Reaktion? Zunächst einmal fragt man nach seiner Legitimation und bezweifelt diese: „Ist das nicht einer hier aus dem Dorf, der Sohn des Zimmermanns, der, den wir seit Jahren kennen, der uns bisher durch nichts Besonderes aufgefallen ist? Und der will uns hier etwas lehren?" – Die Berichte über „die Verwerfung Jesu" schließen: „Und sie ärgerten sich an ihm":

▶ Matthäus 13,53ff.[113]

53 Und es begab sich, als Jesus diese Gleichnisse vollendet hatte, dass er davonging 54 und kam in seine Vaterstadt und lehrte sie in ihrer Synagoge, sodass sie sich entsetzten und fragten: Woher hat dieser solche Weisheit und solche Taten? 55 Ist er nicht der Sohn des Zimmermanns? ... 57 Und sie ärgerten sich an ihm. Jesus aber sprach zu ihnen: **Ein Prophet gilt nirgends weniger als in seinem Vaterland und in seinem Hause.**

[112] So z. B. ein Bild von Giovanni Francesco Barbieri, gen. Il Guercino „Maria bringt dem Jesuskind das Lesen bei" und ein Bild von Max Ernst „Jungfrau Maria züchtigt das Jesuskind vor drei Zeugen".

[113] S. a. Markus 6,1ff.; Johannes 4,44.

R

Räuber, unter die Räuber fallen → Samariter
Räuberhöhle → Austreibung aus dem Tempel
rechte Hand → Almosen
reden – Ja, ja; nein, nein. Was darüber ist, das ist vom Übel. → ja
Regenbogen → Sintflut
Reich, das Tausendjährige Reich → Tausend

Rabenschwarz

Eine Steigerung von schwarz ist **rabenschwarz**. Als **rabenschwarz** beschreiben wir auch einen traurigen oder erfolglosen Tag.

Diese negative Bedeutung hatte die Wendung im Hohelied Salomos wohl kaum – hier beschreibt die Braut ihren Bräutigam:

▸ Hohelied 5,10f.

10 Mein Freund ist weiß und rot, auserkoren unter vielen Tausenden. 11 Sein Haupt ist das feinste Gold. Seine Locken sind kraus, **schwarz wie ein Rabe.**

Rat und Tat

Oft wäre es eine größere Hilfe, wenn dem wertvollen **Rat** auch eine **Tat** folgen würde.

Im Buch der Sprüche Salomos empfiehlt sich die Weisheit:

▸ Sprüche 8,14

Mein ist beides, **Rat und Tat**; ich habe Verstand und Macht.

Recht

- auslegen
- kein Ansehen der Person
- Auge um Auge – Zahn um Zahn
- Buchstabe – Der Buchstabe tötet, aber der Geist macht lebendig.
- Gerechtigkeit erhöht ein Volk.
- mit jemandem ins Gericht gehen
- Es geht Gewalt vor Recht.
- nicht ein Jota abweichen
- Recht beugen
- Recht geschehen – geschieht ihm/ihr recht
- Recht muss doch Recht bleiben.
- Recht und Gesetz
- Recht und Gerechtigkeit
- Recht schaffen – rechtschaffen
- richten
- Richtet nicht.
- Balken im eigenen Auge
- Splitter im Auge des anderen
- Der Gerechte muss viel leiden.

Ist ein Text völlig eindeutig, aus sich heraus verständlich, bedarf er natürlich keiner **Auslegung.** In allen anderen Fällen ist **Auslegung** unvermeidlich. Dann muss nachgeforscht werden, was gemeint ist. Die **Auslegung** ist nicht nur für Juristen das **A und O**, sondern auch für Theologen (die sprechen von *Exegese*). Besonders schwierig ist sie, wenn der entsprechende Text bis an die ältesten Quellen in einer anderen Sprache zurückverfolgt werden muss. In der Vorrede zur **Übersetzung** des Buches Jesus Sirach aus dem Hebräischen ins Griechische (V. 5) hat der Enkel des Verfassers (im Jahre 132 v. Chr.) dazu geschrieben:

> „Darum bitte ich euch, ... dort Nachsicht zu üben, wo wir etwa einige Worte nicht recht getroffen haben, obwohl wir uns bemühten, gut zu übersetzen. Denn was in hebräischer Sprache geschrieben ist, verliert viel, wenn man's in

einer andern Sprache wiedergibt. Sogar das Gesetz selber und die Propheten und die übrigen Bücher lauten oft recht anders, wenn sie in ihrer eignen Sprache gelesen werden.“

In seiner Bergpredigt geht es Jesus um das rechte Verständnis des Gesetzes und eine **Auslegung**, die dem eigentlichen Willen Gottes entspricht. Im Gegensatz zu der oft genug buchstäblich am Text orientierten Auslegung kann das auch zu einer Auslegung gegen den Wortlaut, den Buchstaben führen, das darf aber nicht dazu verleiten, dass vom – recht verstandenen – Gesetz abgewichen wird. In biblischer Zeit bezog man das Wort „auslegen“ jedoch zumeist nicht auf geschriebene Texte, sondern auf Träume oder Visionen:

1. Mose 40,8[114]

Sie antworteten: Es hat uns geträumt, und wir haben niemand, der es uns **auslege**. Josef sprach: **Auslegen** gehört Gott zu; doch erzählt mir's.

Zum Kleben am Wortlaut, ohne nach dem Sinn zu fragen, schreibt Paulus:

2. Korinther 3,6

... der Buchstabe tötet, aber der Geist macht lebendig.

Im Neuen Bund tritt an die Stelle der Forderung des Gesetzes (= Buchstabe), die Verurteilung und Tod bewirkt, das Geschenk des Geistes, der Leben schafft.

Wenn es im Streit hart auf hart geht und jemand aufgefordert wird, doch dem anderen ein wenig entgegenzukommen, wird dieses Ansinnen nicht selten mit der Bemerkung zurückgewiesen, der so Aufgeforderte werde nicht im Geringsten, also **kein Jota abweichen** von dem, was er für allein richtig und gültig hält.

Das **Jota** ist im griechischen Alphabet im Schriftbild der kleinste Buchstabe; im Hebräischen ist dies das Jod. Griechisch ist die Sprache, in der das Neue Testament abgefasst ist, hebräisch bzw. aramäisch die Sprache, die Jesus sprach (und gegebenenfalls auch schrieb):

[114] S. a. 1. Korinther 12,30.

MATTHÄUS 5,18

... Bis Himmel und Erde vergehen, wird nicht vergehen **der kleinste Buchstabe** noch ein Tüpfelchen[115] vom Gesetz, bis es alles geschieht.

Im Psalm 143, dem siebenten Bußpsalm, bittet der Beter um Gottes Hilfe und bekennt seine Einsicht in seine Schuld:

PSALM 143,1F.

1 Ein Psalm Davids. HERR, erhöre mein Gebet, vernimm mein Flehen um deiner Treue willen, erhöre mich um deiner Gerechtigkeit willen, 2 und **geh nicht ins Gericht mit** deinem Knecht; denn vor dir ist kein Lebendiger gerecht.

Wir **gehen** schnell mit anderen (sinnbildlich) **ins Gericht.** Richten, Beurteilen, Einschätzen, Urteilen, Verurteilen – kaum etwas anderes ist unter uns so verbreitet. Unwillkürlich schätzen wir unser Gegenüber sofort ein: Kleidung, Sauberkeit, Geruch, Frisur, Körperhaltung, Ausdrucksweise, Sprache (Dialekt), Festigkeit des Händedrucks usw. Dabei lassen wir uns von Gefühlen, von Vorurteilen leiten (*die* Frauen, *die* Männer, *die* Arbeitgeber, *die* Gewerkschaften, *die* Politiker, *die* Deutschen, *die* Katholiken, *die* Juden usw.); selten sind wir objektiv, sachlich, unvoreingenommen – mit einem Wort **gerecht.** Selbstverständlich vergleichen wir die anderen mit uns, die wir uns für wenn nicht ganz und gar, so doch fast vollkommen halten.

R

Jesus hat dazu ganz einfach gesagt: Was siehst du den **Splitter im Auge des anderen** und übersiehst dabei den **Balken im eigenen Auge**?

MATTHÄUS 7,3FF.[116]

3 Was siehst du aber den Splitter in deines Bruders Auge und nimmst nicht wahr den **Balken in deinem Auge**? 4 Oder wie kannst du sagen zu deinem Bruder: Halt, ich will dir den Splitter aus deinem Auge ziehen?, und siehe, **ein Balken ist in deinem Auge.** 5 Du Heuchler, zieh zuerst den **Balken aus deinem Auge**; danach sieh zu, wie du den **Splitter** aus deines Bruders Auge ziehst.

---

[115] Bis zur Textrevision 1912 (I.1-3) heißt es: „... noch ein Tüttelchen oder Tüttel ...“; daraus wurde abgeleitet „Tüttelchen“ für kleinste Kleinigkeit.

[116] S. a. Lukas 6,41.

Und zu unserem (vor-)schnellen Urteil über andere sagt Jesus kurz und bündig:

▶ MATTHÄUS 7,1[117]

Richtet nicht, damit ihr nicht gerichtet werdet.

Nach manchem Rechtsspruch „im Namen des Volkes" möchte ich den Richtern am liebsten zurufen: „Dieses Urteil wurde keinesfalls in meinem Namen gesprochen!" Nicht von ungefähr haben wir ja die Redensart, dass man die Kleinen hängt und die Großen laufen lässt, oder wir sagen: „Auf hoher See und vor Gericht ist man in Gottes Hand." Jedoch, trotz aller – gelegentlich nicht völlig aus der Luft gegriffenen – Kritik oder Urteilsschelte: Der Beruf des Richters gehört zu den schwierigsten auf der Welt. Einer unserer Dozenten, ein erfahrener Richter, hat uns einmal gesagt, die Belastung, die ein Urteil für ihn bedeute, mit dem er in das Leben von Menschen eingreife, könne er nur mit Hilfe seines Glaubens ertragen.

Schon vor mehr als zweieinhalbtausend Jahren wurde **Richten ohne Ansehen der Person** geboten. Deshalb hat seit alters her in vielen figürlichen Darstellungen die Gerechtigkeit (Justitia) verbundene Augen und eine Waage in der Hand. Auch heute gilt: Alle Menschen sind vor dem Gesetz gleich (Art. 3 GG). **Rechtsbeugung** begeht, wer bei der Leitung oder Entscheidung einer Rechtssache vorsätzlich zugunsten oder zum Nachteil einer Partei das Recht verletzt (§ 336 StGB).

R

▶ 5. MOSE 1,17

Beim Richten sollt ihr die **Person nicht ansehen,** sondern sollt den Kleinen hören wie den Großen und vor niemand euch scheuen; denn das Gericht ist Gottes.

▶ 5. MOSE 16,19[118]

Du sollst das **Recht** nicht **beugen** und sollst auch die **Person nicht ansehen.**

117 S. a. Lukas 6,37.

118 S. a. 5. Mose 27,19.

▶ RÖMER 2,11[119]

Denn es ist **kein Ansehen der Person** vor Gott.

Sie kennen doch das Buch *Robinson Crusoe* von Daniel Defoe? Solange der gestrandete Robinson allein auf seiner Insel lebte, konnte er tun und lassen, was er wollte. Als dann sein *Freitag* hinzukam, mussten Regeln für das Zusammenleben aufgestellt werden. So ist es auch in unserem Zusammenleben in Familie und Gesellschaft. Nach der Überwindung der Willkür und des Faustrechts musste **Recht und Gesetz, Recht und Gerechtigkeit** herrschen. Es durfte nicht mehr **Gewalt vor Recht gehen**.

▶ 2. SAMUEL 8,15[120]

So war David König über ganz Israel, und er schaffte **Recht und Gerechtigkeit** seinem ganzen Volk

▶ HABAKUK 1,3

Warum lässt du mich Bosheit sehen und siehst dem Jammer zu? Raub und Frevel sind vor mir**; es geht Gewalt vor**[121] **Recht** (l.1–l.2).

Wenn eine Straftat nach **Recht und Gesetz** vor Gericht verhandelt und der Täter verurteilt ist, heißt es oft: „**Das** (oder es) **geschieht ihm recht.**"

R

▶ 2. MAKKABÄER 9,6[122]

So **geschah ihm eben recht,** weil er andere Leute mit so vielen und bisher unerhörten Martern geplagt hatte.

Haben Sie nach Meldungen über schlimmste Verbrechen schon mal den Wunsch nach härterem Durchgreifen, bis hin zum „kurzen Prozess" gehabt? Jesus hat zum Verzicht auf Rache aufgefordert und diese Forderung noch ausgeweitet: „Liebt eure Feinde – segnet, die

119 S. a. 1. Samuel 8,3; 2. Chronik 19,7; Kolosser 3,25; 1. Petrus 1,17.

120 S. a. Sprüche 2,9; Prediger 5,7; Jesaja 56,1; Jeremia 9,23; 22,3; 22,15; 23,5; Sirach 38,38.

121 l.1–l.2: „… es geht Gewalt über Recht …".

122 S. a. 2. Makkabäer 13,8.

euch fluchen.“ Es gibt Situationen, in denen man diese Gebote als Zumutung empfindet, in denen vielmehr das Wort aus dem Alten Testament angemessener zu sein scheint: „**Auge um Auge – Zahn um Zahn**“. Dieses „**Auge um Auge – Zahn um Zahn**“ (wie es sprichwörtlich – verkürzt – gebraucht wird) ist die jedes Übermaß verbietende, der Tat „angemessene“, d.h. sich an ihr ausrichtende, gesetzliche Strafe im alten Israel. Damit war der ausufernden Blutrache gewehrt: Strafe und Vergeltung war erlaubt, aber nur bis zu dem Maß, das einem vom Täter zugefügt wurde. Dieser Rechtsgrundsatz ist ein wichtiger Schritt in der Entwicklung des Rechtswesens, besonders deshalb, weil er nicht ersatzweise eine Vermögens- oder Geldstrafe vorsieht, wodurch Reiche gegenüber Armen bevorzugt würden. Er unterstreicht damit die Gleichheit aller vor dem Gesetz (I.7 zu 2. Mose 23ff.). Es ging also schon sehr früh darum: **Recht muss doch Recht bleiben:**

▶ 2. MOSE 21,23FF.[123]

23 Entsteht ein dauernder Schaden, so sollst du geben Leben um Leben 24 **Auge um Auge, Zahn um Zahn,** Hand um Hand, Fuß um Fuß, 25 Brandmal um Brandmal, Beule um Beule, Wunde um Wunde.

▶ PSALM 94,15

15 Denn **Recht muss doch Recht bleiben,** und ihm werden alle frommen Herzen zufallen.

R

Als „**gerecht**“ wird im Deutschen ein Mensch bezeichnet, der sich so verhält, wie es dem allgemeinen Rechtsempfinden entspricht. „**Gerecht**“ im Sinne des Alten Testaments ist der Mensch, der sich nach dem Gesetz richtet, in dem Gott dem Volk seinen Willen kundgetan hat, der Mensch, der nach Gott fragt und ihm gehorcht (II.11).

▶ SPRÜCHE 14,34

Gerechtigkeit erhöht ein Volk, aber die Sünde ist der Leute Verderben.

[123] S. a. 3. Mose 24,19; 5. Mose 19,21; Matthäus 5,38.

▶ PREDIGER 7,20 (I.1: V. 21)

Denn es ist kein Mensch so **gerecht** auf Erden, dass er nur Gutes tue und nicht sündige.

Abgesehen von den Fällen der ironischen oder spöttelnden und auch nur teilweisen Zitierung des Psalmwortes „**Der Gerechte muss viel erleiden**, aber aus alledem hilft ihm der HERR", handelt es sich um eine Erfahrungstatsache seit Urzeiten: Der erste Vers von Psalm 34 weist auf eine Situation hin, als David verfolgt wurde. Der große Dulder Hiob wird von Gott selbst als beispiellos fromm und rechtschaffen bezeichnet (Hiob 1,8) und verliert doch zunächst einmal Hab und Gut, später auch seine Gesundheit.

▶ PSALM 34,20

Der **Gerechte muss viel erleiden,** aber aus alledem hilft ihm der HERR.

Ist ein Mensch ehrlich, anständig, redlich, moralisch einwandfrei, aufrichtig, tüchtig, dann ist er mit einem Wort **rechtschaffen**. Es handelt sich um eine Wortschöpfung Luthers aus recht-beschaffen (II.1). Wandernde Handwerksgesellen nennen sich rechtschaffene fremde Gesellen (s. a. IV.29).

Rechtschaffenheit eines Menschen bedeutet, dass er recht beschaffen ist, d. h. so, wie er nach Gottes Willen sein soll, und dass er damit aus seinem Wesen heraus recht handelt (II.10).

R

▶ JOSUA 24,14[124]

So fürchtet nun den HERRN und dient ihm treulich und **rechtschaffen** und laßt fahren die Götter, denen eure Väter gedient haben jenseits des Euphratstroms und in Ägypten, und dient dem HERRN.

124 S. a. Matthäus 3,8; 2. Könige 20,3; 2. Chronik 15,17; Psalm 119,80; Apostelgeschichte 8,21; 2. Timotheus 2,15.

Rein – Dem Reinen ist alles rein.

Auf Mehr- oder Zweideutiges, Anzügliches usw. wird schon mal geantwortet oder kommentiert: „**Dem Reinen ist alles rein**".

In seinem Brief an Titus wendet sich Paulus gegen alle „Reinheitsgebote". Gottes Schöpfung als ganze ist gut. Die Dinge sind nicht an sich „**rein**" oder „**unrein**"; entscheidend ist, ob sie dankbar aus Gottes Hand genommen werden (I.7).

▶ Titus 1,15

Den Reinen ist alles rein; den Unreinen aber und Ungläubigen ist nichts rein, sondern unrein ist beides, ihr Sinn und ihr Gewissen.

Rufer/Prediger in der Wüste

Wer Missstände anprangert, ohne dass sie abgestellt werden, wer Ratschläge zur Vermeidung katastrophaler Entwicklungen gibt (Erderwärmung, Entwicklung der Staatsverschuldung oder der Sozialversicherung), die unbefolgt bleiben, oder auf andere Weise den Finger in Wunden legt, ohne dass man sich um eine angemessene „Wundversorgung" kümmert, sieht sich oft als **Prediger** oder **Rufer in der Wüste**, dem Ort schier unendlicher Einsamkeit, wo man nicht gehört wird.

Der Prophet Jesaja hört die Stimme eines Engels, der die Befreiung des Volkes Israel aus der Babylonischen Gefangenschaft ankündigt und seine Heimführung auf Straßen, die Gott für sich bauen lässt und auf denen er sein Volk nach Hause führen will (I.7):

▶ Jesaja 40,3 (Fassung I.1–I.3)[125]

Es ist eine Stimme eines **Predigers in der Wüste:** Bereitet dem HERRN den Weg, macht auf dem Gefilde eine ebene Bahn unserm Gott!

[125] S. a. Lukas 3,4; Johannes 1,23.

S

Salzsäule – zur Salzsäule werden/erstarren → Sodom und Gomorra
Säue, Perlen vor die Säue werfen → Perlen
sauer – das Leben sauer machen → Leben
sieben – Buch mit den sieben Siegeln → Buch
Siegel – Buch mit den sieben Siegeln → Buch
Silberlinge → Judas
Sitte(n) → Beispiel(e)
Sohn, verlorener Sohn → verloren
Splitter → Recht
suchen → bitten

SABBAT

- Sabbat (hebr. Schabbat) – (jidd.) Schabbes
- Sabbatical
- Sabbatjahr
- Sabbatsemester
- Hexensabbat
- Gewissen – ein schlechtes Gewissen machen lassen

Das **Sabbatical** (Sabbatjahr, auch Langzeiturlaub) ist die zusätzlich zum jährlichen Erholungsurlaub gewährte Arbeitsfreistellung, z. B. im Universitätsleben das **Sabbatsemester** (Forschungssemester) oder neuerdings auch eine Form der Arbeitszeitgestaltung (Ansammlung von Zeitguthaben aus Mehrarbeit zur Verwendung für längeren bezahlten Urlaub).

Im Volksglauben wird eine Versammlung der Hexen (z. B. auf dem Hexentanzplatz im Harz) in der Walpurgisnacht (vom 30. April auf den 1. Mai) **Hexensabbat** genannt. Börsenfachleute bezeichnen als **Hexensabbat** den „großen Verfallstag“ am dritten Freitag des dritten Monats eines Quartals, an dem Terminkontrakte fällig werden.

Alle diese Begriffe sind auf das hebräische Wort **Sabbat** (Ruhe) zurückzuführen. In der Schöpfungsgeschichte (1. Mose 2,2) heißt es:

> „Am siebten Tag vollendete Gott das Werk, das er geschaffen hatte, und er **ruhte** am siebten Tag, nachdem er sein ganzes Werk vollbracht hatte."

Dass Gott am siebten Tage ruhte, weiß alle Welt. Gott gebot – fürsorglich wie er ist – auch den Menschen (Knechte, Mägde sowie Fremde eingeschlossen), sie sollten an jedem siebten Tag Ruhe halten (2. Mose 20,8-11; 5. Mose 5,14). Schließlich sollte auch das Ackerland in jedem siebten Jahr ruhen (2. Mose 23,10ff.). Verstöße gegen die **Sabbatruhe** konnten sogar mit dem Tode bestraft werden (4. Mose 15,22-36). Die Juden begehen diesen **Sabbat** (jiddisch: **Schabbes**) wöchentlich als Freudentag (mehr hierzu bei IV.3, S. 90ff.).

Luther erläutert das vierte Gebot (Du sollst den Feiertag heiligen) im Kleinen Katechismus so: Wir sollen Gott fürchten und lieben, dass wir die Predigt und sein Wort nicht verachten, sondern es heilig halten, gerne hören und lernen.

In einigen Gebieten in den Niederlanden mit strenggläubigen reformierten Gemeinden wird diese **Feiertagsruhe** noch heute strikt eingehalten.

Jesus hat angesichts immer strengerer Sabbatvorschriften durch die geistliche Führungsschicht klargestellt, dass der **Sabbat** um des Menschen willen gemacht wurde und nicht der Mensch um des **Sabbats** willen.

Der Apostel Paulus stellte es ins Ermessen des Einzelnen, welche Feiertage und/oder Speisegebote er einhält – niemand soll sich hier ein schlechtes Gewissen machen lassen. Daran, dass Gott den Menschen so geschaffen hat, dass er einen Tag in der Woche Ruhe braucht, wird sich allerdings nie etwas ändern.

▸ 2. MOSE 20,8-11[126]

8 Gedenke des **Sabbattages**, dass du ihn heiligest. 9 Sechs Tage sollst du

[126] S. a. 2. Mose 16,23-29; 31,13-17; 4. Mose 15,32; 5. Mose 5,12ff.; Jeremia 17,22; Nehemia 13,15-22; Hesekiel 20,12.

arbeiten und alle deine Werke tun. 10 Aber am siebenten Tage ist der **Sabbat** des HERRN, deines Gottes. Da sollst du keine Arbeit tun, auch nicht dein Sohn, deine Tochter, dein Knecht, deine Magd, dein Vieh, auch nicht dein Fremdling, der in deiner Stadt lebt. 11 Denn in sechs Tagen hat der HERR Himmel und Erde gemacht und das Meer und alles, was darinnen ist, und ruhte am siebenten Tage. Darum segnete der HERR den **Sabbattag** und heiligte ihn.

MATTHÄUS 12,8[127]

Der Menschensohn ist Herr über den **Sabbat**.

KOLOSSER 2,16

So **lasst** euch nun von niemandem **ein (schlechtes[128]) Gewissen machen** wegen Speise und Trank oder wegen eines bestimmten Feiertages, Neumondes oder **Sabbats**.

SÄEN

- Sie säen nicht, sie ernten nicht.
- Was der Mensch sät, das wird er ernten.

Eigentlich ist es eine Banalität, „**wer nicht sät, kann nicht ernten**". Meine Mutter – und nicht nur sie – sagte (zugegeben, nicht ganz korrekt zitierend): „**Sie säen nicht und ernten doch**", wenn sie feststellte, dass jemand ohne eigenes Zutun, ohne eigene Anstrengung, das hatte, was zum Leben gebraucht wurde, nicht selten auch mehr.

S

Jesus fordert nicht zu allgemeiner Sorglosigkeit auf, nicht zum Verzicht auf die zur Sicherung des Lebensunterhalts erforderlichen Vorsorgemaßnahmen. Er wendet sich an seine Jünger und damit an alle, die sich zu ihm halten, und lädt diejenigen, denen in seiner Nachfolge keine Zeit und Kraft für die eigene Daseinssicherung bleibt, die in Verfolgungssituationen leben, zum Glauben gegen allen Unglauben ein (I.7). Wenn wir auf die Entwicklung der Kirche, ihrer missionarischen und karitativen Arbeit, auf die zweitausend Jahre seit

[127] S. a. Markus 2,28.

[128] „Schlechtes" wurde erst mit der Revision 1984 eingefügt.

dem Beginn mit den zwölf Jüngern und ihren wenigen Helfern zurückblicken, können wir eigentlich doch nur staunen:

MATTHÄUS 6,26 [129]

Seht die Vögel unter dem Himmel an: **sie säen nicht, sie ernten nicht,** sie sammeln nicht in die Scheunen; und euer himmlischer Vater ernährt sie doch. Seid ihr denn nicht viel mehr als sie?

Es ist eine Lebenserfahrung: **Was der Mensch sät, das wird er ernten**, auch, dass nicht jede Saat später zu einer Ernte führt. Oft stellen wir sogar fest, dass nicht nur das, was wir gesät haben, aus dem Boden sprießt, sondern auch manches Unkraut, das die Saat beim Wachsen behindert.

Paulus mahnt die jungen Gemeinden in Galatien zur Brüderlichkeit: Setzt der Mensch nur auf eigenen Nutzen und eigenes Können, so ist der Ertrag das Verderben. Verlässt er sich dagegen auf den Geist Gottes, so ist die Ernte das ewige Leben mit Gott (I.7).

GALATER 6,7

Irret euch nicht! Gott lässt sich nicht spotten. Denn **was der Mensch sät, das wird er ernten.**

SALOMO

- salomonisch
- salomonisches Urteil
- salomonische Weisheit

S

Salomonisch – salomonisches Urteil – salomonische Weisheit, alles geht zurück auf **Salomo** (990–930 v. Chr.), den Sohn und Erben von König David. Kurz nach Salomons Regierungsantritt erscheint Gott ihm im Traum und fordert ihn auf, um etwas zu bitten, dass er ihm geben soll. Salomo bittet um ein gehorsames Herz, um recht richten, gut und böse unterscheiden zu können (1. Könige 3,9), sowie um **Weisheit** und Erkenntnis (2. Chronik 1,10). Das alles – und noch

[129] S. a. Lukas 12,22ff.

mehr – gewährt ihm Gott. **Salomos Weisheit** soll größer gewesen sein als die aller Weisen der damals bekannten Welt (1. Könige 3,16ff.). Sie wurde sprichwörtlich. Viele bedeutende Persönlichkeiten aus aller Welt besuchten ihn, um ihn zu hören (1. Könige 5,13f.), darunter auch die Königin von Saba (1. Könige 10,1-13; 2. Chronik 9,1-12, s. a. IV.1,229-234; 237).

Als König war Salomo auch oberster Richter. Seine Urteile waren weise und ausgewogen, wie das folgende bekannte Beispiel zeigt: Zwei Huren wohnten in einem Haus und gebaren kurz nacheinander Söhne, von denen einer eines Nachts in den Armen der Mutter starb. Eine der Frauen beschuldigte die andere, sie habe in der Nacht die Kinder vertauscht und forderte von ihr das lebende Kind. Für Salomo war nicht erkennbar, welche der beiden die Mutter des lebenden Kindes war. Daher befahl er, das Kind mit dem Schwert zu teilen und jeder der beiden Frauen eine Hälfte zu geben. Während die Mutter des gestorbenen Kindes damit sehr einverstanden war, gab die andere plötzlich ihre Streitposition auf und verlangte, das Kind nicht zu töten, sondern der anderen zu geben. Nun war für Salomo klar, wer die Mutter des lebenden Kindes war, und er sprach es ihr zu. Das war das berühmte **salomonische Urteil** (1. Könige 3,16ff.).

Samariter

S

- der barmherzige Samariter
- unter die Räuber fallen
- Nächstenliebe
- Nächster
- Öl auf Wunden gießen

Barmherzigkeit ist eine der aus der **Nächstenliebe** folgenden christlichen Tugenden. Hilfs- und Pflegedienste an Alten, Kranken oder Unfallopfern, besonders von Ehrenamtlichen versehene, werden auch heute noch als **Samariter**dienste bezeichnet, und diejenigen, die sie leisten, als **Samariter**(innen).

Das bekannte Gleichnis vom **barmherzigen Samariter** (Lukas

10,30ff.) hat eine Vorgeschichte: Ein Schriftgelehrter provoziert Jesus mit der Frage, was er tun müsse, um das ewige Leben zu erlangen. Auf Jesu Gegenfrage, was denn im Gesetz stehe (der Thora, den fünf Büchern Mose), antwortet der Schriftgelehrte theologisch richtig: *„Du sollst den Herrn, deinen Gott, lieben von ganzem Herzen, von ganzer Seele, von allen Kräften und von ganzem Gemüt, und deinen* ***Nächsten*** *wie dich selbst.*"[130]. Er fragt aber weiter, wer denn sein **Nächster** sei. Darauf antwortet Jesus nicht mit einer klaren Definition, sondern mit dem bekannten Gleichnis: Ein Mensch ist auf dem Weg von Jerusalem nach Jericho und **fällt unter die Räuber** (ältere Übersetzungen sprechen noch von „Mördern"). Er wird ausgeraubt und halb tot liegengelassen. Zwei jüdische Geistliche, ein Priester und ein Levit, beide quasi von Amts wegen zu tätiger Nächstenliebe verpflichtet, sehen ihn und lassen ihn liegen, ohne sich um ihn zu kümmern. Als dritter kommt ein **Samariter** vorbei. Der hat Mitleid mit dem halb Toten, leistet erste Hilfe, bringt ihn in ein Gasthaus und pflegt ihn dort. Bevor er weiter reist, zahlt er dem Wirt einen Betrag, der etwa dem damaligen Wochenlohn eines Arbeiters entsprach, und beauftragt ihn mit der weiteren Pflege. Sollte diese Zahlung nicht ausreichen, so wollte er den Rest bei seiner nächsten Einkehr zahlen. – Dann fragt Jesus den Schriftgelehrten, wer dem Überfallenen denn nun der **Nächste** war. Der muss zugeben, dass es der **Samariter** war, der ihm die **Barmherzigkeit** erwies. Jesus fordert ihn auf, es in Zukunft auch so zu tun.

Bemerkenswert an diesem Gleichnis ist zweierlei: Jesus stellt einen **Samariter** als **Vorbild der praktizierten Nächstenliebe** hin. Seit alters her waren die **Samariter** bei allen jüdischen Religionsparteien verhasst und verachtet. (II.10 u. IV.5,497) Die Juden hielten sich für die einzig Auserwählten Gottes – und die Samariter gehörten nach ihrer Ansicht nicht dazu, für die Juden waren die Samariter Gläubige zweiter Klasse. Und zum anderen sagt er den Theologen: Ihr mit all Eurer Gesetzlichkeit verlangt mehr als ihr selbst zu geben bereit seid: Ihr predigt anderen Wasser und trinkt selbst Wein.

Es muss schockierend für den Schriftgelehrten gewesen sein, dass

[130] S. a. 5. Mose 6,5; 3. Mose 19,18.

Jesus beispielhaft zwei berufsmäßige Diener Gottes in aller Öffentlichkeit der Missachtung des Gebotes der **Nächstenliebe** beschuldigt und ausgerechnet einen Angehörigen dieses verhassten und verachteten Volkes als einen Menschen hinstellt, der diese **Nächstenliebe** ganz selbstverständlich, ohne viel Aufhebens praktiziert.

Wer körperliche oder seelische Wunden eines anderen versorgt, **gießt** redensartlich **Öl auf seine Wunden**.

Im Wartezimmer habe ich gelesen, heutzutage sei sich jeder selbst der Nächste. Das ist natürlich eine nicht auf jeden Einzelfall zutreffende Pauschalaussage – die Verfasserin wollte damit sagen, es herrsche weitgehend eine rücksichtslose, egoistische, auf Durchsetzung eigener Interessen ausgerichtete Ellenbogenmentalität. Selbst wenn man die Richtigkeit einer solchen Feststellung nicht grundsätzlich bestreiten wollte, dann könnte, nein, dann müsste die alte Forderung „**Liebe deinen Nächsten wie dich selbst**“ (s. a. Samariter) unausweichlich zu der Frage führen: „**Liebe ich mich selbst wie meinen Nächsten?**“. Der amerikanische Philosoph Eric Hofer hat gesagt: „Interessant ist, dass wir unseren Nächsten tatsächlich lieben wie uns selbst: Wir tun den Leuten an, was wir uns antun. Wir hassen andere, wenn wir uns hassen. Wir sind tolerant gegen andere, wenn wir tolerant gegen uns sind. Wir vergeben anderen, wenn wir uns vergeben. Nicht in der Selbstliebe, sondern im Selbsthass wurzeln die Übel, die der Welt zu schaffen machen“ (III.3, 05/2002,71). – Ich will keiner übersteigerten Eigenliebe das Wort reden. Aber ich möchte doch dazu ermuntern, immer wieder auch die ehrgeizigen, hohen Ansprüche, die wir an uns selbst stellen, auf realistische Chancen für deren Erfüllung zu prüfen. Wenn wir einmal überschlagen, was sie uns über evtl. Materielles hinaus kosten (Gesundheit, Familienleben, Freundschaften usw.), wäre es dann nicht besser, auch einmal barmherzig gegen uns selbst zu sein? Vor allen Dingen sollten wir unsere Kinder dazu erziehen, indem wir ihnen dies vorleben.

Sand – wie Sand am Meer

Auf Mallorca, Gran Canaria, Teneriffa usw. gibt es Hotelangebote **wie Sand am Meer. Wie Sand am Meer** gibt es etwas, was in überreichem Maße, in sehr großer Menge, in unüberschaubarer Zahl vorhanden ist, mit anderen Worten ungezählt oder sogar unzählbar. Ich empfehle wohl dosierten Umgang mit der unbestimmten Mengenangabe „**wie Sand am Meer**“: Am 24. Juli 2003 wurde unter der Überschrift „Sterne **wie Sand am Meer**“ (IV.30) gemeldet, es gebe im Weltall mehr Sterne als Sandkörner an den Stränden und in den Wüsten der Erde (Stern. de). Allein die erfassbare Sternenzahl betrage 70 Tausend Millionen Millionen Millionen, berichtete der australische Astronom Simon Driver auf der Konferenz der Internationalen Astronomischen Union (IAU) in Sydney. Das sind 70 Trilliarden oder ausgeschrieben eine 7 mit 22 Nullen. 2004 übermittelte das Weltraumteleskop Fotos einer rund 6,5 Millionen Lichtjahre[131] von der Erde entfernten Spiralgalaxie.

Als ich dies hier schrieb, wollte ich wissen, was all diese Zahlen bedeuten. Ich habe also einen handelsüblichen Fingerhut mit handelsüblichem Sand gefüllt, wie er in Vogelkäfigen verwendet wird, habe ihn ausgeschüttet und begonnen zu zählen, wie viele Sandkörner in einen Fingerhut passen. Bei einhundert Sandkörnern hatte ich eine Menge zusammen, die etwa einem bunten Stecknadelkopf entspricht. Da habe ich aufgehört zu zählen.

Zum ersten Mal ist in der Bibel in der Abrahamsgeschichte die Rede von einer Menge, die unser Vorstellungsvermögen übersteigt: Gott hat Abrahams Glauben und Vertrauen auf eine geradezu übermenschliche Probe gestellt; er soll ihm das Liebste, was er hat, seinen einzigen Sohn Isaak, zum Brandopfer bringen. Abraham hat diese Prüfung klaglos bestanden; unmittelbar vor der Tötung des bereits gefesselt auf dem Opferaltar liegenden Kindes greift ein Bote Gottes ein. Anstelle Isaaks wird ein Widder geopfert. Der Engel des HERRN bestätigt Abraham die vorherigen Verheißungen Gottes, dass er sein

131 1 Lichtjahr sind etwa 9,5 Billionen Kilometer.

Geschlecht, seine Nachkommenschaft, segnen und mehren will wie die Sterne am Himmel und **wie den Sand am Ufer des Meeres.**

1. Mose 22,16ff.[132]

16 Ich habe bei mir selbst geschworen, spricht der HERR: Weil du solches getan hast und hast deines einzigen Sohnes nicht verschont, 17 will ich dein Geschlecht segnen und mehren wie die Sterne am Himmel und wie den **Sand am Ufer des Meeres,** und deine Nachkommen sollen die Tore ihrer Feinde besitzen; 18 und durch dein Geschlecht sollen alle Völker auf Erden gesegnet werden, weil du meiner Stimme gehorcht hast.

Saulus

- Damaskuserlebnis
- vom Saulus zum Paulus werden
- wie Schuppen von den Augen fallen
- wider den Stachel löcken

Etwas Aufwühlendes, das zu einer völligen Neuorientierung eines Menschen führt, nennen wir **Damaskuserlebnis**. Es ist ein Erlebnis, das aus einem **Saulus** einen **Paulus** macht. Wenn jemand eine völlig neue Erkenntnis hat, er vorher den Wald vor lauter Bäumen nicht sah, dann **fallen ihm Schuppen von den Augen**. Widerstand wird oft als „**wider den Stachel löcken**" bezeichnet, was übrigens auch eine Redensart aus dem frühchristlichen Alltag ist: Wenn mit Ochsen als Zugtieren gearbeitet wurde und diese sich widerspenstig zeigten, stach der Treiber das Tier mit einem Stachel, der an einem Stab befestigt war. Schlug daraufhin das Tier gegen den Peiniger aus, bohrte sich der Stachel nur noch tiefer ein. Es war also ein vergeblicher Widerstand.

Saulus von Tarsus war nach seinen eigenen Worten ein Pharisäer (Apostelgeschichte 26,5; Philipper 3,5, s. a. Pharisäer). Die Anhängerschaft Jesu von Nazareth stellte nicht nur für die Pharisäer eine Gefahr

S

[132] S. a. 1. Mose 32,13; 41,49; Josua 11,4; 2. Samuel 17,11; 1. Könige 4,20; Hiob 6,3; Psalm 78,27; Jesaja 10,22; Jeremia 15,8; 33,22; Hosea 2,1; Gebet Manasses 9; Römer 9,27.

dar. Nach deren Überzeugung konnte ihr nur durch Verhaftung und Verurteilung dieser Anhänger begegnet werden. **Saulus** hatte schon recht früh der Hinrichtung (Steinigung) eines der Jünger Jesu (Stephanus) beigewohnt und hatte sogar Gefallen daran (Apostelgeschichte 7,58). Mit religionspolizeilichen Vollmachten ausgestattet, war er auf dem Wege nach Damaskus, um Jesus-Jünger festzunehmen und zur Gerichtsverhandlung nach Jerusalem zu bringen. Da umstrahlte ihn plötzlich ein so helles Licht, dass er vor Schreck zusammenbrach. Eine Stimme fragte ihn: „**Saul, Saul**, warum verfolgst du mich? Es wird dir schwer sein, **wider den Stachel** zu **löcken.**" Es war Jesus. Der forderte ihn auf, nach Damaskus zu gehen; dort werde ihm gesagt, was er tun sollte. Die Begleittruppe des Paulus hatte die Stimme zwar auch gehört, aber niemanden gesehen. Als **Saulus** sich erhob, war er blind. Er ließ sich nach Damaskus führen und fastete drei Tage lang. Inzwischen hatte Jesus einem seiner Anhänger in Damaskus, Hananias, gesagt, er solle **Saulus** aufsuchen und ihn durch Handauflegen wieder sehend machen. Hananias überwand seine Angst vor dem unbarmherzigen Christenjäger **Saulus** und tat, wie ihm von Jesus geboten. **Saulus** wurde sehend, schloss sich den Jüngern Jesu an und wurde einer ihrer ersten führenden Theologen. In Abstimmung mit den Aposteln in Jerusalem begann er die Mission der nichtjüdischen Völker außerhalb Israels. Er predigte von da ab bis zu seinem Märtyrertod genau das, was er vorher entschieden und unter Todesandrohung gegenüber allen Andersgläubigen bestritten hatte, nämlich dass Jesus der Sohn Gottes sei (Apostelgeschichte 9,1-22). Später wurde **Saulus** zunehmend nur noch **Paulus** genannt (Apostelgeschichte 13,9) – er war „**vom Saulus zum Paulus geworden**".

▶ Apostelgeschichte 9,1

Saulus wütete immer noch mit Drohung und Mord gegen die Jünger des Herrn ...

▶ Apostelgeschichte 9,3f.

3 Unterwegs aber, als er sich bereits **Damaskus** näherte, geschah es, dass ihn plötzlich ein Licht vom Himmel umstrahlte. 4 Er stürzte zu Boden und hörte, wie eine Stimme zu ihm sagte: **Saul, Saul**, warum verfolgst du mich?

▶ APOSTELGESCHICHTE 9,17F.

17 Da ging Hananias hin und trat in das Haus ein; er legte **Saulus** die Hände auf und sagte: Bruder Saul, der Herr hat mich gesandt, Jesus, der dir auf dem Weg hierher erschienen ist; du sollst wieder sehen und mit dem Heiligen Geist erfüllt werden.18 Sofort **fiel es wie Schuppen von seinen Augen**, und er sah wieder; er stand auf und ließ sich taufen.

▶ APOSTELGESCHICHTE 26,14

Als wir aber alle zu Boden stürzten, hörte ich eine Stimme zu mir reden, die sprach auf Hebräisch: **Saul, Saul,** was verfolgst du mich? Es wird dir schwer sein, **wider den Stachel** zu **löcken.**

SEELE

- ein Herz und eine Seele → Herz
- Nun hat die liebe Seele Ruh.

Wir haben einem nicht enden wollenden Bitten, Betteln oder Dränge(l)n nachgegeben und sagen dann gelegentlich mit einem Seufzer der Erleichterung (laut oder im Stillen): „**Nun hat die liebe Seele Ruh**". Diese Redensart ist dem Gleichnis vom reichen Kornbauern (Lukas 12,16ff.) entnommen, das in den Gottesdiensten am Erntedankfest verlesen wird:

▶ LUKAS 12,15FF.

S

16 ... Es war ein reicher Mensch, dessen Feld hatte gut getragen. 17 Und er dachte bei sich selbst und sprach: Was soll ich tun? Ich habe nichts, wohin ich meine Früchte sammle. 18 Und sprach: Das will ich tun: Ich will meine Scheunen abbrechen und größere bauen und will darin sammeln all mein Korn und meine Vorräte 19 und will sagen zu meiner Seele: **Liebe Seele**, du hast einen großen Vorrat für viele Jahre; **habe nun Ruhe**, iss, trink und habe guten Mut!

SEGEN – SEGNEN

Das Gremium **segnete** die Beschlussvorlage **ab**. Meinen **Segen** habt ihr. Die Luke öffnete sich, und dann kam der ganze **Segen** von oben runter. In keiner dieser drei alltäglichen Verwendungen von „**Segen**" oder „**segnen**" ist der **Segen** gemeint, von dem die Bibel an vielen Stellen spricht.

Ein Freund, der das baldige Ende seines irdischen Lebens erwartete, sagte mir, bei ihrem letzten Besuch habe er seine Kinder und Enkel **gesegnet**, jetzt könne er gehen.

Die Medien übertragen zu Ostern und zu Weihnachten sowie nach seinem ersten öffentlichen Auftreten als neu gewählter Papst den **Segen Urbi et Orbi**, den der Papst (in seiner „Doppelfunktion" als Papst und Bischof von Rom) der Stadt (lat. urbs) Rom und dem Erdenkreis (lat. orbis terrarum) erteilt. Im **Segen** werden dem Menschen Lebenskräfte zugesprochen, die er sich selbst nicht geben kann, sondern nur Gott (I.7 zu 4. Mose 6,22ff.).

Vom **Segen** und vom **Segnen** ist an vielen Stellen der Bibel die Rede (z. B. in 1. Mose 27 die **Erschleichung des Erstgeburtssegens** durch Jakob (s. dort). Am bekanntesten ist wohl der „Aaronitische **Segen**", mit dem bis auf den heutigen Tag die christlichen Gottesdienste beschlossen werden:

▶ 4. Mose 6,22ff.

22 Und der HERR redete mit Mose und sprach: 23 Sage Aaron und seinen Söhnen und sprich: So sollt ihr sagen zu den Israeliten, wenn ihr sie **segnet**: 24 Der HERR **segne** dich und behüte dich; 25 der HERR lasse sein Angesicht leuchten über dir und sei dir gnädig; 26 der HERR hebe sein Angesicht über dich und gebe dir Frieden. 27 Denn ihr sollt meinen Namen auf die Israeliten legen, dass ich sie **segne**.

Das Gegenteil von **Segen** ist Fluch. Das sollte viel öfter bedacht werden, wenn geflucht wird oder vom Fluch gesprochen wird. Das Zeichen des Christen ist nicht die geballte Faust, nicht die einen Sieg symbolisierende Hand, sondern die Gebärde des Segnens (IV.31). Allerdings sollte auch sorgfältig unterschieden werden: Der Gebrauch von Kraftausdrücken, den wir so oft mit „Fluchen" titulieren, ist nicht Fluchen im eigentlichen Sinne – wer wirklich flucht, der möchte (wie auch immer gedachte) böse Mächte gegen seinen Gegner mobil machen.

Sehen – Und ward nicht mehr gesehen.

Der Zechpreller stand auf, verließ den Tisch **und ward nicht mehr gesehen**. Der Unfallverursacher kümmerte sich nicht um das Unfallopfer, gab Gas, verschwand **und ward nicht mehr gesehen**. Erinnern Sie sich noch: „Halb zog sie ihn, halb sank er hin **und ward nicht mehr gesehn**"? Richtig: Goethes „Der Fischer".

Von Henoch, einem der „Urväter von Adam bis Noah" (1. Mose 5,1ff.) heißt es, dass er im Alter von 365 Jahren nicht starb, sondern von Gott hinweggenommen, d.h. in die himmlische Welt entrückt (I.7) und **nicht mehr gesehen wurde**:

1. Mose 5,21ff. (so in I.1–I.3)

21 Henoch war 65 Jahre alt und zeugte Metuschelach. 22 Und Henoch wandelte mit Gott. Und nachdem er Metuschelach gezeugt hatte, lebte er 300 Jahre und zeugte Söhne und Töchter, 23 dass sein ganzes Alter ward 365 Jahre. 24 Und weil er mit Gott wandelte, nahm ihn Gott hinweg **und er ward nicht mehr gesehen.**

Selbstverleugnung – sich selbst verleugnen

Verleugnen heißt leugnen, lügen, also sich mit dem Abstreiten von einem Tun oder von Tatsachen, von etwas oder von jemandem distanzieren. Man kann sich z.B. am Telefon verleugnen lassen, also von anderen für nicht anwesend oder erreichbar erklären lassen. Am bekanntesten ist wohl die Geschichte von der **Verleugnung** des Petrus[133]: Petrus wurde nach Jesu Gefangennahme, während sein Meister verhört wurde, von anderen verdächtigt, auch einer von denen zu sein, die zu Jesus gehören. Vorher hatte Petrus noch gesagt, er werde eher sterben als Jesus **verleugnen.** Dann tat er es aber doch, und zwar gleich dreimal hintereinander.

Hat **Selbstverleugnung** auch etwas mit Lügen oder Leugnen, also mit Unwahrheit zu tun? Zunächst einmal zum Ursprung des Wortes:

[133] S.a. Matthäus 26,34ff.; Markus 14,30ff.; Lukas 22,54ff. und Johannes 18,25ff.

In unserem weiter unten stehenden Text spricht Jesus zu seinen Jüngern: „Will mir jemand nachfolgen, der **verleugne sich selbst** …“. Danach reden wir von: **sich selbst verleugnen** und von **Selbstverleugnung. Selbstverleugnung** heißt, aus Liebe tun, was ich nicht will, heißt aus Liebe auf das verzichten, was mir rechtlich zusteht (IV.32, S. 30).

Vielleicht möchten Sie aus eigener Erfahrung die nachstehenden Beispiele für **Selbstverleugnung** ergänzen: Der ewig gehorsame Junior verzichtet auf Selbstbestimmung und unterwirft sich der Fremdbestimmung durch den autoritären Senior oder die selbst im Rentenalter stehende, nicht gerade kraftstrotzende Tochter, pflegt ihren krebskranken, stets alles bestimmenden Vater jahrelang bis zu seinem Tode oder die Diakonisse als Gemeindeschwester, die für „Gotteslohn“ (sprich ein Taschengeld) stets für alle da ist, usw.

Das Gegenteil von **Selbstverleugnung** ist Selbstverwirklichung, ein manipulatives Tarnwort für übersteigerten Egoismus (IV.43). Es darf nicht verschwiegen werden, dass **Selbstverleugnung** zum Problem werden kann, dort nämlich, wo **Selbstverleugnung** zu Selbstabwertung führt; wo sie zum Leiden ohne Notwendigkeit und Sinn führt; wo **Selbstverleugnung** sich selbst und anderen Lebensgenuss versagt oder verbietet – unter Androhung von Strafe oder anderen negativen Konsequenzen, wo sie legitime Wünsche und Strebungen (nach Liebe und Wertschätzung) negativ besetzt. Viele große Dinge wären nicht geschehen, hätten nicht einzelne Menschen die Interessen der Sache über ihr eigenes Wohlergehen gestellt – etwa Dietrich Bonhoeffer oder Sophie Scholl im Widerstand gegen Hitler (IV.33).

Jesus ist auf dem Weg nach Jerusalem. Er weiß: Das ist der Weg ans Kreuz. Seinen Jüngern und dem Volk, das bei ihm ist (Markus 8,34), will er klar machen, was es künftig bedeutet, sich ihm anzuschließen. Sich **selbst verleugnen** heißt, sich und seine Wünsche aufgeben. Das kann nur geschehen, wo Jesus und das Evangelium, also die Verkündigung von ihm, so groß und wichtig werden, dass alles andere verblasst (I.7).

▶ MATTHÄUS 16,24[134]

Da sprach Jesus zu seinen Jüngern: Will mir jemand nachfolgen, der **verleugne sich selbst** und nehme sein Kreuz auf sich und folge mir.

SINTFLUT

- Arche
- Dichten und Trachten
- Friedenstaube
- Friedenspalme
- Regenbogen
- nach mir die Sintflut
- sintflutartig
- vorsintflutlich

Wenn uns die Konsequenzen unseres Handelns völlig egal, schnurzpiepe sind, wenn es uns nicht interessiert, was dann geschieht, weil es erst nach unserer Zeit eintreten wird, dann sagen wir: „**Nach uns die Sintflut**". Wir sprechen von **sintflutartigen Regenfällen.** Ist etwas, z.B. ein erst wenige Jahre alter Computer, völlig überaltert, längst überholt, bezeichnen wir es oft als „**vorsintflutlich**".

Die Bibel berichtet von einer unvorstellbaren Flut (1. Mose 7ff.): Gott hat die bittere Erfahrung gemacht, dass alles **Dichten und Trachten der Menschenherzen böse** war und ist. Es reut ihn, dass er die Menschen überhaupt geschaffen hatte. Daher beschließt er, fast alle zu vernichten (1. Mose 6,5ff.) – fast alle, denn: „Noah fand Gnade vor dem Herrn" (1. Mose 6,8). Diesem Noah teilt Gott seine Absicht mit: Mit ihm, seiner Frau und seinen Söhnen mit deren Frauen, sowie mit ausgewählten Exemplaren von allen Tieren will er einen neuen Anfang machen; sie sollen die Keimzelle des Lebens nach der **Sintflut** sein. Noah soll einen großen schwimmfähigen Kasten (**Arche**) nach Gottes genauen Vorschriften bauen. Darin wird er mit seiner Familie sowie allen zur Rettung bestimmten Tieren und ausreichender Nahrung

---

[134] S.a. Markus 8,34; Lukas 9,23.

für Mensch und Tier überleben; alle anderen sollen durch eine **Sintflut** umkommen. Noah tut alles, was Gott ihm geboten hat (1. Mose 6,22). Als die **Arche** fertig ist, erhält er den „Evakuierungsbefehl“: In sieben Tagen soll die unbeschreibliche Katastrophe beginnen. Nachdem alle in der Arche sind, beginnt es vierzig Tage im wahrsten Sinne des Wortes **sintflutartig** zu regnen. Alles Leben auf der Erde wird vernichtet. Das Wasser steht etwa ein halbes Jahr, dann lässt Gott es verschwinden. Nachdem die **Arche** auf dem Araratgebirge gestrandet ist, schickt Noah einen Raben aus der Arche auf Erkundung, danach eine **Taube**. Beide finden keinen Platz, wo sie sich hätten niederlassen können und kommen wieder in die **Arche** zurück. Eine Woche später schickt Noah die **Taube** erneut hinaus. Die kommt am Abend mit einem **Ölblatt im Schnabel** zurück (daher **Friedenstaube** und **Friedenspalme**). Als er nach einer weiteren Woche wieder eine **Taube** fliegen lässt, kommt diese nicht wieder; sie hat also einen Platz auf dem Trockenen gefunden. Nun können auch Noah und seine Familie sowie die anderen Tiere die **Arche** verlassen. Nachdem Noah mit seiner Familie Gott Dankopfer gebracht haben, entscheidet Gott, künftig die Erde nicht mehr um der Menschen willen zu verfluchen: „Solange die Erde steht, soll nicht aufhören Saat und Ernte, Frost und Hitze, Sommer und Winter, Tag und Nacht“ (1. Mose 8,21f.). Gott schließt einen Bund mit Noah, dass er nicht wieder alles Fleisch durch eine Sintflut vernichten will. An diesen Bund, seine einseitige, souveräne Willenserklärung, will auch Gott sich erinnern (I.7), und zwar durch den **Regenbogen**.

S

▶ 1. Mose 6,5[135]

Als aber der HERR sah, dass der Menschen Bosheit groß war auf Erden und alles **Dichten und Trachten ihres Herzens nur böse** war immerdar ...

▶ 1. Mose 6,17f.

17 Denn siehe, ich will eine **Sintflut** kommen lassen auf Erden, zu verderben alles Fleisch, darin Odem des Lebens ist, unter dem Himmel. Alles, was auf Erden ist, soll untergehen. 18 Aber mit dir will ich meinen Bund aufrichten,

[135] S. a. 1. Mose 8,21.

und du sollst in die **Arche** gehen mit deinen Söhnen, mit deiner Frau und mit den Frauen deiner Söhne.

▶ 1. MOSE 8,8-12

8 Danach ließ er eine **Taube** ausfliegen, um zu erfahren, ob die Wasser sich verlaufen hätten auf Erden. 9 Da aber die **Taube** nichts fand, wo ihr Fuß ruhen konnte, kam sie wieder zu ihm in die Arche; denn noch war Wasser auf dem ganzen Erdboden ... 10 Da harrte er noch weitere sieben Tage und ließ abermals eine **Taube** fliegen aus der Arche. 11 Die kam zu ihm um die Abendzeit, und siehe, ein **Ölblatt** hatte sie abgebrochen und trug's in ihrem Schnabel. Da merkte Noah, dass die Wasser sich verlaufen hätten auf Erden. 12 Aber er harrte noch weitere sieben Tage und ließ eine **Taube** ausfliegen; die kam nicht wieder zu ihm.

SITZEN LASSEN/GEBLIEBEN

Wer eine Verabredung nicht einhält, hat den oder die andere(n) **sitzen(ge)lassen.** Geht eine Verlobung oder Beziehung in die Brüche, heißt es, der Mann habe das Mädchen **sitzen(ge)lassen.**

Der Weisheitslehrer Jesus Sirach hat zu verschiedenen Schwerpunktthemen Lehrvorträge zusammengestellt, ethische Belehrungen u. a. zu den Bereichen Eltern, Kinder, Familie, Ehefrau usw. (I.7):

▶ SIRACH 22,4. (SO IN I.1–I.3)

Eine vernünftige Tochter kriegt wohl einen Mann; aber eine ungeratene Tochter **lässt man sitzen**, und sie bekümmert ihren Vater.

SODOM UND GOMORRA

- Sodomie
- Schutt und Asche
- zur Salzsäule werden

Einen Zustand von Sittenlosigkeit bezeichnen wir gelegentlich mit **„Sodom und Gomorra"**. Dies sind die sprichwörtlich gewordenen Namen zweier Städte, die Gott wegen ihrer Sitten- und Gottlosigkeit vernichtete. Wo es zugeht wie in **Sodom und Gomorra**, da hat die Sünde ihren Gipfel erreicht. **Sodomie** ist die widernatürliche Unzucht – d.h. die Vornahme beischlafähnlicher Handlungen – eines Menschen mit einem (lebenden) Tier.[136]

Lot, der Neffe Abrahams, hatte sich mit seiner Familie in der Stadt **Sodom** niedergelassen. Nun will Gott **Sodom und Gomorra** wegen ihrer Sünden vernichten und kündigt dies dem Abraham an:

1. MOSE 18,20

Und der HERR sprach: Es ist ein großes Geschrei über **Sodom und Gomorra,** dass ihre Sünden sehr schwer sind.

Abraham aber appelliert eindringlich an Gottes Gerechtigkeit: wenn Gott gerecht ist, muss sich das im unterschiedlichen Schicksal der Gerechten und der Gottlosen zeigen (I.7). Er ringt mit Gott, um ein kollektives Strafgericht über diese Städte zu verhindern. Gott geht darauf ein und sagt ihm zu, wenn es fünfzig Gerechte in Sodom gäbe, würde er um ihretwillen dem ganzen Ort vergeben. Später „handelt" Abraham Gott auf fünfundvierzig, vierzig und schließlich zehn herunter (1. Mose 18,23ff.). Gott findet allerdings auch keine zehn Gerechten. Er sendet daher zwei Engel nach **Sodom**, damit sie Lot (Abrahams Neffen) und dessen Familie retten. Dann nimmt das Verhängnis seinen Lauf:

1. MOSE 19,24

Da ließ der HERR **Schwefel und Feuer regnen** vom Himmel herab auf **Sodom und Gomorra** ...

S

Vorher hatten die Engel Lot, dessen Frau und ihre beiden Töchter aus der Stadt herausgeführt. Sie hatten sie gewarnt, sich nicht mehr umzublicken; denn wenn Gott Gericht hält, ist weder menschliche Neugier am Platz noch wehmütiges Zurückblicken auf das zurückgelassene Hab und Gut (I.7). Lots Frau sah sich jedoch um:

[136] Sie ist seit Inkrafttreten des 1. Strafrechtsreformgesetzes 1969 nicht mehr unter Strafe gestellt. II.13. – S.a. 3. Mose 18,23: Du sollst auch bei keinem Tier liegen, dass du an ihm unrein wirst. Und keine Frau soll mit einem Tier Umgang haben; es ist ein schändlicher Frevel.

1. MOSE 19,26

Und Lots Frau sah hinter sich und ward zur **Salzsäule.**

Zur Salzsäule werden bedeutet daher redensartlich, „vor Entsetzen (auch Schreck) erstarren".

„Operation Gomorra" war der militärische Codename für eine Serie von Luftangriffen, die von der britischen Luftwaffe im II. Weltkrieg, beginnend Ende Juli 1943, auf Hamburg ausgeführt wurden. Mit ihnen sollte Hamburg genau so wie die biblischen Städte **Sodom und Gomorra** in **Schutt und Asche** gelegt, dem Erdboden gleichgemacht werden, was auch zu einem großen Teil gelang (35.000 bis 40.000 Tote, eine Million Menschen obdachlos, totale Zerstörung ganzer Stadtteile).

2. PETRUS 2,6[137]

... und hat die Städte **Sodom und Gomorra zu Schutt und Asche** gemacht und zum Untergang verurteilt und damit ein Beispiel gesetzt den Gottlosen, die hernach kommen würden ...

SPOTT

- Hohn und Spott → Hohn
- zum Spott (oder Gespött) der Leute werden

S

Wenn andere sich über Sie, Ihre Gefühle, Ihr Aussehen, Ihre Sprache, Ihre Ansichten usw. unverhohlen lustig machen, Schadenfreude zeigen, teilweise sogar beißend höhnisch äußern, **werden** Sie **zum Spott oder zum Gespött der Leute**.

Die christliche Gemeinde verbindet den 22. Psalm mit dem Leiden Jesu. Mehrere Verse dieses Psalms begegnen uns in den Passionsberichten. Der Beter des Psalms ist durch sein Leiden so erniedrigt und entstellt, dass er sich wie ein Wurm am Boden krümmt und von seinen Mitmenschen nicht mehr als Mensch geachtet wird. Sie sper-

[137] S. a. Judas 1,7.

ren das Maul auf, um ihn zu **verspotten**. Auch die Geste des Kopfschüttelns (s. dort) drückt hier **Spott** aus (I.7).

▶ PSALM 22,7F.

7 Ich aber bin ein Wurm und kein Mensch, ein **Spott der Leute** und verachtet vom Volke. 8 Alle, die mich sehen, verspotten mich, sperren das Maul auf und schütteln den Kopf.

SPREU VOM WEIZEN TRENNEN

Wer Echtes von Unechtem scheiden will, z. B. erkennen will, ob Menschen es ehrlich meinen oder nicht, will **Spreu vom Weizen trennen**. Diese Redensart geht auf Johannes den Täufer zurück, der als Herold Jesu zur Buße (s. dort), d. h. zur Umkehr vom falschen Weg, aufrief und am Jordan taufte. Als er einmal viele Pharisäer (s. dort) und Sadduzäer sah, die auch zu seiner Taufe gekommen waren, wandte er sich recht drastisch an sie und kündigte ihnen an, dass Jesus im Endgericht die **Spreu vom Weizen trennen** werde, also Wertvolles vom Wertlosen, Brauchbares von Unbrauchbarem. Diese Wortwahl zeigt wieder einmal, dass auch die „theologischen Laien", einfache Leute, verstehen sollten, um was es geht: Alle wussten, nach dem Dreschen lagen auf dem Boden der Tenne die **Spreu** und das Korn. Mit einer großen Schaufel wurde das alles hochgeworfen, so dass die **Spreu** entweder vom Wind fortgetragen oder von den Dreschern aufgefegt und verbrannt wurde. Die Zuhörer verstanden, wen Johannes meinte:

S

▶ MATTHÄUS 3,12

Er hat seine Worfschaufel in der Hand; er wird seine Tenne fegen und seinen **Weizen** in die Scheune sammeln; aber die **Spreu wird er verbrennen** mit unauslöschlichem Feuer.

SÜNDENBOCK

- jemanden zum Sündenbock machen
- jemanden in die Wüste schicken

Ist irgendwo etwas schiefgegangen, so dauert es nicht lange, bis ein **Sündenbock** gefunden ist, d. h. meist jemand, der damit überhaupt nichts zu tun hat, den man trotzdem für alles eigene Versagen und Verschulden verantwortlich macht und anschließend **in die Wüste schickt.**

Was sich aus dem Abstand zu konkreten Anlässen so flott und unterhaltsam anhört und liest, hat einen ganz ernsten Hintergrund: Das kurz zuvor von Gott aus der ägyptischen Sklaverei in die Freiheit geführte Volk Israel hatte sich, während Mose auf dem Berg Sinai von Gott die Zehn Gebote empfing, von Aaron (Moses Bruder) ein **Goldenes Kalb** (s. Ägypten) machen lassen, diesen Götzen angebetet und um ihn herumgetanzt (2. Mose 32,1ff.). – eine der schwersten Verfehlungen Israels in seiner Beziehung zu Gott (IV.34).

Gott wollte deswegen zunächst das ganze Volk Israel vernichten. Auf flehentliches Bitten von Mose sowie nach einer vierzigtägigen Zeit der kollektiven Reue und Buße hat er aber seinem Volk verziehen, seinen Bund mit Israel erneuert und einen großen Tag der Versöhnung, den *Jom Kippur*, bestimmt. Für diesen Tag hat Gott dem Mose ganz bestimmte gottesdienstliche Vorschriften gemacht (3. Mose 16,1ff.). Eine davon ist, dass Aaron seine Hände auf den Kopf eines **Bocks** legen und über ihm alle Missetat der Israeliten und alle ihre Übertretungen bekennen soll:

S

▶ 3. MOSE 23,27F.

27 Am zehnten Tage in diesem siebenten Monat ist der **Versöhnungstag**. Da sollt ihr eine heilige Versammlung halten und fasten und dem HERRN Feueropfer darbringen 28 und sollt keine Arbeit tun an diesem Tage, denn es ist der Versöhnungstag, dass ihr entsühnt werdet vor dem HERRN, eurem Gott ...

▶ 3. MOSE 16,21F.

21 Dann soll Aaron seine beiden Hände auf dessen Kopf legen und über ihm bekennen alle Missetat der Israeliten und alle ihre Übertretungen, mit denen

> sie sich versündigt haben, und soll sie dem **Bock** auf den Kopf legen und ihn durch einen Mann, der bereitsteht, **in die Wüste bringen** lassen, 22 **dass also der Bock alle ihre Missetat auf sich nehme und in die Wildnis trage; und man lasse ihn in der Wüste.**

Sinnbildlich wird also alle Schuld des Volkes Israel gegenüber Gott, d. h. alles, was sie von Gott trennt, auf den daran völlig schuldlosen **Bock** geladen, der sie dann dadurch fortschafft, dass er vom Volke **in die Wüste geschickt** wird und dort verendet. Für uns Christen hat Jesus alle Schuld der Menschen mit aufs Kreuz von Golgatha hinaufgetragen und mit seinem Tod aus der Welt geschafft.

Für die Juden ist der *Jom Kippur* der größte und heiligste Feiertag (IV.3,24f.): Auch Juden, die normalerweise nie eine Synagoge oder einen Tempel betreten, Juden jeglicher Geistesrichtung – sei es konservativ, reformistisch, orthodox, ohne Mitgliedschaft bei irgendeiner Gemeinde oder sogar atheistisch –, sie alle drängen sich am Jom Kippur für wenigstens ein oder zwei Stunden in eine überfüllte Synagoge (IV.7,82).

Versöhnung heißt natürlich immer auch, dass zwischenmenschliche Beziehungen in Ordnung gebracht werden müssen. Auch Jesus verlangt, dass wir, ehe wir Gott etwas opfern oder etwas von ihm erbitten, bedenken sollen, ob wir etwas gegen jemanden haben, und diesem vergeben (Matthäus 5,22; Markus 11,25). Vor Jahrzehnten las ich eine Erzählung: Als im Gottesdienst das gemeinsame Vaterunser gebetet wurde, hat an der Stelle, wo es heißt „und vergib uns unsere Schuld, wie auch wir vergeben unseren Schuldigern“ der Pastor dieses Gebet mit dem Ausruf „gestört“: „HERR, tu es nicht – wir tun es ja auch nicht!“

Auch von einer Frau, die **in die Wüste geschickt** wurde, berichtet die Bibel: Die Ehe von Abraham und Sara war kinderlos geblieben, im orientalischen Altertum ein schweres Los, weil man nur in seinen Kindern weiterzuleben glaubte (s. a. Onanie). Die kinderlose Frau wurde gering geachtet. Sie konnte jedoch ihrem Mann ihre persönliche Sklavin zur Verfügung stellen; das mit ihr gezeugte Kind galt als Kind der Ehefrau, sofern die Sklavin es auf dem Schoß der Ehefrau gebar (I.7 zu 1. Mose 16,1ff.). Sara gab daher ihre ägyptische Magd Hagar ihrem Mann zur Frau. Hagar wurde schwanger, fühlte sich deshalb Sara familienhierarchisch überlegen und zeigte dies auch ungeniert. Dann jedoch erfüllte Gott seine Verheißung reicher Nachkommenschaft gegenüber Abraham (1. Mose 12,2): Ihm wurde im Alter von hundert Jahren (Sara war neunzig Jahre alt) doch noch ein Sohn von seiner Frau geboren, Isaak. Die Magd Hagar hatte dem Abraham ebenfalls einen Sohn geboren, Ismael. Sara wollte auf keinen Fall, dass dieser Ismael eines Tages gemeinsam mit Isaak Abraham beerben sollte. Daher verlangte sie von ihrem Mann, er solle Hagar und ihren Sohn aus dem Hause weisen. Nachdem auch Gott sich hinter Saras Forderung gestellt und eine Zusage für das Überleben von Hagar und Ismael gegeben hatte, beugte sich Abraham, versorgte eines Morgens Hagar mit einer Wegzehrung und **schickte** sie mit Ismael fort, **in die Wüste**.

1. Mose 21,14

Da stand Abraham früh am Morgen auf und nahm Brot und einen Schlauch mit Wasser und legte es Hagar auf ihre Schulter, dazu den Knaben, und **schickte sie** fort. Da zog sie hin und irrte **in der Wüste** umher bei Beerscheba.

Sch

Schafskleider (Wolf im Schafspelz) → Wolf
Scheffel → Licht
Schlange – listige Schlange → Adam und Eva
Schoß, Abrahams → Abraham
Schrecken, Ende mit Schrecken → Ende
Schreiben – was ich geschrieben habe → Pilatus
Schuppen → Saulus
Schutt und Asche → Sodom und Gomorra

Schandfleck

Von einem **Schandfleck** ist z. B. dann die Rede, wenn ein besonders hässliches oder nicht ins Stadtbild passendes Gebäude bzw. anderes Bauwerk gemeint ist, sei es neu errichtet (bis in die 80er-Jahre hinein mit Vorliebe in alten Fachwerkstädtchen) oder abbruchreif. Es kann auch eine wilde Müllkippe sein, ein Autowrack am Straßenrand usw. Ein **Schandfleck** ist demnach alles, was den ansonsten guten Eindruck, den man von einem Menschen, einer Institution, einer Arbeit, einer Sache oder dergl. hat, beeinträchtigt, das dem Menschen oder der Sache also **Schande** macht

Am Ende seines Lebens hält Mose auf Gottes Geheiß vor den Führenden des Volkes Israel einen Rückblick auf die Jahre der Befreiung aus der ägyptischen Sklaverei und des Zugs durch die Wüste und hält ihnen ihre Sünden in dieser Zeit vor:

▶ 5. Mose 32,5[138]

Das verkehrte und böse Geschlecht hat gesündigt wider ihn; sie sind **Schandflecken** und nicht seine Kinder.

Scheitel – vom Scheitel bis zur Sohle

Von einer ganz und gar von Kopf bis Fuß makellosen, untadeligen Erscheinung eines Herrn sagt man zusammenfassend z. B.: „Das ist ein Gentleman **vom Scheitel bis zur Sohle**". Ist diese Redensart auch heu-

[138] S. a. Sirach 20,26; 47,21 (in der Fassung I.1–I.3).

te noch „in"? Ja, wie ein Blick ins Internet zeigt: Da wird eine „piekfein **vom Scheitel bis zur Sohle**! Topp gepflegte Einfamilienhaushälfte in bester Wohnlage" zum Verkauf angeboten. Von einem Duschgel heißt es „Belebend **vom Scheitel bis zur Sohle**". Die Asklepios Kliniken Hamburg informieren „in 23 Sekunden **vom Scheitel bis zur Sohle**: Schnell-CT-Diagnostik für Kopf und Bauch". Eine Journalistin der „Augsburger Allgemeine" schreibt am 16. September 2007, der Tenor Max Raabe sei „makellos **vom Scheitel bis zur Sohle**" auf der Bühne erschienen. Wussten die Verwender dieser Redensart, dass sie aus der Bibel zitierten?

Von Absalom, dem dritten Sohn des Königs David rühmte man seine außergewöhnliche Schönheit:

2. SAMUEL 14,25

Es war aber in ganz Israel kein Mann so schön wie Absalom, und er hatte dieses Lob vor allen; von der **Fußsohle** bis zum **Scheite**l war nicht ein Fehl an ihm.

SCHERFLEIN

Ein **Scherflein** war etwa der Tageslohn eines Tagelöhners (I.7: Geld). In vielen Spenden- oder Kollektenaufrufen werden wir gebeten, unser **Scherflein** zur Finanzierung irgendeiner (hoffentlich tatsächlich) guten Sache beizutragen, so nach dem Motto „viele Wenig ergeben ein Viel". Und wenn wir dann unseren Beitrag leisten, tun wir das meist, ohne unsere Existenz zu gefährden.

Das war in der Geschichte von dem **Scherflein** der Witwe ganz anders: Jesus beobachtet Menschen vor dem Gotteskasten (heute würde man vielleicht sagen: „Opferstock"): Großspenden werden mit einem Trompetenstoß bekannt gegeben (s. a. Almosen), kleine werden sang- und klanglos eingelegt. Eine Witwe legt zwei **Scherflein** ein, alles, was sie hat. Jesus ruft die Jünger herbei und sagt etwas scheinbar Paradoxes: „Diese arme Witwe hat mehr eingelegt als alle anderen. Denn die anderen haben von ihrem Überfluss eingelegt; diese aber alles, was sie zum Leben hatte" (Markus 12,43f.). Mit dem Letzten, was sie hat, gibt sie sich Gott anheim und erwartet von ihm die Sicherung ihres Lebens. An ihr sollen die Jünger (und die künftige Gemeinde) sich ein Vorbild nehmen (I.7).

MARKUS 12,42[139]

Und es kam eine arme Witwe und legte zwei **Scherflein** ein; das macht zusammen einen Pfennig.

SCHIFFBRUCH ERLEIDEN

„Schiffbruch" meint nicht nur das mit dem Untergang oder der Zerstörung eines Schiffes verbundene Unglück, sondern bildhaft auch das Scheitern eines Vorhabens, Planes, Unternehmens von Menschen, z. B. „Mit ihrem Antrag erlitt die Opposition Schiffbruch."

Paulus verwendet das Wort in beiderlei Bedeutung: Im zweiten Brief an die Gemeinde in Korinth berichtet er vom **Schiffbruch,** den er dreimal überlebt hat; im ersten Brief an seinen engsten Mitarbeiter und Vertrauten, Timotheus, erinnert er an das Scheitern von Irrlehrern und verwendet den Begriff bereits im übertragenen Sinn:

2. KORINTHER 11,25

... ich bin dreimal mit Stöcken geschlagen, einmal gesteinigt worden; dreimal habe ich **Schiffbruch erlitten,** einen Tag und eine Nacht trieb ich auf dem tiefen Meer.

1. TIMOTHEUS 1,19

Das haben einige von sich gestoßen und am Glauben **Schiffbruch erlitten.**

[139] S. a. Lukas 21,2.

Schlaf – Den Seinen gibt's der Herr im Schlafe.

Wenn einer sehr viel Glück hat (z. B. weil sein bislang minderwertiges Grundstück plötzlich teures Bauland wird), hört man – gelegentlich neidisch, manchmal ironisch – Kommentare wie **„Den Seinen gibt's der Herr im Schlafe.“**

Der Bibelvers, aus dem unsere Redensart **„Den Seinen gibt's der Herr im Schlafe“** abgeleitet ist, erinnert daran, dass alles Mühen des Menschen ohne Gottes Ja vergeblich ist; deshalb trägt der Psalm 127 auch die Überschrift „An Gottes Segen ist alles gelegen“:

▶ Psalm 127,2

Es ist umsonst, dass ihr früh aufsteht und hernach lange sitzet und esset euer Brot mit Sorgen; denn **seinen Freunden gibt er es im Schlaf.**

Schlange – klug wie die Schlangen

Schlangen stehen seit der Geschichte mit Adam und Eva (s. dort) und der Sache mit dem Apfel in keinem guten Ruf. Sprichwörtlich ist die **falsche** oder die **listige Schlange** (womit stets Personen weiblichen Geschlechts, ohne Altersbegrenzung nach unten oder oben, gemeint sind, die meist auch von Geschlechtsgenossinnen so tituliert werden).

Jesus sendet seine Jünger in den Verkündigungsdienst aus und bereitet sie darauf vor, dass sie nicht willkommen sein werden. Die Menschen werden sich gegen die Jünger wenden. Um dieser Verfolgung zu entgehen, ist Klugheit erlaubt und geboten, andererseits auch ein Gottvertrauen, aus dem heraus sich der Jünger alle zwielichtigen „Tricks“ versagt (I.7).

▶ Matthäus 10,16

Siehe, ich sende euch wie Schafe mitten unter die Wölfe. Darum seid **klug wie die Schlangen** und ohne Falsch wie die Tauben.

Schwanger mit etwas gehen

Eine Schwangerschaft dauert etwa neun Monate. Wer also längere Zeit über die Lösung eines Problems nachdenkt, sich gedanklich lange mit etwas intensiv beschäftigt, von dem heißt es, er **gehe mit etwas schwanger**.

In seiner „zweiten Rede" (Hiob 15) rügt Hiobs Freund Eliphas Hiobs vorherige, nach seinem Urteil überhebliche, Reden und schildert das Unheil der Gottlosen (I.3, Überschrift zu Hiob 15). In der vorangegangenen Charakterschilderung des Gottlosen soll Hiob – das legt ihm Eliphas nahe – sein eigenes Schicksal erkennen (I.4).

► Hiob 15,34f.

34 Denn die Rotte der Ruchlosen wird unfruchtbar bleiben, und das Feuer wird die Hütten der Bestechlichen fressen. 35 Sie **gehen schwanger mit** Mühsal und gebären Unglück, und ihr Schoß bringt Trug zur Welt.

Schwankendes Rohr im Wind

Schon immer hat es Menschen gegeben, die ihr Handeln von Nützlichkeitserwägungen ohne Rücksicht auf eigene Wertvorstellungen oder die Folgen für andere bestimmen lassen, die ihre Meinung sofort und bedenkenlos ändern, wenn es angebracht scheint – immer angepasst an die jeweiligen Macht- oder Einflussverhältnisse. Sie werden oft verglichen mit einem (Schilf-)**Rohr, das vom Wind bewegt wird**.

Kurz nach dem Mauerfall 1989 hat ein Unbekannter (ich nehme an, ein zutiefst erschütterter Bürger der DDR) eine dann vielfach verbreitete Situations- oder Stimmungsbeschreibung an eine Wand geschrieben (so meine Erinnerung):

Die über Nacht sich umgestellt
und sich zu jedem Staat bekennen
– das sind die Praktiker der Welt,
man könnte sie auch Lumpen nennen.

Diese Opportunisten (die Grenzen zum Pragmatismus und/oder Realismus dürften fließend sein) nannte man damals oft „Wendehälse". Das Wort griff ein anderer auf, der selbst mit seiner Familie die DDR und die sogenannte Nachwendezeit im wahrsten Sinne des Wortes erlitten hat. Er schrieb damals:

Gestern noch zugenagelt,
von harten Sohlen getreten,
bespitzelt und bedroht!
Heut', da es Freiheit hagelt,
die Stimme scheint erbeten,
wir wittern Morgenrot,
müssen wir uns doch fragen,
ob schuldig wir geworden,
verkrochen und geduckt.
Woll'n wir als erste wagen
mit Steinwurf Ruf zu morden,
derer, die uns bespuckt?
Wir woll'n die Macht Euch nehmen,
doch auch die Hände reichen,
und beides ernst gemeint!
Mög' sich der Geist bequemen
dem Hals sich anzugleichen,
der schon gewendet scheint.[140]

Wir „Wessis" (oft auch bitter spottend „Besserwessis" genannt), die wir das große Glück (?) hatten, den Zweiten Weltkrieg auf der „richtigen" Seite des Eisernen Vorhangs zu verlieren, können uns die Situation vieler nicht vorstellen, die damals gezwungen waren, sich anzupassen.

Sch

Ich erinnere mich an einen Film, in dem ein Angestellter von seinen Kollegen verachtet und abgewiesen wurde, weil er sich jeder Laune und Meinung seines jeweiligen Vorgesetzten anpasste. Eines Tages offenbarte er sich einer mitfühlenden Kollegin: Seine Frau sei schon lange krank, von der Krankenkasse ausgesteuert, die drei Kinder noch nicht mit der Ausbildung fertig, er könne mit über fünfzig Jahren

[140] Clemens Jahn, 1989, bislang unveröffentlicht, mit frdl. Genehmigung des Autors.

nicht mehr mit einem anderen Arbeitsplatz rechnen, wenn er entlassen würde. Um zu vermeiden, dass irgendeinem seiner Vorgesetzten seine Nase nicht passte, sei er zum allseits verachteten „Schleimer" geworden.

Ehe wir jemanden charakterlos, Wendehals, ein **Rohr, das vom Winde bewegt wird** oder wie auch immer nennen, sollten wir uns vielleicht an das Jesus-Wort erinnern: „Wer von euch ohne Sünde ist, der werfe den ersten Stein." (Johannes 8,7)

Die Redensart vom **Rohr, das vom Winde bewegt wird**; geht auf ein Wort Jesu zurück. Johannes der Täufer, der Herold Jesu, saß im Gefängnis. Hatte er noch bei der Taufe am Jordan keine Zweifel zugelassen, dass Jesus der verheißene Messias ist, schickte er jetzt einige seiner Anhänger zu Jesus mit der Frage „Bist du es, der da kommen soll, oder sollen wir auf einen anderen warten?" Statt direkt darauf zu antworten, forderte Jesus sie auf, sich selbst umzuhören und umzusehen: Blinde sehen, Lahme gehen, Aussätzige werden rein, Taube hören, Tote stehen auf und den Armen wird das Evangelium gepredigt. Danach gingen die Johannes-Jünger wieder zurück.

▶ LUKAS 7,24[141]

Als aber die Boten des Johannes fortgingen, fing Jesus an, zu dem Volk über Johannes zu reden: Was seid ihr hinausgegangen in die Wüste zu sehen? Wolltet ihr **ein Rohr** sehen, **das vom Wind bewegt wird**?

Sch

[141] S. a. Matthäus 11,7.

St

Staub → Fuß
Stein – nicht ein Stein auf dem anderen bleiben → Apokalypse

Stein

- Grundstein
- Steine schreien
- Stein des Anstoßes

Mit den drei Hammerschlägen auf den gerade gesetzten **Grundstein**, den ersten Stein der Grundmauer, der in den Winkel zweier Mauern gesetzt wird und der dem Fundament Halt gibt, beginnt symbolisch der Bau eines Hauses. Sinnbildlich wird vom Grundstein gesprochen, wenn eigentlich die Grundlage gemeint ist.

Der Prophet Jesaja warnt die Regierenden in Jerusalem, die sich mit ihrer Bündnispolitik in Sicherheit wiegen. Israel hat stets geglaubt, dass Gott für die Seinen ein rettender Fels (Psalm 27,5) ist. Später wurde Christus als der von Gott zum **Grundstein**/Eckstein des neuen Gottesvolkes Bestimmte angesehen (I.7 und II.10):

▶ Jesaja 28,16

Darum spricht Gott der HERR: Siehe, ich lege in Zion einen **Grundstein**, einen bewährten Stein, einen kostbaren Eckstein, der fest gegründet ist. Wer glaubt, der flieht nicht.

Oft sind es nicht die hinterher geschaffenen Denkmäler, die uns ansprechen, die uns zum Innehalten, zum Nachdenken bringen, sondern das, was z. B. von Bauten o. Ä. übrig geblieben ist. Solche Ruinen sind **schreiende Steine**. Der Prophet Habakuk vergleicht den König Nebukadnezar mit einem Adler, der sein Nest in der Höhe baut (gemeint ist Babylon, das er durch gewaltige Mauern geschützt hatte). **Steine** und Dachbalken (Sparren) **schreien** wegen des *ungerechten Gewinns* (gemeint sind wohl Kriegsbeute bzw. Tributzahlungen), mit dessen Hilfe die Prunkbauten ausgeführt sind. Aber die Schuld wird auf den Urheber zurückfallen, der gegen das Leben gesündigt hat (I.7).

▶ HABAKUK 2,9FF.

9 Weh dem, der unrechten Gewinn macht zum Unglück seines Hauses, auf dass er sein Nest in der Höhe baue, um dem Unheil zu entrinnen! 10 Aber dein Ratschlag wird zur Schande deines Hauses geraten; denn du hast zu viele Völker zerschlagen und damit gegen dein Leben gesündigt. 11 Denn auch **die Steine** in der Mauer **werden schreien,** und die Sparren am Gebälk werden ihnen antworten.

Etwa sechshundert Jahre später wird Jesus bei seinem Einzug in Jerusalem enthusiastisch empfangen. Pharisäer fordern ihn auf, seine Jünger wegen dieser Messiashuldigung zurechtzuweisen. Jesu Antwort stellt eine kaum verhüllte Androhung der Zerstörung Jerusalems dar: Wenn die führenden Kreise den Anspruch Jesu ablehnen, wird als Folge davon Jerusalem in Trümmer sinken; dann werden die Trümmer der Stadt für die Richtigkeit dieses Anspruchs Zeugnis ablegen (I.7). Ein solches Trümmerzeugnis ist die nach der Zerstörung Jerusalems im Jahre 70 n. Chr. übrig gebliebene Klagemauer, der letzte Rest des herodianischen Tempels.

▶ LUKAS 19,39F.

39 Und einige Pharisäer in der Menge sprachen zu ihm: Meister, weise doch deine Jünger zurecht! 40 Er antwortete und sprach: Ich sage euch: **Wenn diese schweigen werden, so werden die Steine schreien.**

Wir **stoßen an**, z. B. mit einem Glas guten Weins auf das Wohl eines anderen oder auf ein neues Vorhaben, auf das Gelingen eines Plans, auf den Abschluss eines Geschäfts; oder mit dem Kopf oder Fuß gegen ein Hindernis. **Anstoßen** können wir auch das Pendel einer Uhr, die stehen geblieben ist und dann wieder geht, oder beim Lispeln mit der Zunge gegen die Zähne, oder – unter dem Tisch – den Fuß des Gegenübers, um ihm damit ein Zeichen zu geben. Das Fußballspiel beginnt mit dem **Anstoß**. Wir nehmen **Anstoß** an jemandem oder empfinden dessen Verhalten als **anstößig**; er **erregt Anstoß.**

Ein **Anstoß** hat stets Folgen: Entweder setzt er etwas (oder jemanden) in Bewegung oder er verhindert dies. Anstoß, Skandal und Ärgernis haben denselben sprachgeschichtlichen Ursprung, der in wörtlicher Übersetzung „der Stein, über den man auf dem Weg stolpern kann" (IV.35) bedeutet, ein Hindernis auf dem Weg, das beirrt, aufhält oder zu Fall bringt (II.10 zu Ärgernis).

In über 270 Städten und Gemeinden in Deutschland, Österreich und Ungarn **stoßen** rund 12.500 **Stolpersteine** (Stand September 2007) die Passanten auf das Schicksal von Menschen, die in der Zeit des Nationalsozialismus verfolgt, deportiert wurden und u. a. in Konzentrationslagern und Vernichtungslagern umkamen, sowie an im Krieg oder nach dem Krieg oder unter Gewaltherrschaft zerstörte Synagogen oder Kirchen. In Lemgo erinnert ein „**Stein des Anstoßes**" an über 200 Frauen und Männer, die dort Hexenprozessen zum Opfer fielen.

Der Prophet Jesaja fordert von allen, die mit Gottes Hilfe rechnen wollen, sich vor dem nicht zu fürchten, wovor sich die anderen fürchten, sondern sich mit Gott zu verschwören; der wird über die anderen mit Furcht und Schrecken kommen und sie wie ein Jäger mit Schlingen, Fallstricken über einer Falle und mit **Stolpersteinen** fangen.

▶ JESAJA 8,13FF.[142]

13 ... verschwört euch mit dem HERRN Zebaoth; den lasst eure Furcht und euren Schrecken sein. 14 Er wird ein Fallstrick sein und ein **Stein des Anstoßes** (l.1. – l.3: **Anstoßens**) und ein Fels des Ärgernisses für die beiden Häuser Israel, ein Fallstrick und eine Schlinge für die Bürger Jerusalems, 15 dass viele von ihnen **sich daran stoßen**, fallen, zerschmettern, verstrickt und gefangen werden.

St

[142] S. a. 1. Petrus 2,4ff.

Still – die Stillen im Lande

es sind die stillen im lande
von denen man wenig weiß
oft sehen sie sich außer stande
zu geben ihr innerstes preis

sie werden schon mal übersehen
sie geraten schon mal in verdacht
sie bleiben schon mal einfach stehen
sie werden schon mal umgebracht

dabei wär es leicht sie zu hören
es müsste nur stille sein
ich weiß es ich kann es beschwören
wir hörten die stummen schrein

Clemens Jahn (IV.36)

Der Prozentsatz derer, die nicht zur Wahl gehen, hat sich in den letzten 14 Jahren (Stand September 2005) verdoppelt. Bei der Bundestagswahl 2002 kletterte der Anteil der Nichtwähler auf fast 21 Prozent (IV.37). Gehören die Nichtwähler zu den **„Stillen im Lande"** oder sind sie nur Menschen, die „ohne mich" sagen und sich damit aus der Verantwortung für ihr Land stehlen – oder die Mutlosen, Schüchternen, die meinen, sie könnten eh nichts beeinflussen, weil „die da oben" doch nur vor Wahlen um sie werben?

Selbstlos, viel leistend und wenig Aufhebens von der eigenen Person machend, oft sogar öffentlichkeitsscheu, nicht wie ein Huhn über jedes gelegte Ei gackernd, Menschen, die das, was sie tun, sogar für selbstverständlich, manchmal sogar für ihre Pflicht halten, das wäre wohl ein halbwegs zutreffendes „Täterprofil" für **Stille im Lande**. Als die **Stillen im Lande** bezeichneten sich die Freunde Gerhard Tersteegens[143], die gemäß ihrem Vorbild ein Leben in stiller Abgeschiedenheit, Anbetung, Meditation und Versenkung führen wollten, noch heute wird der Begriff oft für pietistisch geprägte Christen verwendet.

St

[143] Hochgebildeter Laientheologe und tiefgründiger Mystiker des reformierten Pietismus, Liederdichter (1697–1769).

Von den **Stillen im Lande** spricht David im Psalm 35. Die „**Stillen im Lande**" sind die friedliebenden Menschen im Volk Gottes, die sich an dessen Ordnungen halten (I.7).

▶ PSALM 35,19F.

19 Lass sich nicht über mich freuen, die mir zu Unrecht Feind sind; lass nicht mit den Augen spotten, die mich ohne Grund hassen! 20 Denn sie reden nicht, was zum Frieden dient, und ersinnen falsche Anklagen wider **die Stillen im Lande.**

STIRN – EINE (EHERNE) STIRN HABEN

Jemand **hat die Stirn**, dies oder jenes zu tun oder zu unterlassen – das sagen wir, wenn dieser Jemand dreist, unbeirrbar, unerschütterlich (nicht) handelt. Er/sie **hatte die eiserne Stirn,** trotz erdrückender Beweislage ganz dreist zu leugnen; er/sie **hatte die eiserne Stirn**, unverschämt zu grinsen, als ihm/ihr unakzeptables Benehmen vorgehalten wurde …

Der Prophet Jesaja verkündet dem im Exil lebenden Volk Israel Gottes Bereitschaft, ihm zu helfen, auch wenn es das nicht verdient, weil es seinen Namen nur im Munde führt, Gott aber nicht in Treue zugewandt ist. Israel ist in der Vergangenheit immer wieder darauf hingewiesen worden, was Gott mit ihm und mit anderen Völkern vorhatte. Es hat auch die Verwirklichung des angekündigten Gerichts über Jerusalem und Juda erlebt, wodurch sich Gott als Urheber des Geschehens erwiesen hat. Trotzdem hat Israel das nicht zugegeben und bekannt, sondern sucht weiterhin Hilfe bei den selbst gemachten Götzen (I.7) …

▶ JESAJA 48,4

Denn ich weiß, dass du hart bist und dein Nacken eine eiserne Sehne ist und deine **Stirn ehern.**

Stockfinster

Soll man der Zeit nachtrauern, in der des Nachts Dunkelheit herrschte, nur erhellt durch Mond und die Sterne, und es bei wolkenverhangenem Himmel **stockfinster** war – so, wie es in Karl Millöckers Operette „Gasparone“ heißt:

> „**Stockfinster** war die Nacht
> Kein Mond, kein Sternlein wacht.
> In solchem Dunkel man
> Nicht deutlich sehen kann …“,

in der keine Straßenbeleuchtung, kein Flutlicht, keine Leuchtreklame, kein hell erleuchtetes Schaufenster usw. **die Nacht zum Tage machte** (s. dort)? In der Ausstellung „Dialog im Dunkeln“ in der Hamburger Speicherstadt erleben normal Sehende eine absolute Dunkelheit. In der Presse hieß es: „Urängste werden wach. Schon nach wenigen Minuten ist die Orientierung perdu; wären nicht die Worte der Vorderleute, würdest du im Nirwana der Finsternis verloren gehen, gegen Bäume rennen, die als heimtückische Wegbegleiter lauern, oder jener Mini-Stufe zum Opfer fallen, die in den nächsten Erlebnisraum führt. Eine Überlegung hat Premiere: Was wäre eigentlich, wenn dir dieses unendliche Schwarz für immer vor Augen stünde?“

Hiob klagt vor Gott sein Leid, ja er klagt Gott sogar an. Er äußert den schrecklichen Verdacht, hinter der Maske der Fürsorglichkeit verberge sich ein Gott, der seine Grausamkeit an ihm auslassen wolle. Seine immer neuen Zeugen (Hiob 10,17) sind die bei Hiob sich einstellenden Leiden, sie beweisen nach damals geltender Überzeugung die Schuld Hiobs, die mit diesen Leiden bestraft wird. Doch Hiob ist sich keiner Schuld bewusst. In Bezug auf Gott hat Hiob Unrecht: Gott ist nicht willkürlich oder grausam. Aber gegenüber seinen wohlmeinenden Freunden hat Hiob Recht: Nicht jedes Leiden ist die Folge persönlicher Schuld (vgl. Johannes 9,2-3). Vor dem unausweichlichen Ende bittet er nur noch darum, die wenigen restlichen Tage von Gott in Ruhe gelassen zu werden (I.1 zu Hiob 10,8ff.), ehe er „ins Land der Finsternis und des Dunkels“ (V. 21) geht, wo es **stockfinster** ist oder

– wie es in der ökumenischen Fassung des Apostolischen Glaubensbekenntnisses heißt – „in das Reich des Todes“:

▶ HIOB 10,20FF.

20 So höre auf und lass ab von mir, dass ich ein wenig erquickt werde, 21 ehe denn ich hingehe – und komme nicht zurück – ins Land der Finsternis und des Dunkels, 22 ins Land, wo es **stockfinster** (I.1. u. I.2: **stock dicke finster**) ist und dunkel ohne alle Ordnung, und wenn's hell wird, so ist es immer noch Finsternis.

T

Tag – die Nacht zum Tage machen → Nacht
Tanz um das Goldene Kalb → Ägypten
Tempel → Austreibung aus dem Tempel
Trachten, Dichten und Trachten → Sintflut
Tragen → Last

TAUSEND

- tausend Jahre
- Tausendjähriges Reich

Ist vom „**Tausendjährigen Reich**“ die Rede, denken viele zunächst an die Zeit des Nationalsozialismus (1933–1945). Dessen Doktrin übernahm den Begriff aus der Offenbarung des Johannes (s. dort) und wollte damit suggerieren, ihr Reich sei das „dritte Reich“ (II.19 – Drittes Reich) nach dem im 10. Jh. entstandenen und 1806 untergegangenen **ersten Reich** (dem Heiligen Römischen Reich Deutscher Nation) und dem 1871 gegründeten **zweiten Reich** (dem Deutschen Kaiserreich).

Johannes übermittelt den durch Verfolgung bedrängten Gemeinden in Kleinasien in der „Offenbarung" in einer manchmal nicht leicht zu verstehenden Bildersprache die Botschaft, dass Gott in Jesus Christus seine Herrschaft angetreten hat. Das **Tausendjährige Reich**, von dessen Erwartung bei Johannes die Rede ist, setzt die Vorstellung vom Ablauf der Weltgeschichte in einer Weltenwoche voraus, in der ein Tag **tausend Jahren** entspricht (Psalm 90,4; 2. Petrus 3,8). Vor Anbruch der neuen Welt Gottes stehen **tausend Jahre** als „Weltensabbat". Die Ankündigung des **Tausendjährigen Reichs** will nicht irgendwelchen Spekulationen Nahrung geben, sondern als besonderes Trostwort für Märtyrer verstanden werden: Schon vor Anbruch der neuen Welt sollen sie mit Christus zur Teilhabe an seiner Herrschaft vereint sein. Gott vergisst die Seinen nicht – dessen soll sich die leidende Kirche gewiss sein (I.7). Während dieser Zeit wird Satan in den Abgrund geworfen sein (II.26); damit wird die uralte Hoffnung erfüllt, dass seiner Gewalt ein Ende bereitet wird: Gott zerbricht – zunächst auf tausend Jahre – die Macht des Bösen (I.7).

▶ OFFENBARUNG 20,1FF.

1 Und ich sah einen Engel vom Himmel herabfahren, der hatte den Schlüssel zum Abgrund und eine große Kette in seiner Hand. 2 Und er ergriff den Drachen, die alte Schlange, das ist der Teufel und der Satan, und fesselte ihn für **tausend Jahre** 3 und warf ihn in den Abgrund und verschloss ihn und setzte ein Siegel oben darauf, damit er die Völker nicht mehr verführen sollte, bis vollendet würden die **tausend Jahre** ... 5 Die andern Toten aber wurden nicht wieder lebendig, bis die **tausend Jahre** vollendet wurden. Dies ist die erste Auferstehung.

TEUFEL

- Hölle
- jemandem die Hölle heiß machen
- den Teufel mit dem Belzebub austreiben
- Der Teufel ist los.

Jemand leidet **Höllenqualen**; hochsommerliche Temperaturen werden schon mal als **höllisch** bezeichnet; eine Gewürzmischung soll angeblich **höllisch scharf** sein; ein außer Kontrolle geratener Waldbrand wird manchmal **Höllenfeuer** genannt; wer sehr energisch bei einem anderen sein Recht einfordert, ihn antreibt, bedrängt, oft verbunden mit Drohungen, **macht ihm die Hölle heiß** und wenn das nicht hilft, **wünscht er ihn** schon mal **zur Hölle**; man kann einem anderen oder auch sich gegenseitig **das Leben zur Hölle machen**; früher wurde schon öfters mit der Behauptung erzogen (?), dass **gute Menschen in den Himmel kommen und böse in die Hölle**; der Urwald wird als **grüne Hölle beschrieben.** Sicher kennen Sie noch andere Wortverbindungen mit **Hölle** oder **höllisch**.

Bis weit nach der Reformation herrschte ein dreiteiliges „Weltbild“: oben der Himmel, das Reich Gottes, das Paradies als Ort derjenigen, die gottgefällig gelebt haben, in der Mitte die Erde, die Welt der Lebenden und unten die **Hölle**, der Ort, in dem die „Sünder“ im nie verlöschenden Feuer (Markus 9,43) ewige Qual erleiden müssen.

Die Bibel bezeugt in ihrer Gesamtheit die wirkliche, personale Existenz des **Teufels** und seines Anhangs. Die konkrete Art der biblischen Schilderung, die Fülle unmittelbarer Hinweise auf die Existenz des **Teufels,** verbietet uns, einen nur mythologischen Charakter der gefallenen Engel anzunehmen (II.11). Also Schluss mit der karikierenden Darstellung des bockshörnigen, pferdefüßigen **Teufels**, der (gelegentlich durch seine Unterteufel) die Sünder in Kesseln mit kochendem Wasser sieden lässt, und allen ähnlichen Veralberungen. Die **Hölle** ist nun allerdings nach der Bibel nicht der Herrschaftsbereich des **Teufels** – das ist (noch) diese Welt (vgl. Johannes 16,11 u.a.). In die Hölle wird er – mitsamt Anhang – selbst geworfen (vgl. Offenbarung 20,10). Über das Thema „das/der Böse“ ließen sich Bibliotheken füllen. Hier ist nicht der rechte Platz dafür. Nur soviel: Unter dem Stichwort „Hölle“ finden sich in meiner neuesten Lutherbibel 19 Fundstellen; in älteren Ausgaben (vor 1964) sind es sogar 26. Der „Schwund“ ist auf neuere Übersetzungen, teilweise neuere Quellenfunde, zurückzuführen.

▶ HIOB 11,8[144]

Die Weisheit ist höher als der Himmel: was willst du tun?, tiefer als die **Hölle**: was kannst du wissen?

Wer kennt nicht die Ankündigung: Wenn ein sorgsam gehütetes Geheimnis gelüftet oder ein kunstvoll verborgener Fehler aufgedeckt wird, oder wenn dies oder jenes nicht (oder nicht so wie gewünscht spätestens vorgestern geschieht), „dann ist hier **der Teufel los**". Auch hier ist der biblische Ursprung belegt (II.16). Johannes schaut in seiner Offenbarung u.a. folgende Vision:

▶ OFFENBARUNG 20,1FF.

1 Und ich sah einen Engel vom Himmel herabfahren, der hatte den Schlüssel zum Abgrund und eine große Kette in seiner Hand. 2 Und er ergriff den Drachen, die alte Schlange, das ist der **Teufel** und der **Satan**, und fesselte ihn für tausend Jahre 3 und warf ihn in den Abgrund und verschloss ihn und setzte ein Siegel oben darauf, damit er die Völker nicht mehr verführen sollte, bis vollendet würden die **tausend Jahre**. Danach muss er **losgelassen werden** eine kleine Zeit ... 7 Und wenn die tausend Jahre vollendet sind, **wird der Satan losgelassen** werden aus seinem Gefängnis (I.1–I.3: los werde).

Die **Austreibung des Teufels mit dem Beelzebub** ist die Bekämpfung eines Übels durch dasselbe oder ein gleichartiges. Beelzebub (neuere Übersetzungen: **Beelzebul** = Herr der bösen Geister) ist im Neuen Testament der oberste **Teufel**. Nach der Heilung eines von einem bösen Geist Besessenen durch Austreibung eben dieses Geistes wird Jesus des Paktes mit dem **Teufel** verdächtigt. Seine Antwort ist *theologisch* in des Wortes doppelter Bedeutung: Alle Geister müssen *seinem* Befehl gehorchen. Und er widerlegt die Beschuldigung seiner Gegner als in sich widersprüchlich: Keine Familie, die bestehen bleiben will, wird sich selbst vernichten.

T

▶ MATTHÄUS 12,22FF. [145]

22 Da wurde ein Besessener zu Jesus gebracht, der war blind und stumm; und

[144] S. a. Sirach 21,11; Matthäus 5,29f.;10,28; 11,23; 16,18; 23,15; Markus 9,43ff.; Lukas 10,15; 12,5; 16,23; 2. Petrus 2,4; Jakobus 3,6; Offenbarung 1,18; 6,8.

[145] S. a. Markus 3,22ff.; Lukas 11,14ff.

er heilte ihn, sodass der Stumme redete und sah. 23 Und alles Volk entsetzte sich und fragte: Ist dieser nicht Davids Sohn? 24 Aber als die Pharisäer das hörten, sprachen sie: Er treibt die bösen Geister nicht anders aus als durch **Beelzebul**[146], ihren Obersten.

THOMAS

- ungläubiger Thomas
- Wer's glaubt, wird selig.

Wer vorsichtig abwägend alles hinterfragt, nach Garantien, nach Sicherheit(en), verlangt, nicht alles glaubt, wovon er sich nicht selbst überzeugt hat, wird oft „**ungläubiger Thomas**" genannt. Widerspricht etwas unseren Erfahrungen, unserem gesunden Menschenverstand, dann sagen wir skeptisch: „**Wer's glaubt, wird selig.**"

Im dem Bericht von der Begegnung des auferstandenen Jesus mit dem Jünger **Thomas** (Johannes 20,19ff.) steht nichts vom **ungläubigen Thomas**; auch die Überschrift lautet in den meisten Übersetzungen nur „**Thomas**". Mit „**ungläubiger Thomas**" wird dieser Bericht aber im Wesentlichen zutreffend zusammengefasst: Die nach Jesu Festnahme, Verurteilung und Hinrichtung geflohenen Jünger hatten sich ängstlich hinter verschlossenen Türen versteckt. Da trat der auferstandene Jesus in die Versammlung, zeigte ihnen seine Wundmale und gab ihnen Vollmacht, Sünden zu vergeben. **Thomas**, einer der zwölf Jünger, war nicht dabei. Als ihm die anderen davon erzählten, wollte er es nur glauben, wenn er selbst Jesu Wundmale gesehen und berührt hätte. Eine Woche später kam Jesus wieder, zeigte **Thomas** die Wundmale und forderte ihn auf, eines der Wundmale zu berühren. **Thomas** war überwältigt und sagte zu Jesus: „Mein Herr und mein Gott". Jesus antwortete ihm: „Weil du mich gesehen hast, **Thomas**, darum glaubst du. **Selig sind, die nicht sehen und doch glauben**!"

Aus dieser Seligpreisung ist wohl die Redensart entstanden, „**wer's glaubt, wird selig**".

[146] In älteren Übersetzungen bis zur Revision 1964 noch Beelzebub.

JOHANNES 20,24FF.

24 **Thomas ...** 25 aber sprach zu ihnen: Wenn ich nicht in seinen Händen die Nägelmale sehe und meinen Finger in die Nägelmale lege und meine Hand in seine Seite lege, kann ich's nicht glauben. 26 ... Kommt Jesus, als die Türen verschlossen waren, und tritt mitten unter sie und spricht: Friede sei mit euch! 27 Danach spricht er zu **Thomas**: Reiche deinen Finger her und sieh meine Hände, und reiche deine Hand her und lege sie in meine Seite, und **sei nicht ungläubig**, sondern gläubig! 28 Thomas antwortete und sprach zu ihm: Mein Herr und mein Gott! 29 Spricht Jesus zu ihm: Weil du mich gesehen hast, Thomas, darum glaubst du. **Selig sind, die nicht sehen und doch glauben**!

TOD

- Kind des Todes sein
- Todsünde

„**Kind des Todes**" nennen wir Menschen, die mit dem Tode bedroht sind oder deren Tod festzustehen scheint.

Beim Propheten Samuel hat dieser Ausdruck die Bedeutung, dass der Betreffende wegen eines todeswürdigen Verbrechens praktisch als zum Tode verurteilt anzusehen und jetzt schon so gut wie tot ist.

1. SAMUEL 26,16[147]

... So wahr der HERR lebt: Ihr seid **Kinder des Todes**, weil ihr euren Herrn, den Gesalbten des HERRN, nicht bewacht habt!

David, der König und oberste Richter seines Volkes, hatte nicht nur Ehebruch mit der Frau eines seiner Offiziere begangen, der im Feld stand, sondern auch noch den Mord an diesem Offizier in Auftrag gegeben, um den Ehebruch zu vertuschen und um dem Mann die Frau wegzunehmen (s. a. „Uriasbrief"). Nach damaligem Recht war das ein ganz eindeutiger Fall, der nach Verhängung und Vollzug der Todesstrafe geradezu schrie. Aber wer will den König anklagen und richten? Gott schickt den Propheten Nathan zu David. Nathan kleidet die Anklage in ein unverfänglich scheinendes Gleichnis, so als ob er für einen Dritten Recht suchen würde. David bemerkt das nicht

[147] S. a. Psalm 79,11, Psalm 102,20ff.

und schießt ein klassisches „Eigentor“, indem er sich quasi selbst das Todesurteil spricht: „... der Mann ist **ein Kind des Todes**, der das getan hat!“; lesen Sie selbst:

2. SAMUEL 12,1FF.

1 Und der HERR sandte Nathan zu David. Als der zu ihm kam, sprach er zu
ihm: Es waren zwei Männer in einer Stadt, der eine reich, der andere arm.
2 Der Reiche hatte sehr viele Schafe und Rinder; 3 aber der Arme hatte nichts
als ein einziges kleines Schäflein, das er gekauft hatte. Und er nährte es, dass
es groß wurde bei ihm zugleich mit seinen Kindern. Es aß von seinem Bissen
und trank aus seinem Becher und schlief in seinem Schoß und er hielt's wie
eine Tochter. 4 Als aber zu dem reichen Mann ein Gast kam, brachte er's nicht
über sich, von seinen Schafen und Rindern zu nehmen, um dem Gast etwas
zuzurichten, der zu ihm gekommen war, sondern er nahm das Schaf des ar-
men Mannes und richtete es dem Mann zu, der zu ihm gekommen war. 5 Da
geriet David in großen Zorn über den Mann und sprach zu Nathan: So wahr
der HERR lebt: der Mann ist **ein Kind des Todes**, der das getan hat!

Einen Verstoß gegen die strikte Geheimhaltungspflicht für vertrauliche Mandanteninformationen bezeichnete der Hauptgeschäftsführer der Rechtsanwaltskammer Stuttgart als „eine der **Todsünden**“ (III.7, 09.10.2007), also als eine für einen Anwalt unverzeihliche Handlung. Das Verkehrszentralregister in Flensburg wird in der Umgangssprache als **Verkehrssünderkartei** bezeichnet. Haben wir einmal, das Kalorienzählen außer Acht lassend, über die Stränge geschlagen und geschlemmt, dann sagen wir, wir hätten **gesündigt**.

Wie das Meer zwischen zwei Landmassen einen trennenden **Sund** bildet, so bezeichnet **Sünde** das gestörte Verhältnis des Menschen zu Gott, manchmal sogar die Trennung von ihm. Verfehlungen gegen den Mitmenschen sind – als Zuwiderhandlung gegen das Gebot der Nächstenliebe[148] – Widerstand gegen Gott (II.12,257). **Sünde** ist der Fachausdruck der Bibel für unsere Trennung von Gott. **Sünde** ist eine freie Tat. Der Mensch ist für sie verantwortlich (IV.38). Wer sündigt, wird schuldig vor Gott. Je bewusster die Entscheidung und je gewichtiger die Sache, umso schwerer ist nach katholischer Lehre die Sünde (IV.10, Nr. 54,97f.). Als die sieben **Tod- bzw. Hauptsünden** bezeich-

[148] S. a. 3. Mose 19,18; Lukas 10,30ff.; s. a. Samariter.

net die katholische Kirche gegenwärtig (KKK Nr. 1866): Stolz, Habsucht, Neid, Zorn, Unkeuschheit, Unmäßigkeit, Trägheit oder Überdruss (IV.39).

Bei Matthäus (26,26ff.) heißt es in den Einsetzungsworten zum Abendmahl:

> „Als sie aber aßen, nahm Jesus das Brot, dankte und brach's und gab's den Jüngern und sprach: Nehmet, esset; das ist mein Leib. Und er nahm den Kelch und dankte, gab ihnen den und sprach: Trinket alle daraus; das ist mein Blut des Bundes, das vergossen wird für viele zur Vergebung der **Sünden**."

Vor diesem Hintergrund sollten wir Christen versuchen, dem gedankenlosen, leichtfertigen Gebrauch des Wortes „**Sünde**" oder „**Todsünde**" auszuweichen. Viele Verstöße gegen „Gesetze" des Alten Testaments wurden im Volk Israel mit dem Tode bestraft. Anders als für uns war das Alte Testament für die Israeliten zugleich das Strafgesetzbuch, oder, wie Luther es nannte, „der Juden Sachsenspiegel". So gab es u. a. eine Anzahl von „Gesetzen zum Schutz der Verleumdeten und Vergewaltigten"[149]. Aus der Bezeichnung „**Sünden des Todes**" und „**Sünden zum Tode**" für diese todeswürdigen Straftaten wurden umgangssprachlich **Todsünden**.

▶ 5. MOSE 22,25F. (SO IN I.1–I.3)

25 Wenn aber jemand eine verlobte[150] Dirne (= Mädchen) auf freiem Felde kriegt und ergreift sie und schläft bei ihr, so soll der Mann allein sterben, der bei ihr geschlafen hat, 26 und der Dirne sollst du nichts tun, denn sie hat keine **Sünde des Todes** wert getan, sondern gleich wie jemand sich wider seinen Nächsten erhöbe und schlüge ihn tot, so ist dies auch.

▶ 1. JOHANNES 5,16F.

16 Wenn jemand seinen Bruder **sündigen** sieht, eine **Sünde** nicht **zum Tode**, so mag er bitten und Gott wird ihm das Leben geben – denen, die nicht **sündigen zum Tode**. Es gibt aber eine **Sünde zum Tode**; bei der sage ich nicht, dass jemand bitten soll. 17 Jede Ungerechtigkeit ist **Sünde**; aber es gibt **Sünde** nicht **zum Tode**.

---

149 So die Überschrift zu 5. Mose 22,13ff. in der Erklärungsbibel.

150 Die Verlobte wird in Israel der verheirateten Frau rechtlich gleichgestellt (I.7).

In diesem schwierigen Text spricht Johannes vermutlich von einer Sünde, für die es keine Vergebung gibt. Ich frage mich, ob das dem entspricht, was Jesus in Matthäus 12,31 als „Lästerung gegen den Geist" bezeichnet, die nicht vergeben wird. Der Zusammenhang hier – die Heilung eines Besessenen durch Jesus und die Unterstellung, er treibe die bösen Geister durch Beelzebub, ihren Obersten, aus (s. Teufel) – könnte nahe legen, dass damit die bewusste Ablehnung Jesu gemeint ist.

Tohu wa bohu

Nicht nur den Zustand eines unaufgeräumten Kinderzimmers, Schreibtischs usw. (die Aufzählung ist beliebig fortsetzbar), kurz eines völligen Chaos', beschreibt mancher mit „**Towabo**", was eine Verballhornung (Verschlimmbesserung) des hebräischen „**Tohuwabohu**" ist: „**wüst und leer**". So steht es in der Schöpfungsgeschichte:

▶ 1. Mose 1,2

Und die Erde war **wüst und leer**, und es war finster auf der Tiefe; und der Geist Gottes schwebte auf dem Wasser.

Treuhand

Ein **Treuhänder** ist jemand, dem man **zutraut,** dass er mit dem ihm **Anvertrauten treu** und redlich im Sinne des **Treugebers** umgehen wird. Um ein **Treuhandverhältnis** dürfte es sich bei dem Gleichnis von den **anvertrauten** Pfunden (s. Pfunde) handeln, bei dem der **Treugeber** vor seiner Abreise ins Ausland sein Vermögen **vertrauensvoll** der Obhut seiner fähigsten Mitarbeiter übergab.

In dem folgenden Bericht bemühte sich der Vorsteher des Tempels, die dem Tempel **zugunsten** von Witwen und Waisen **anvertrauten** Mittel gegen eine Beschlagnahmeverfügung des Königs zu verteidigen, wie es scheint, zunächst erfolglos. Nachdem aber alle Priester und die ganze Stadt Gott um Hilfe angerufen hatten, griff dieser zeichenhaft ein und bewahrte die Schatzkammer (2. Makkabäer 3,14-40):

▶ 2. MAKKABÄER 3,7FF.

7 ... Da bestimmte der König seinen Kanzler Heliodor, entsandte ihn und gab ihm den Befehl, sich die erwähnten Gelder ausliefern zu lassen ... 9 Als Heliodor nun nach Jerusalem kam und der Hohepriester und die Stadt ihn freundlich empfangen hatten, erzählte er, was seinem Herrn berichtet worden war, und teilte mit, wozu er da wäre, und fragte, ob es in Wahrheit so wäre oder nicht. 10 Da antwortete ihm der Hohepriester: Es ist Geld, das Witwen und Waisen gehört, **hinterlegt zu treuer Hand.**

TUN

- Was du nicht willst, dass man dir tu, das füg auch keinem andern zu.
- Das eine tun und das andere nicht lassen.

Unser Sprichwort **„Was du nicht willst, dass man dir tu, das füg auch keinem andern zu“** ist eine Umformung von Tobias 4,16 in der Fassung der Lutherübersetzung (I.1–I.3): **„was du willst, dass man dir tue, das tu einem anderen auch“**, der die Revisionen ab 1912 (I.3) folgten:

▶ TOBIAS 4,16 (AB I.3)

Was du nicht willst, dass man dir tu, das füg auch keinem andern zu.

In der Praxis allerdings macht es einen riesigen Unterschied, ob wir uns für die positive oder die negative Version entscheiden: Bei der ersten Fassung müssen wir aktiv das Gute tun, bei der zweiten nur das Schlechte unterlassen, was ja deutlich einfacher ist. Jesus lehrte diese **Goldene Regel** auch in der anspruchsvolleren Variante:

▶ MATTHÄUS 7,12[151]

„Alles, was ihr wollt, dass euch die Leute tun sollen, das tut ihnen auch! Das ist das Gesetz und die Propheten.

[151] S. a. Lukas 6,31.

T

Manchmal können wir uns nicht zwischen zwei Möglichkeiten entscheiden. Überraschenderweise kommen wir nicht selten zu der Erkenntnis, dass es das Beste sei, wenn man **das eine tut und das andere nicht lässt**.

Weil den Schriftgelehrten und Pharisäern die Vorschriften über den Zehnten (s. dort) ein besonderes Anliegen waren, hatten sie die entsprechenden biblischen Regelungen erheblich ausgeweitet. Ernstnehmen des Gesetzes auch und gerade in solchen „Kleinigkeiten" galt ihnen als ein Prüfstein rechter Gottesfurcht. Jesus würdigte ihre Ernsthaftigkeit durchaus. Freilich hatten sie dabei den Kern des Gesetzes aus den Augen verloren:

▶ MATTHÄUS 23,23

Weh euch, Schriftgelehrte und Pharisäer, ihr Heuchler, die ihr den Zehnten gebt von Minze, Dill und Kümmel und lasst das Wichtigste im Gesetz beiseite, nämlich das Recht, die Barmherzigkeit und den Glauben! Doch **dies** sollte man **tun und jenes nicht lassen.**

U

Übel
- Ja, ja; nein, nein. Was darüber ist, das ist vom Übel. → Ja
- Wurzel alles Übels → Wurzel

Umgang → Beispiele

ungläubiger Thomas → Thomas

unschuld(ig)
- Hände in Unschuld waschen → Hände
- unschuldiges Blut → Blut

Unbekannt

– der große Unbekannte

Prominente, die nicht das Licht der Öffentlichkeit suchen, die den Publicityrummel nicht mitmachen, bekommen schnell in den Medien den Stempel „**große Unbekannte**“ aufgedrückt. In vielen Kriminalromanen versuchen Verdächtige mit der Geschichte vom **großen Unbekannten** die Ermittler auf die falsche Spur zu lenken.

Im Buch Hiob verweist Hiobs Freund Elihu auf die Gerechtigkeit und Größe Gottes. Nach der Fassung von Hiob 36,26 „Siehe, **Gott** ist groß und **unbekannt**“ in I.1–I.3 nennt man einen sich in Werken offenbarenden, sonst unsichtbar bleibenden Geist „**Der große Unbekannte**“ (II.16 und II.17).

▶ Hiob 36,26 (I.1–I.3)

Siehe, Gott ist **groß** und **unbekannt**, seiner Jahre Zahl kann niemand erforschen.

Untergraben

Wird **unter** einem Bauwerk ge**graben** (z. B. ein Tunnel), ohne dass das Bauwerk abgestützt wird, dann droht es einzustürzen, weil es keinen Halt mehr hat. In Antike und Mittelalter war dies bei Belagerungen eine gängige Praxis, um die Mauer einer Stadt oder Burg zum Einsturz zu bringen. Umgangssprachlich wurde aus diesem technischen Vorgang eine Redensart, z. B: Die Autorität, das Ansehen, der Ruf eines Menschen wird **untergraben**.

Gott lässt durch den Propheten Jeremia sein Strafgericht ankündigen:

▶ Jeremia 51,58 (so in I.1)

So spricht der HERR Zebaoth: Die Mauern des großen Babel sollen **untergraben** und seine hohen Tore mit Feuer verbrannt werden, dass die Arbeit der Heiden umsonst sei und dem Feuer verfalle, was die Völker mit Mühe erbaut haben.

U

UNTERSTEHEN
– sich unterstehen

Es ist schon mehr als eine ernsthafte Warnung, eher eine entschiedene Drohung, wenn wir jemanden mit den Worten **„untersteh Dich“** auffordern, etwas zu unterlassen.

Jesus Christus erscheint dem Paulus im Traum und fordert ihn auf, in seiner Missionstätigkeit fortzufahren; er sagt ihm seinen Schutz zu:

▶ APOSTELGESCHICHTE 18,9F.

9 Es sprach aber der Herr durch eine Erscheinung in der Nacht zu Paulus: Fürchte dich nicht, sondern rede und schweige nicht! 10 Denn ich bin mit dir, und **niemand soll sich unterstehen,** dir zu schaden; denn ich habe ein großes Volk in dieser Stadt.

URIASBRIEF

Einen Brief, der dem Überbringer Unglück bringt, nennt man **Uriasbrief**. Während eines Krieges beobachtet der daheim gebliebene David eine Frau „von sehr schöner Gestalt“ (2. Samuel 11,2) beim Baden. Es ist Batseba, die Frau **Urias**, eines seiner besten Offiziere, der im Volk als Held verehrt wird. Trotzdem lässt David sie holen. Batseba hat keine Wahl und gehorcht. David schläft mit ihr. Der König – oberster Richter! – begeht also einen Ehebruch, ein todeswürdiges Verbrechen. Als David erfährt, dass Batseba ein Kind von ihm erwartet, lässt er ihren Mann aus dem Felde nach Jerusalem kommen. Er hofft, dass **Uria** während dieses „Fronturlaubs“ zu Hause wohnen, mit seiner Frau schlafen und das Kind als sein eigenes ansehen wird. **Uria** weigert sich jedoch, anders als seine Kameraden im Felde behandelt zu werden, und schläft in der Kaserne. Davids Plan ist damit gescheitert. Also schickt er Uria wieder zurück und gibt ihm einen **Brief** an seinen Oberkommandierenden mit, der den Befehl enthält, **Urias** Tod zu „arrangieren“. **Uria** bekommt ein „Himmelfahrtskommando“ (s. a. Himmel), bei dem er fällt. Nach Ablauf der Trauerzeit wird

Batseba offiziell Davids Frau und schenkt ihm einen Sohn. Da sendet Gott den Propheten Nathan zum König (s. a. Tod – Kind des Todes). Nathan verkündet ihm das Urteil: Ewig wird das Schwert nicht mehr von Davids Haus lassen (was sich bis heute hin erfüllt hat), seine Frauen werden öffentlich einem andern gegeben werden. Sein Sohn muss sterben; doch das Todesurteil über ihn selber wird aufgehoben, als er seine Sünde bekennt. Die Vergebung schließt die Ehe mit Batseba ein, aus der ihm nun sein Nachfolger Salomo geboren wird.

2. SAMUEL 11,14-15

14 Am andern Morgen schrieb David einen **Brief** an Joab und sandte ihn durch **Uria.** 15 Er schrieb aber in dem Brief: Stellt Uria vorne hin, wo der Kampf am härtesten ist, und zieht euch hinter ihm zurück, dass er erschlagen werde und sterbe.

V

vergessen → vergeben

VERGEBEN

– vergeben und vergessen

Unter etwas Ärgerliches, einen Streit oder dergleichen, soll ein Schlussstrich gezogen werden. Die Sache soll nicht mehr zwischen der/dem anderen und uns stehen. Sie soll „**vergeben und vergessen**“ sein.

Auch hier ist umgangssprachlich aus den Worten „nicht mehr gedenken“ in Jeremia 31,34 zusammengefasst „vergessen“ geworden (II.16).

Der Prophet Jeremia verheißt dem Volk Israel einen neuen Bund:

▶ JEREMIA 31,33F.

33 ... das soll der Bund sein, den ich mit dem Hause Israel schließen will nach dieser Zeit, spricht der HERR: Ich will mein Gesetz in ihr Herz geben und in ihren Sinn schreiben, und sie sollen mein Volk sein und ich will ihr Gott sein. 34 Und es wird keiner den andern noch ein Bruder den andern lehren und sagen: „Erkenne den HERRN", sondern sie sollen mich alle erkennen, beide, Klein und Groß, spricht der HERR; denn ich will ihnen ihre Missetat **vergeben** und ihrer Sünde **nimmermehr gedenken**.

VERKLÄREN

Wie gut, dass der Mensch sich meist nur an Gutes erinnert oder dass die Erinnerung sogar schwere Zeiten in einem günstigeren Licht erscheinen lässt, also die Vergangenheit **verklärt**.

Verklären meint in unserem heutigen Sprachgebrauch meist, etwas unwirklich schöner, besser oder günstiger erscheinen lassen. Eine verklärte Vergangenheit ist also immer eine, die nicht mit den wirklichen Fakten deckungsgleich ist. Näher an der biblischen Bedeutung ist es, wenn wir sagen: Ein Lächeln kann ein Gesicht **verklären**.

Kurz vor seinem Tode am Kreuz nimmt Jesus drei Jünger mit sich auf einen Berg. Was die Jünger dort sehen, wird in den Evangelien von Matthäus, Markus und Lukas mit „**Verklärung** Jesu" überschrieben:

▶ MATTHÄUS 17,1F.[152]

1 Und nach sechs Tagen nahm Jesus mit sich Petrus und Jakobus und Johannes, dessen Bruder, und führte sie allein auf einen hohen Berg. 2 Und er wurde **verklärt** vor ihnen, und sein Angesicht leuchtete wie die Sonne, und seine Kleider wurden weiß wie das Licht.

V

[152] S. a. Markus 9,2ff.; Lukas 9,28ff.; 2. Korinther 3,18.

VERLOREN
- verlorener Sohn
- verlorenes Schaf
- verlorener Groschen

Es war zum aus der Haut fahren: Hier auf meinem Schreibtisch sollte sie eigentlich liegen, die Verschlusskappe zu meinem USB-Stick[153]. Auf dem Fußboden fand ich sie nicht. Sie war auch nicht in einen Aktenordner gerutscht, mit dem ich zuletzt gearbeitet hatte. Auch unter dem Aktenschrank lag sie nicht. Bald fiel mein Verdacht auf meine Frau. Die hatte heute in meinem Arbeitszimmer mit dem Staubsauger gearbeitet. Sie erklärte sich bereit, diesen am nächsten Tag gleich zu öffnen und den Staubbeutel aufzuschneiden; vielleicht war die Kappe ja doch vom Schreibtisch gerutscht und vom Staubsauger verschluckt worden. In der Nacht wurde ich wach: sie könnte ja auch vielleicht in die geöffnete Schreibtischschublade gefallen sein. Mindestens eine, wenn nicht gar zwei Stunden hatte ich mit der Suche verbracht – und mich schon damit abgefunden, dass sie unwiederbringlich verloren war. Am nächsten Morgen fand ich sie dann endlich in einem Etui, in das ich sie gepackt hatte, damit sie nicht verloren geht. Meine Frau war heilfroh, dass ihr die „Schweinerei" mit dem Aufschneiden des Staubsaugerbeutels und dem Herumwühlen im Dreck erspart worden war. Sie hat sich ehrlich mit mir gefreut, auch weil ich nun wieder in Ruhe ansprechbar war. – Zuviel Aufhebens um eine kleine Kunststoffkappe, etwas kleiner als ein Fingerhut? Vielleicht. Mir war sie wichtig. Einzeln wäre sie nicht zu kaufen gewesen. Ohne sie war der USB-Stick nicht sicher zu transportieren, nicht mehr viel wert.

Als Jesus wieder einmal von den Pharisäern und Schriftgelehrten wegen seiner Kontakte zu „den Sündern" kritisiert wurde, antwortete er ihnen mit einem Gleichnis, genauer gesagt waren es drei, das vom **verlorenen Groschen**, vom **verlorenen Schaf** und vom **verlorenen Sohn**.

[153] Ein USB-Stick ist ein Datenspeicher.

Redensartlich sind **„das verlorene Schaf“** und **„der verlorene Sohn“** geworden. **„Der verlorene Groschen“** hat Ludwig van Beethoven zu seiner „Wuth über den verlorenen Groschen“ op. 129 inspiriert. Beinahe mit gleicher Bedeutung werden die Redensarten vom verlorenen Schaf und vom verlorenen Sohn auch heute noch gebraucht, wobei letztere den größeren Bekanntheits- und Verwendungsgrad hat.

Der Hirt, dem eines von seinen hundert Schafen entlaufen ist, will sich nicht einen Augenblick mit diesem Verlust abfinden, sondern sucht auch dieses eine, weil es ihm genauso wichtig ist wie die übrigen neunundneunzig.

▶ MATTHÄUS 18,12FF.[154]

12 Was meint ihr? Wenn ein Mensch hundert Schafe hätte und eins unter ihnen sich verirrte: lässt er nicht die neunundneunzig auf den Bergen, geht hin und sucht das verirrte? 13 Und wenn es geschieht, dass er's findet, wahrlich, ich sage euch: er freut sich darüber mehr als über die neunundneunzig, die sich nicht verirrt haben. 14 So ist's auch nicht der Wille bei eurem Vater im Himmel, dass auch nur eines von diesen Kleinen verloren werde.

Kehrt jemand nach langer Zeit zurück, wird er oft als der **verlorene Sohn** begrüßt. Das **Gleichnis vom verlorenen Sohn** (Lukas 15,11-32) wird auch als **Evangelium im Evangelium** bezeichnet, weil es die für uns unverständliche Gnade, die verzeihende Güte Gottes zum Ausdruck bringt:

Einer von zwei Söhnen eines reichen Vaters verlangt seinen Erbteil schon zu Lebzeiten seines Vaters; damit sagt er eigentlich: „Du bist für mich gestorben“. Der Vater zahlt den Sohn tatsächlich aus. Der Sohn verlässt den väterlichen Hof und verprasst das Erbe mit zwielichtiger Gesellschaft. Als er nichts mehr hat und alle bisherigen „Freunde“ sich von ihm abwenden, er Schweine hüten und sich von ihrem Futter nähren muss, geht er in sich und kehrt zu seinem Vater zurück in der Hoffnung, bei ihm Lohn und Brot als Tagelöhner zu finden. Doch der Vater, der ihn kommen sieht, läuft ihm entgegen, nimmt ihn mit

[154] S. a. Lukas 15,1ff.

Freuden und mit allen Ehren wieder auf und feiert sogar ein großes Freudenfest. Das empört den daheim gebliebenen Bruder, denn er hat fleißig auf dem Hof des Vaters gearbeitet, nie etwas Besonderes für sich verlangt, und nun erlebt er dies hier. Bei der großen Feier will er nicht mitmachen. Der Vater läuft ihm jedoch nach, erklärt ihm seine Beweggründe und fordert ihn auf, sich mit ihm zu freuen.[155]

LUKAS 15,24

Denn **dieser mein Sohn** war tot und ist wieder lebendig geworden; er **war verloren** und ist gefunden worden. Und sie fingen an, fröhlich zu sein.

Mit den Gleichnissen vom verlorenen Schaf und vom verlorenen Sohn will Jesus verdeutlichen, dass Gott auch das nach menschlichen Maßstäben Geringwertige nicht verloren gibt.

VERSTOCKT

Ist jemand, trotz aller gegen ihn sprechenden Beweise, in hohem Grade uneinsichtig, starrköpfig, trotzig, so nennen wir dies Verhalten **verstockt.**

In der Bibel ist von zweierlei **Verstocktheit** die Rede: In der Auseinandersetzung zwischen Mose und dem Pharao (s. Ägypten) und beim Kampf des israelitischen Heeres gegen einen zahlenmäßig übermächtigen Feind **verstockt** Gott das Herz der Feinde seines Volkes und ermöglicht damit dessen Sieg. Wenn sich aber Menschen Gottes Willen aus eigenem Entschluss verschließen, **verstocken** sie selbst ihr Herz und ihren Verstand:

[155] Die Pointe, die das Gleichnis für Jesu Zeitgenossen hatte, wird heute meist übersehen: In dem verlorenen Sohn, der von den Schweinen (in Israel unreine Tiere!) kam, konnten sie unschwer die Heiden erkennen, in dem daheimgebliebenen Sohn Gottes eigentlich erwähltes Volk Israel. Für die Juden damals eine unerhörte Herausforderung!

2.Mose 7,13[156]

Aber das Herz des Pharao wurde **verstockt** und er hörte nicht auf sie, wie der HERR gesagt hatte.

VERSÜNDIGEN – SICH VERSÜNDIGEN

Hat man Sie schon einmal ermahnt: „**Versündige dich nicht!**", oder haben Sie das irgendwann zu jemandem gesagt? Das Wort „**versündigen**" wird selten gebraucht, nur bei gewichtigen Angelegenheiten. Lexikalische Deutungen wie „sündig machen, sündig werden, eine Sünde begehen" (II.9) oder „an etwas oder jemandem unrecht handeln, schuldig werden" (II.7) treffen unseren Sprachgebrauch nicht wirklich. „**Sich versündigen**" hat – nicht immer, aber oft – etwas mit Undankbarkeit zu tun. Man sagt uns Deutschen eine besondere Fähigkeit zum Jammern und Stöhnen in allen Lebenslagen nach. Sicher, es gibt auch viel berechtigten Anlass dazu; aber ansonsten müssen wir – Bemühen um Ehrlichkeit vorausgesetzt – doch zugeben, dass die meiste Jammerei, das meiste Stöhnen, keinen rechten Grund hat. Verglichen mit anderen geht es uns meist doch mindestens gut, wenn nicht sogar besser; zwei Drittel der Menschheit träumen davon, dass es ihnen einmal so gut geht, wie es uns *„schlecht"* geht. Wer trotzdem klagt, **versündigt sich**, und zwar an Gott, dem Geber aller Gaben.

Nach dem Auszug aus Ägypten (s. a. Ägypten) beanspruchten drei der Stämme des Volkes Israel das Ostjordanland für sich. Sie wollten zwar mit ihren Truppen die weiteren Landnahmen unterstützen, aber jetzt schon ihre Familien sowie ihr Hab und Gut zurücklassen und nach völligem Abschluss der Besiedlung der eroberten Gebiete hierher zurückkehren. Mose war damit einverstanden, ermahnte sie aber, dass eine Nichteinhaltung dieser Zusage bedeuten würde, sich **an Gott** zu **versündigen**.

V

[156] S. a. 2. Mose 7,22; 9,7; 9,35; Josua 11,20; 1. Samuel 6,6; Sacharja 7,11; Johannes 12,40; Apostelgeschichte 19,9; 28,27; Römer 9,18; 11,7; 2. Korinther 3,14; Hebräer 3,13; 3,15; 4,7.

▶ 4. Mose 32,23[157]

Wenn ihr das aber nicht tun wollt, siehe, so werdet ihr **euch an dem HERRN versündigen** und werdet eure Sünde erkennen, wenn sie euch treffen wird.

W

Wahrheit – Was ist Wahrheit? → Pilatus
waschen – Hände in Unschuld waschen → Pilatus
Wein – voll von süßem Wein → babylonische Sprachverwirrung
weinen – bitterlich weinen → Hahn
weit – bis hierher und nicht weiter → Hiob
Worte auf der Goldwaage wägen → Austreiben
wuchern – mit Pfunden → Pfunde
Wüste – jemanden in die Wüste schicken → Sündenbock
Wunden – Öl auf/in die Wunden gießen → Samariter

Wasser des Lebens

Einige alkoholische Getränke tragen fremdsprachige Namen, die auf Deutsch **Wasser** oder **Wasser des Lebens** oder **Lebenswasser** heißen: Aquavit (lat. „aqua vitae" **Lebenswasser**), Wodka oder Vodka (vom slawischen vodka, welches aus dem Wort „voda", **Wasser,** entstand), Whisky (entstanden aus „Usquebaugh", keltisch für „**Wasser des Lebens**").

Ohne **Wasser** ist auf der Erde kein Leben möglich. Weltraumforscher suchen auch im Weltall nach Planeten mit **Wasser** als Voraussetzung für Leben. Der menschliche Körper besteht zu ca. zwei Dritteln

[157] Zu „versündigen" s.a. 1. Samuel 12,23ff.; 19,5; Jeremia 50,7; 2. Makkabäer 10,1ff.

aus **Wasser**. Das Leben des Menschen beginnt „im nassen Element", in wohlig, warmer, wässriger Umgebung (IV.40). Der Mensch kann zwar längere Zeit ohne Nahrung auskommen, nicht jedoch länger als zwei bis vier Tage ohne **Wasser**. Schon früh waren Brot und **Wasser** das Existenzminimum für Menschen im Gefängnis (z. B. 2. Chronik 18,26), die also **bei Wasser und Brot** saßen.

An einigen Stellen in der Bibel ist **Wasser** das Sinnbild für den Segen Gottes und für **Leben** (Jesaja 44,3f.; Johannes 4,10 und 7,38).

▶ OFFENBARUNG 22,17

Und der Geist und die Braut sprechen: Komm! Und wer es hört, der spreche: Komm! Und wen dürstet, der komme; und wer da will, der nehme das **Wasser des Lebens** umsonst.

WEG(E) EBNEN

– jemandem/einer Sache den Weg/die Wege ebnen

Korruption, Filz, Ämterpatronage, Vetternwirtschaft oder dergleichen (im Schwäbischen „etwas mit Gschmäckle", in Köln „Kölner Klüngel", in Österreich/Bayern „Gschaftlhuberei", Fremdworterfahrene würden vielleicht von „Hautgout" sprechen), werden oft umschrieben mit „**Wege ebnen**". Schade, dass vieles davon, über das die Medien gern und in großer Aufmachung berichten, sich größerer Aufmerksamkeit erfreut als das oft weniger öffentlichkeitswirksame Fördern von Begabten, Fähigkeiten, gemeinnützigen Projekten, das – meist ehrenamtliche – Begleiten von Hilflosen und Schwachen in schwierigen Lebenssituationen, bei Behördengängen usw.

Selbstverständlich geht oder fährt man auf gut ausgebauten und erhaltenen Wegen und Straßen besser als in unwegsamem Gelände. Der Prophet Jesaja kündigt in Gottes Auftrag den Israeliten nicht nur an, dass sie nach Babylon verschleppt werden – sondern auch ihre Heimkehr, und zwar nicht auf den dort bestehenden Prozessionsalleen für die heidnischen Götterstatuen, sondern auf extra für den Zweck der Heimführung seines Volkes gebauten Straßen: In Gebirge und Wüste würde eine solche Straße wie eine Achterbahn auf und ab führen.

Daher sollen Täler aufgefüllt und Berge abgetragen werden, bis sich ein **ebener Weg,** eine ebene Straße ergibt.

JESAJA 40,3F.

3 Es ruft eine Stimme: In der Wüste bereitet dem HERRN den Weg, macht in der Steppe eine **ebene Bahn** unserm Gott! 4 Alle Täler sollen erhöht werden, und alle Berge und Hügel sollen erniedrigt werden, und was **uneben ist, soll gerade, und was hügelig ist, soll eben werden.**

Im Neuen Testament[158] wird dieses Jesajawort auf den kommenden Messias Jesus bezogen. Es handelt sich um einen adventlichen Text, der im zweiten Vers des Adventslieds „Mit Ernst, o Menschenkinder" (IV.9, Nr. 10) vertont ist:

Bereitet doch fein tüchtig
den Weg dem großen Gast;
macht seine Steige richtig,
lasst alles, was er hasst;
macht alle Bahnen recht,
die Tal lasst sein erhöhet,
macht niedrig, was hoch stehet,
was krumm ist, gleich und schlicht.

WEIN

- Der Wein erfreut des Menschen Herz.
- neuer Wein in alten Schläuchen
- alter Wein in neuen Schläuchen

Seit mehr als dreitausend Jahren wird **Wein** angebaut. Von Noah wird berichtet, dass er nach der Sintflut (s. dort) als Erster einen **Weinberg** pflanzte. **Wein** gilt in der Bibel[159] – wenngleich auch vor seinen Nebenwirkungen gewarnt wird – grundsätzlich als gut und erfreulich:

RICHTER 9,13

Aber der **Weinstock** sprach zu ihnen: Soll ich meinen Most lassen, der

W

[158] S. a. Markus 1,3; Lukas 3,4-5; Johannes 1,23.

[159] Dort (I.7) ist von ihm zweihundertzehn Mal die Rede.

Götter und Menschen fröhlich macht, und hingehen, über den Bäumen zu schweben?

Der ganze Psalm 104 ist ein Lob des Schöpfers; der Psalmist besingt die Schönheit der Schöpfung und die Schöpfergaben, auch den **Wein**:

PSALM 104,14F.

14 Du lässest Gras wachsen für das Vieh und Saat zu Nutz den Menschen, dass du Brot aus der Erde hervorbringst, 15 dass **der Wein erfreue des Menschen Herz** und sein Antlitz schön werde vom Öl und das Brot des Menschen Herz stärke.

Von dem griechischen Philosophen Plutarch (* 45, † 125) wird der Satz überliefert: Der **Wein** ist unter den Getränken das nützlichste, unter den Arzneien die schmackhafteste und unter den Nahrungsmitteln das angenehmste. **Wein** wurde nicht nur getrunken (pur oder mit Wasser verdünnt oder mit Gewürzen vermischt[160]), sondern er diente auch der **Wunddesinfektion** (wie z. B. im Gleichnis vom barmherzigen Samariter – Lukas 10,34). Paulus empfahl seinem engsten Mitarbeiter Timotheus **Wein** mit Wasser verdünnt als **Stärkungsmittel für den Magen** (1. Timotheus 5,23). Mit Myrrhe oder Galle vermischt, wurde er als **Betäubungsmittel** eingesetzt (s. Passionsgeschichte Matthäus 27,34; Markus 15,23). **Wein** (wie auch Wasser und Milch) wurde in **Schläuchen aus Ziegenleder transportiert.**[161]

Vielleicht haben Sie schon einmal einen Weinkeller besucht, in dem der junge **Wein** heranreift und im Fass laut gluckert. Auch wer von Ihnen schon einmal Federweißen[162] ohne Vorsichtsmaßnahmen in Flaschen transportiert hat, weiß, wovon im folgenden Gleichnis die Rede ist.

160 Wodurch er nach Aussage eines Experten wie abgestandener Glühwein geschmeckt haben dürfte.

161 S. a. Josua 9,13; 1. Samuel 16,20; 2. Samuel 16,1; Judit 10,6; Matthäus 9,17; Markus 2,22; Lukas 5,37.

162 Auch Sauser oder Suser, Rauscher, Bitzer, Krätzer.

▶ MATTHÄUS 9,17[163]

Man füllt auch nicht **neuen Wein in alte Schläuche**; sonst zerreißen die Schläuche, und der Wein wird verschüttet, und die Schläuche verderben. Sondern man füllt **neuen Wein in neue Schläuche**, so bleiben beide miteinander erhalten.

Das revolutionäre Neue, das Jesus den Menschen immer wieder auf andere Weise (z. B. in Gleichnissen oder in der Bergpredigt) nahebringen will, kann nicht in der bisherigen, überlieferten Weise gesagt werden; denn dann „kommt es nicht an". Diese neue Predigt erfordert eine neue Verkündigung, und zwar in Wort und Tat; sie verlangt, die alten, ausgetretenen Wege zu verlassen, neue zu suchen und tatsächlich zu gehen.

Unser heutiger Sprachgebrauch hat den gleichnishaften Text verdreht, indem er vom **alten Wein in neuen Schläuchen** spricht, so werben z. B. im Wahlkampf die Parteien mit Programmen, die der Wählerschaft das Paradies auf Erden versprechen. Nach der Stimmenauszählung am Wahltagsabend stellt sich heraus, dass keine der Parteien allein regieren kann; es folgt eine Koalitionsregierung. Koalition ist ein anderes Wort für Kompromiss. Von den paradiesischen Versprechungen ist kaum etwas in den Regierungsalltag hinübergerettet worden. Es blieb weitgehend das bisherige Alte, wenn auch neu aufgemacht, also **alter Wein in neuen Schläuchen**, mit anderen Worten – so der enttäuschte Wähler – ein **Etikettenschwindel** oder **Täuschungsmanöver.**

WERK – EIN GUTES WERK TUN

Von Erich Kästner stammt der Spruch „Es gibt nichts Gutes, außer: man tut es" (IV.41). Was ist **„eine gute Tat"** oder **„ein gutes Werk"**? Ist es die steuerbegünstigte Spende oder Stiftung? Sicher auch. Um die Linderung vieler Not in unserem Land aber auch in der ganzen Welt bemühen sich die großen Organisationen der Kirchen und Wohl-

W

[163] S. a. Markus 2,22ff.; Lukas 5,37.

fahrtsverbände. Ich meine hier überhaupt weniger die **guten Werke** der großen Organisationen (die ohne ungezählte „Ehrenamtliche" nicht getan werden könnten). Mir geht es um die persönliche selbstlose, uneigennützige, unbezahlte (manchmal sogar nicht erstattete Kosten verursachende) Tat oder Arbeit in der Stille, die vom „Täter" überhaupt nicht als gut oder sonst wie anerkennenswert angesehen wird.

Wenige Tage vor Jesu Kreuzigung und Auferstehung ist Jesus Gast bei einem Essen. Eine Frau tritt auf ihn zu und salbt ihn mit kostbarem Nardenöl, dessen Wert auf den Jahresverdienst eines Tagelöhners geschätzt wird. Was die anderen Gäste für eine Störung und die Schnellrechner unter ihnen für Geldverschwendung halten, ist für Jesus **ein gutes Werk**, das letzte Zeichen von Liebe und Verehrung, symbolisch die vorweggenommene Einbalsamierung seines Leichnams vor der Bestattung:

► MATTHÄUS 26,6FF.[164]

6 Als nun Jesus in Betanien war im Hause Simons des Aussätzigen, 7 trat zu ihm eine Frau, die hatte ein Glas mit kostbarem Salböl und goss es auf sein Haupt, als er zu Tisch saß. 8 Als das die Jünger sahen, wurden sie unwillig und sprachen: Wozu diese Vergeudung? 9 Es hätte teuer verkauft und das Geld den Armen gegeben werden können. 10 Als Jesus das merkte, sprach er zu ihnen: Was betrübt ihr die Frau? Sie hat **ein gutes Werk** an mir getan. 11 Denn Arme habt ihr allezeit bei euch, mich aber habt ihr nicht allezeit. 12 Dass sie das Öl auf meinen Leib gegossen hat, das hat sie für mein Begräbnis getan.

WETTERWENDISCH

Glück oder Gunst sind sprichwörtlich **wetterwendisch**, also wechselhaft. Das sagt man auch von Politik, der Masse, dem Wählervolk, dem Publikum, der öffentlichen (auch der veröffentlichten) Meinung, von manchem Charakter, von Stimmungen, auch von den Fans eines Sportclubs, eines Stars etc.

W

Unser Stichwort **wetterwendisch** ist eine sprachliche Neuschöp-

[164] S. a. Markus 14,6.

fung Luthers (IV.12; II,6; II.17); der Ausdruck „wetterwendisch" in der Bedeutung „unbeständig, sich wendend wie das Wetter" lässt sich vor Luther nicht nachweisen:

In seinem Gleichnis vom Sämann (Matthäus 13,3-23; Markus 4,1-9, Lukas 8,4-8) vergleicht Jesus das Wort Gottes mit Saatkorn, von dem einiges auf den Weg fiel und dort von den Vögeln gefressen wurde, anderes auf felsigen Boden, wo es keine Wurzeln fassen konnte und daher verdorrte. Der Rest des Korns aber fiel auf guten Boden, wo es wuchs und reichlich Frucht brachte. Seinen Jüngern erklärte er dann: Menschen, die das Wort zuerst begeistert hören aber nicht annehmen, nicht bei sich Wurzeln schlagen lassen und in Zeiten der Bedrängnis und Verfolgung sich dem dann herrschenden Zeitgeist anpassen, die ihr Glaubensmäntelchen also **wetterwendisch** nach dem Wind hängen, sind wie felsiger Boden:

▶ MATTHÄUS 13,19FF.

19 Wenn jemand das Wort von dem Reich hört und nicht versteht, so kommt der Böse und reißt hinweg, was in sein Herz gesät ist; das ist der, bei dem auf den Weg gesät ist. 20 Bei dem aber auf felsigen Boden gesät ist, das ist, der das Wort hört und es gleich mit Freuden aufnimmt; 21 aber er hat keine Wurzel in sich, sondern er ist **wetterwendisch**; wenn sich Bedrängnis oder Verfolgung erhebt um des Wortes willen, so fällt er gleich ab ...

WIND

- in alle Winde zerstreuen
- in den Wind reden

Durch Deportation, Zwangsumsiedlung, Flucht und Vertreibung wurden bis in die Gegenwart Familien und ganze über Generationen gewachsene Gemeinschaften auseinander gerissen und **in alle Winde zerstreut**. Eine wertvolle Kunstsammlung oder Bibliothek wird durch Einzelversteigerung **in alle Winde zerstreut**. Die besten Spieler einer erfolgreichen Mannschaft werden von anderen Vereinen abgeworben; das Team ist jetzt **in alle Winde zerstreut**.

Der Prophet Hesekiel (Ezechiel) gehörte zu den vom König Nebukadnezar im 6. Jh. v. Chr. aus Jerusalem nach Babylon Deportierten. Viele von ihnen gaben sich der Hoffnung hin, Gott werde nicht zulassen, dass Jerusalem den Feinden seines Volkes preisgegeben würde und rechneten deshalb mit ihrer baldigen Heimkehr. Denen verkündet Hesekiel die Unabwendbarkeit des göttlichen Strafgerichts über Jerusalem und Juda (I.7):

HESEKIEL 5,12[165]

Es soll ein Drittel von dir an der Pest sterben und durch Hunger vernichtet werden in deiner Mitte, und das zweite Drittel soll durchs Schwert fallen rings um dich her, und das letzte Drittel will ich **in alle Winde zerstreuen** und will hinter ihnen her das Schwert ziehen.

Sie haben wie mit Engelszungen (s. dort) geredet. Trotzdem konnten Sie niemanden überzeugen. Keiner hörte überhaupt hin. Dann haben Sie **in den Wind geredet.**

Paulus gibt der jungen Gemeinde in Korinth Ratschläge für Predigten und den Umgang mit Zungenrede. Zungenrede bezeichnet ein Reden in verschiedenen dem Sprecher unbekannten oder neuen Sprachen der Menschen oder Engel, das unmittelbar vom Heiligen Geist gewirkt wird. Was er spricht, ist seinen Zuhörern meist unverständlich; es bedarf daher der Auslegung (II.10). Geschieht dies nicht, kann man ebenso gut **in den Wind reden**:

1. KORINTHER 14,9FF.

9 So auch ihr: wenn ihr in Zungen redet und nicht mit deutlichen Worten, wie kann man wissen, was gemeint ist? Ihr werdet **in den Wind reden**. 10 Es gibt so viele Arten von Sprache in der Welt und nichts ist ohne Sprache. 11 Wenn ich nun die Bedeutung der Sprache nicht kenne, werde ich den nicht verstehen, der redet, und der redet, wird mich nicht verstehen.

[165] S. a. Hesekiel 17,21.

Wissen

- Wer weiß?
- nicht wissen, was rechts und links ist
- Unser Wissen ist Stückwerk.
- Sie wissen nicht, was sie tun.

Erinnern Sie sich?

Gefroren hat es heuer
Noch gar kein festes Eis.
Das Büblein steht am Weiher
Und spricht zu sich ganz leis:
Ich will es einmal wagen,
Das Eis, es muß doch tragen. –
Wer weiß?[166]

Dieses „**wer weiß?**", dieser Zweifel, „vielleicht – vielleicht aber auch nicht", ist auch die bange Frage der Leute von Ninive, der Hauptstadt des assyrischen Reiches, das Israel immer wieder bedrohte. Der dem großen Fisch entronnene Jona hat der Stadt im Auftrag Gottes ihren Untergang angekündigt, und zwar in vierzig Tagen. Alle sind bestürzt. Der König ruft zu Buße und Fasten auf, alles in der zweifelsvollen Hoffnung, Gott werde sich erbarmen und von seinem Plan absehen:

▶ JONA 3,9[167]

9 **Wer weiß,** vielleicht reut es Gott wieder, und er lässt ab von seinem glühenden Zorn, sodass wir nicht zugrunde gehen.

Und tatsächlich, Ninive wird begnadigt. Gott geht es nicht darum, Recht zu behalten, sondern darum, dass der Mensch von seinen falschen Wegen umkehrt und am Leben bleibt (I.7). Jona ist darüber frustriert; erst wurde er mit mehr als sanfter Gewalt dazu gebracht, Gottes Vernichtungsurteil zu überbringen; dann aber kommt doch

---

166 Güll, Friedrich, Will sehen, was ich weiß – Vom Büblein auf dem Eis, Späte Fassung 1827.

167 S. a. 2. Samuel 12,22; Ester 4,14; Prediger 2,19; 3,21; 6,12; Jeremia 13,12; Joel 2,14; Baruch 3,15.

alles ganz anders, wenn auch nicht unerwartet. Das hält er auch Gott vor:

JONA 4,2F.

2 HERR, das ist's ja, was ich dachte, als ich noch in meinem Lande war, weshalb ich auch eilends nach Tarsis fliehen wollte; denn ich wusste, dass du gnädig, barmherzig, langmütig und von großer Güte bist und lässt dich des Übels gereuen. 3 So nimm nun, HERR, meine Seele von mir; denn ich möchte lieber tot sein als leben.

Jona will also lieber sterben als von seinem religiösen Weltbild Abschied zu nehmen, wonach die gottlosen Heiden und Feinde Israels nichts als den Untergang verdienen. Das Grundbekenntnis Israels zur Güte Gottes kehrt Jona geradezu in einen Vorwurf gegen Gott um; es darf jedenfalls keine Anwendung auf die bösen Heiden finden – die in diesem Falle, nach allem, was wir über die Großmacht der Assyrer wissen, wirklich böse waren. Jona flieht aus der Stadt, um zu sehen, was nun weiter geschieht. Fürsorglich, wie er ist, lässt Gott für ihn eine Staude wachsen, die Jona Schatten geben soll. Darüber freut sich Jona auch sehr. Als aber Gott am nächsten Morgen die Staude mit einem Wurmstich wieder vernichten lässt, wünscht sich Jona erneut den Tod. Und Gott demonstriert nicht seine Majestät, etwa indem er sagt: „Ich bin dir keine Rechenschaft schuldig!", sondern er antwortet dem Jona:

JONA 4,9FF.

9 Da sprach Gott zu Jona: Meinst du, dass du mit Recht zürnst um der Staude willen? Und er sprach: Mit Recht zürne ich bis an den Tod. 10 Und der HERR sprach: Dich jammert die Staude, um die du dich nicht gemüht hast, hast sie auch nicht aufgezogen, die in einer Nacht ward und in einer Nacht verdarb, 11 und mich sollte nicht jammern Ninive, eine so große Stadt, in der mehr als hundertundzwanzigtausend Menschen sind, die **nicht wissen, was rechts oder links ist**, dazu auch viele Tiere?

Im 15. Jh. wurde unter **Stückwerk** Akkordarbeit verstanden (II.6). Heutzutage bezeichnen wir damit etwas Unvollkommenes, Unvollständiges, Unfertiges und daher Unbefriedigendes. In vielen Disziplinen beträgt der „Halbzeitwert des Wissens" weniger als fünf Jahre

(IV.42). Paulus meint im 1. Korintherbrief jedoch nicht unser Allgemeinwissen oder Fachwissen, sondern alle Gaben, die den Korinthern so wichtig sind (13,8); die werden *aufhören*, wenn die Unvollkommenheit irdischer Gotteserkenntnis und irdischen Redens von Gott in der vollkommenen Gemeinschaft mit Gott an ihr Ende kommt (I.7).

▸ 1. KORINTHER 13,9F.

9 Denn **unser Wissen ist Stückwerk**, und unser prophetisches Reden ist **Stückwerk.** 10 Wenn aber kommen wird das Vollkommene, so wird das **Stückwerk** aufhören.

Manches liebe Mal fragen wir uns, wenn wir von sinnlosen oder brutalsten Taten erfahren, ob der oder die Täter eigentlich **wissen, was sie tun**. Jesus hat, nachdem er gerade ans Kreuz genagelt worden war, für seine Henker gebetet:

▸ LUKAS 23,33F.

33 Und als sie kamen an die Stätte, die da heißt Schädelstätte, kreuzigten sie ihn dort und die Übeltäter mit ihm, einen zur Rechten und einen zur Linken.
34 Jesus aber sprach: Vater, vergib ihnen; denn **sie wissen nicht, was sie tun**!

WOHER UND/ODER WOHIN ...

Mit der Frage nach dem **Woher und/oder Wohin** beginnen die meisten Gespräche, wenn Fremde sich unterwegs, auf Reisen, im Urlaub, begegnen. Ein Fremder, ein Bote Gottes, erscheint bei den bis dahin kinderlosen späteren Eltern des Simson. Die Frau ahnt, mit wem sie es zu tun hat, erschrickt und getraut sich daher nicht, dem Fremden die ganz selbstverständliche Frage „**woher oder wohin?**" zu stellen:

▸ RICHTER 13,6

Da kam die Frau und sagte es ihrem Mann und sprach: Es kam ein Mann Gottes zu mir, und seine Gestalt war anzusehen wie der Engel Gottes, zum Erschrecken, sodass ich ihn nicht fragte, **woher oder wohin**; und er sagte mir nicht, wie er hieß.

Wolf/Wölfe

- Wolf in Schafskleidern
- Schafe unter Wölfen

Schon aus dem Märchen vom Wolf und den sieben Geißlein wissen wir, dass auch ein Wolf, der Kreide gefressen hat, ein Wolf ist und bleibt.

Jesus wählt in seinen Predigten immer wieder Beispiele aus dem Lebensalltag, damit sie auch von einfachen Leuten verstanden werden, so auch hier mit seiner Warnung vor Leuten, die vorgeben anders zu sein, als sie tatsächlich sind:

▸ Matthäus 7,15

Seht euch vor vor den falschen Propheten, die **in Schafskleidern** zu euch kommen, inwendig aber sind sie reißende **Wölfe.**

Als es um seine Nachfolge ging, hat Jesus seinen Anhängern nichts vorgemacht, ihnen nicht etwa den Himmel auf Erden versprochen, sondern ihnen deutlich gesagt, auf was sie sich einlassen: Sie genießen als seine Botschafter keinesfalls Immunität; sie haben Verfolgung, Folter und Tod zu erwarten. Wenn **Schafe** mitten in ein Rudel hungriger **Wölfe** geraten, gehört nicht viel Fantasie dazu, sich vorzustellen, was dann geschieht.

▸ Matthäus 10,16[168]

Siehe, ich sende euch **wie Schafe mitten unter die Wölfe.**

Wort halten

Wer sein **Wort** nicht **hält**, nicht hält, was er versprochen hat, der hat sein Wort gebrochen. In den folgenden biblischen Beispielen meint das Halten des Wortes das Halten, also Befolgen, der Gebote.

W

Jesus macht seinen Jüngern klar, dass es ihnen nicht besser ergehen

168 S. a. Lukas 10,3.

wird als ihm, wenn sie sein Wort an andere weitergeben. Sie haben mit Ablehnung zu rechnen. Wer sich aber nach Jesu Wort und Gebot gerichtet hat, der wird es mit dem der Jünger genauso halten:

JOHANNES 15,20

Gedenkt an das Wort, das ich euch gesagt habe: Der Knecht ist nicht größer als sein Herr. Haben sie mich verfolgt, so werden sie euch auch verfolgen; **haben** sie mein **Wort gehalten**, so werden sie eures auch halten.

1. JOHANNES 2,3FF.

3 Und daran merken wir, dass wir ihn kennen, wenn wir seine Gebote halten.
4 Wer sagt: Ich kenne ihn, und hält seine Gebote nicht, der ist ein Lügner, und
in dem ist die Wahrheit nicht. 5 Wer aber **sein Wort hält**, in dem ist wahrlich
die Liebe Gottes vollkommen. Daran erkennen wir, dass wir in ihm sind.

WURZEL

- Axt an die Wurzel legen
- Wurzel allen Übels

Ist erst einmal die **Axt an die Wurzel** eines Baums gelegt, ist es um ihn geschehen; er wird bald fallen.

Johannes der Täufer, Vorgänger Jesu, sprach als Bußprediger klare, oft genug harte, drastische Worte. Er warnte vor falscher Selbstsicherheit, z. B. der, zu Gottes auserwähltem Volk zu gehören, weil man Abraham zum Stammesvater hatte. Gott erwartet auch Früchte:

MATTHÄUS 3,10

Es ist schon die **Axt** den Bäumen **an die Wurzel gelegt**. Darum: jeder Baum, der nicht gute Frucht bringt, wird abgehauen und ins Feuer geworfen.

Sind wir erfolgreich bei der Suche nach der Ursache für eine schlimme Entwicklung, so stoßen wir auf **die Wurzel alles Übels**. „Geiz ist geil" war ein widerliches Werbemotto. Manche halten **Geiz** für eine Charaktereigenschaft, andere für ein Krankheitsbild. Die Grenzen zu konsequenter Sparsamkeit sind wohl fließend. Oft ist eine strikte Sparsamkeit die Folge von Not, z. B. in der Inflationszeit der zwanziger

W

Jahre des 20. Jh., oder der Zeit des 2. Weltkriegs und der Nachkriegszeit, oder, auch heute, die Folge von Langzeitarbeitslosigkeit. Manchmal ist **Geiz** auch die Verarbeitung selbst erlebter wirtschaftlicher Not aufgrund von Verschwendungssucht. Nach katholischer Lehre gehört **Geiz** oder Habsucht (Avaritia) zu den Todsünden.

Paulus gibt seinem engsten Mitarbeiter Timotheus Ratschläge für die Gemeindeleitung:

▶ 1. Timotheus 6,10

Denn **Geiz**[169] ist eine **Wurzel alles Übels**; danach hat einige gelüstet, und sie sind vom Glauben abgeirrt und machen sich selbst viel Schmerzen.

X – Z

Zahn, Auge um Auge → Recht
Zähneklappern → Heulen und Zähneklappern
Zehn Gebote → Ägypten
Zehn Plagen Ägyptens → Ägypten
zwei – zwei Herren dienen → Mammon
zweierlei – Gewicht, Maß → Maß

Zankt nicht!

Wie oft wohl wird täglich dieser Satz zu Kindern gesagt, wenn sie aus dem Haus gehen: „**Zankt nicht!**“. Hier aber ermahnt nicht eine Mutter ihre Kinder, sondern Josef, der in Ägypten (s. dort) zum höchsten Staatsamt nach dem Pharao aufgestiegen war, sagte es zu seinen Brüdern. Die hatten ihn vor Jahren als Sklaven verkauft. Nachdem eine

169 I.1–I.3, seitdem „Geldgier“.

große Hungersnot ausgebrochen war, die Josefs kluge Vorrats- und Steuerpolitik in Ägypten abgewendet hatte, wurden sie von ihrem Vater dorthin geschickt, um Lebensmittel zu kaufen. Sie wussten nicht, dass der oberste „Verkäufer" ihr Bruder Josef war, bis sich dieser ihnen zu erkennen gab und – anders als erwartet – sich nicht an ihnen rächte, sondern mit ihnen ein fröhliches Wiedersehen feierte. Nachdem er sie mit allem, was sie benötigten, versorgt hatte, verabschiedete er sie mit den Worten: „**Zankt nicht auf dem Wege!**"

▶ 1. MOSE 45,24

Damit entließ er seine Brüder, und sie zogen hin. Und er sprach zu ihnen: **Zankt nicht auf dem Wege!**

ZEICHEN UND WUNDER

Wir verwenden die Redensart „Es geschehen noch **Zeichen und Wunder**" heute selten als Ausdruck des Staunens über etwas Überraschendes, Unerwartetes, nicht (mehr) für möglich Gehaltenes, Unerklärliches, sondern eher im ironischen Sinn: Mit dem Ausruf gut gespielter Überraschung reagierte der Lehrer, als der Schüler endlich doch noch die richtige Antwort gab: „Es geschehen doch noch **Zeichen und Wunder!**"

Wie sich z. B. Botschafter durch ein Beglaubigungsschreiben beim Gastland legitimieren, so sind **Zeichen und Wunder** Beglaubigung oder Bestätigung der in Gottes Vollmacht geschehenen Verkündigung (II.10). Gott ließ durch Mose viele **Zeichen und Wunder** geschehen (2. Mose 7,3 – s. Ägypten).

▶ 2. MOSE 7,1FF.[170]

1 Der HERR sprach zu Mose: ... 2 Du sollst alles reden, was ich dir gebieten werde ... 3 Aber ich will das Herz des Pharao verhärten und viele **Zeichen und Wunder** tun in Ägyptenland.

---

[170] S. a. 5. Mose 13,2; 26,8; 29,2 (V.3 in I.1); Nehemia 9,10; Psalm 135,9; Jeremia 32,20f.; Daniel 3,32; 6,28 (V.27 in I.1); Weisheit 8,8; Sirach 36,6; Baruch 2,11; Stücke zu Ester 7,6; Johannes 4,48; Apostelgeschichte 4,30; 5,12; 14,3; 15,12.

Es gibt aber auch **Zeichen und Wunder** durch falsche Propheten (s. Matthäus 24,24 u. Markus 13,22).

Zufall

Eine Wahl hat einen unerwarteten Ausgang; die Mehrheit der Wählerschaft ist zu einem bis dahin als aussichtslos eingeschätzten Kandidaten übergelaufen, hat sich ihm angeschlossen, ist ihm **zugefallen.** Wir erben, erhalten etwas geschenkt. Ohne besondere Anstrengung erreichen wir ein Ziel. Mit anderen Worten: es ist uns **zugefallen.** Unvorhergesehenerweise, von uns völlig unbeabsichtigt, ohne eigenes Dazutun und von uns unbeeinflusst, unerwartet ereignet sich etwas: das nennen wir **Zufall**, das Pseudonym, das Gott gebraucht, wenn er nicht mit seinem eigenen Namen unterschreiben möchte (Anatole France, III, 6, 21.08.1976 – III. 3, 10/1977, 60).

Psalm 62,11[171]

Verlasst euch nicht auf Gewalt und setzt auf Raub nicht eitle Hoffnung; **fällt** euch Reichtum **zu,** so hängt euer Herz nicht daran.

Psalm 94,15[172]

Denn Recht muss doch Recht bleiben, und ihm werden alle frommen Herzen **zufallen.**

Züge – in den letzten Zügen liegen

In den letzten Zügen (Atemzügen) **liegen**, heißt mit dem Tode ringen, im Sterben liegen.

In der Makkabäerzeit hatte ein über Israel herrschender König seinen Kanzler nach Jerusalem entsandt, damit er für ihn den Tempelschatz beschlagnahmte. Vergeblich wies der Hohepriester darauf hin,

[171] S. a. Psalm 73,10.

[172] S. a. Matthäus 6,33; Lukas 12,31.

dass es sich um zugunsten der Witwen und Waisen zu treuen Händen (s. dort) hinterlegtes Geld handelte: Der Kanzler bestand auf der Auslieferung. Jerusalem suchte Hilfe bei Gott. Der gab ein mächtiges Zeichen: In der Schatzkammer griffen ein furchterregender Reiter und zwei Männer den Kanzler an und verletzten ihn schwer. Allen war sofort klar: Gott hatte eingegriffen. Freunde des Kanzlers baten den Hohepriester Onias um Fürbitte für den im Sterben liegenden Kanzler:

2. Makkabäer 3,31

Aber einige Freunde des Heliodor kamen eilends und baten Onias, dass er doch den Höchsten anrufen und dem Heliodor, der jetzt **in den letzten Zügen lag**, das Leben gnädig erwirken sollte.

Onias, besorgt, es könne beim König der Eindruck entstehen, dass Israeliten ein Attentat auf den Kanzler verübt hätten, brachte Gott ein Sühnopfer für den Kanzler dar, und dieser wurde tatsächlich wieder gesund.

Die zwölfjährige Tochter des Synagogenvorstehers Jairus befindet sich an der Schwelle zum Tod; Jesus wird um Hilfe gebeten:

Markus 5,22f.[173]

22 Da kam einer von den Vorstehern der Synagoge, mit Namen Jaïrus. Und als er Jesus sah, fiel er ihm zu Füßen 23 und bat ihn sehr und sprach: Meine Tochter **liegt in den letzten Zügen**; komm doch und lege deine Hände auf sie, damit sie gesund werde und lebe.

Auf dem Weg zum Haus des Jairus kommen von dort Boten mit der Nachricht, dass die Tochter bereits gestorben ist. Davon unbeeindruckt geht Jesus zu ihr und erweckt sie vom Tode.

X–Z

[173] S.a. Lukas 8,41f.

Zunge – im Zaum halten

Wer seine Worte sorgsam abwägt, nichts Unbedachtes sagt, im Zweifel lieber schweigt, der **hält seine Zunge im Zaum**. In Jakobus 1,19-27 geht es um ein Christentum der Tat, den Gottesdienst im Alltag (I.7):

▶ Jakobus 1,26[174]

Wenn jemand meint, er diene Gott, und **hält seine Zunge nicht im Zaum**, sondern betrügt sein Herz, so ist sein Gottesdienst nichtig.

zweischneidiges Schwert
– durch Mark und Bein

Die Warnung, etwas, das wir sagen oder tun wollen, sei **ein zweischneidiges Schwert**, sollten wir nicht leichtfertig überhören. Mit einem solchen **zweischneidigem Schwert** können wir nämlich nicht nur den anderen, sondern auch uns selbst verletzen. Der Erfolg unseres Vorhabens ist also keinesfalls garantiert. Wir sollten auch bedenken, dass wir den anderen mit unserem Plan bis ins Innerste, bis in sein **Mark** treffen, erschüttern können, so, dass ihm/ihr das **durch Mark und Bein** geht.

Nur vordergründig warnt der Verfasser der Sprüche (5,1ff.) vor Ehebruch; gemeint ist alles, was der Weisheit und ihren Lebensregeln widerspricht (I.7 zu Sprüche 2,16-19):

▶ Sprüche 5,1ff.[175]

1 Mein Sohn, merke auf meine Weisheit; neige dein Ohr zu meiner Lehre,
2 dass du behaltest guten Rat und dein Mund wisse Erkenntnis zu bewahren!
3 Denn die Lippen der fremden Frau sind süß wie Honigseim, und ihre Kehle
ist glatter als Öl, 4 hernach aber ist sie bitter wie Wermut und scharf wie ein
zweischneidiges Schwert.

[174] S. a. Psalm 39,2.
[175] S. a. Offenbarung 1,16; 2,12.

▶ Hebräer 4,12

Denn das Wort Gottes ist lebendig und kräftig und schärfer als jedes **zweischneidige Schwert**, und dringt durch, bis es scheidet Seele und Geist, auch **Mark und Bein**, und ist ein Richter der Gedanken und Sinne des Herzens.

Stichwortregister

A

E

F

I

J

L

M

SCH

U

V

W

X-Z

Bibelstellenregister

Hervorgehobene Bibelstellen werden im Text zitiert.

Stücke zu Ester

Gebet Manasses

Matthäus

Markus

Quellennachweise

I. Bibeln

1. D. Martin Luther *Biblia – Das ist die gantze Heilige Schrift Deudsch auffs new zugericht*, Wittenberg 1545, Herausgegeben von Hans Volz unter Mitarbeit von Heinz Blanke, München 1974.
2. *BIBLIA Das ist die gantze Heilige Schrift Altes und Neues Testaments Durch D. Martin Luther Verdeutscht, Mit Königl. Majest. In Polen und Churfürstl. Durchl. Zu Sachsen Allergnädigstem PRIVILEGIO, nebst einer Vorrede Von Georg Friedrich Meinharten, der H. Schrift Doctore, Hochfürstlichen Schwartzburgischen Superintendenten und des Consistorii Affefore Primario Sondershausen*, Druckts und verlegts Heinrich Schoenermarck / Hochfürstl. Schwartzb. Hoff-Buchdrucker, Im Jahr Christi 1716.
3. *Senfkornbibel*, Gesamtherstellung 1970, nach dem 1912 vom Deutschen Evangelischen Kirchenausschuß genehmigten Text.
4. *Stuttgarter Jubiläumsbibel mit erklärenden Anmerkungen*, Stuttgart Privileg. Württ. Bibelanstalt 1949.
5. *DIE BIBEL oder die ganze HEILIGE SCHRIFT des Alten und Neuen Testaments nach der Übersetzung Martin Luthers*, Stuttgart Württembergische Bibelanstalt 1965.
6. *Quadro Bibel plus*, Version 2.0., Stuttgart, Zürich, Wuppertal u.a. 2000.
7. *Stuttgarter Erklärungsbibel*, Neuausgabe mit Apokryphen, Stuttgart 2005.

II. Nachschlagewerke

1. *Duden, Etymologie Herkunftswörterbuch der deutschen Sprache*, bearb. v. Günther Drosdowski, nach den Regeln der neuen deutschen Rechtschreibung überarbeiteter Nachdr. der 2. Aufl., Mannheim u.a. 1997.

2. *Duden, BüroPlus*, Version 2.0, Teil 1, *Die deutsche Rechtschreibung*, 20. Aufl.: die bisherigen Regeln und Schreibungen, Mannheim, 1999.
3. *Duden, BüroPlus*, Version 2.0, Teil 2, *Die deutsche Rechtschreibung*, 21., völlig neu bearb. Aufl. auf der Grundlage der neuen amtlichen Rechtschreibregeln, Mannheim: 1999.
4. *Duden – Die deutsche Rechtschreibung* , 24., völlig neu bearb. u. erw. Aufl., Mannheim u.a. 2006.
5. *Duden 5, Fremdwörterbuch*, 7. neu bearb. u. erw. Aufl., Mannheim u.a. 2001.
6. *Duden 7, Etymologie – Herkunftswörterbuch der deutschen Sprache*, 2. Aufl., Mannheim u.a. 1997.
7. *Duden, Deutsches Universalwörterbuch*, 6. Aufl., Mannheim u.a. 2006.
8. *Duden 11, Redewendungen*, 2. neu bearb. Aufl., Mannheim u.a. 2001.
9. Richard Pekrun, *Das deutsche Wort*, 11. Aufl., München 1969.
10. F. Rienecker und G. Maier (Hg.), Lexikon zur Bibel, auf CD-ROM Quadro-Bibel (s. I.6).
11. *Kleines Lexikon zur Lutherbibel,* auf CD-ROM Quadro-Bibel (s. I.6).
12. *Evangelischer Erwachsenen Katechismus*, 2. Aufl., Gütersloh 1975.
13. Carl Creifelds, Rechtswörterbuch, 12. Aufl. München 1994.
14. Heinrich Raab, Deutsche Redewendungen: *Von Abblitzen bis Zügel schießen lassen,* Wien 1981.
15. Hans-Joachim Schoeps, *Ungeflügelte Worte – Was nicht im Büchmann stehen kann,* Lizenzausg., Wiesbaden 1975.
16. Georg Büchmann, *Geflügelte Worte – Der Citatenschatz des deutschen Volkes, Gesammelt und erläutert von Georg Büchmann*, fortgesetzt von Walter Robert-Tornow, 19. u. verb. Aufl., Berlin 1898 (digital unter http://aronsson.se/buchmann).
17. Georg Büchmann, *Geflügelte Worte*, Sonderausg. d. neu bearb. 32. Aufl., Berlin 1972.
18. Eberhard Urban (Bearb.), *Der neue Büchmann – Geflügelte Worte*, München 2002 (II.18).

19. *Wikipedia – die freie Enzyklopädie,* http//de.wikipedia.org.
20. J. G. Krünitz, *Oeconomische Encyclopädie,* 1773-1858, http://www.kruenitz1.uni-trier.de, 05.03.2009.
21. Deutsches Rechtswörterbuch – DRW, http://www.rzuser.uni-heidelberg.de/~cd2/drw/Lemma/H4.htm, 07.03.2009.
22. *Duden 12, Zitate und Aussprüche, Herkunft und aktueller Gebrauch*, Mannheim u.a. 1998.
23. Wilhelm Borchardt, Gustav Wustmann *Die sprichwörtlichen Redensarten im deutschen Volksmund*, 4. Aufl., Leipzig 1894.
24. *DDR-Lexikon*, Wittenberg, http://www.ddr-wissen.de, 05.03.2009.

III. Zeitungen, Zeitschriften

1. *Frankfurter Allgemeine Zeitung.*
2. *Hamburger Abendblatt.*
3. *Reader's Digest.*
4. *Die Nordelbische Wochenzeitung für Gemeinde und Gesellschaft.*
5. *Rheinischer Merkur – Christ und Welt*:
   - 5a III.5 v. 16.09.1988: Rudolf Wassermann (Präsident des OLG Braunschweig), „Versöhnung ist keine Einbahnstraße".
   - 5b III.5 v. 30.11.2006: Wolfgang Thielmann, „Sprachschätze aus der Religion".
   - 5c III.5 v. 02.08.2007: Jürgen Bräunlein, „Lebensart".
6. *Blick durch die Wirtschaft.*
7. *Stuttgarter Zeitung online* (http://www.stuttgarter-zeitung.de).

IV. Sonstige Quellen

1. Werner Keller, *Und die Bibel hat doch recht,* rev. Neuausg., Berlin 1978.
2. Dietrich Bonhoeffer, *Worte für jeden Tag*, Hrsg. Manfred Weber, Gütersloh 1995.

3. Alfred Burchartz, Israels Feste, 6. Aufl., Neukirchen-Vluyn 2006.
4. John W. Drane, *Die Welt der Bibel,* Wuppertal 1980.
5. David und Pat Alexander (Hrsg.), *Handbuch zur Bibel,* 3. Aufl., Wuppertal: 1977.
6. C. H. Spurgeon, *Auf Dein Wort – Andachten für jeden Tag,* Wetzlar 1977.
7. Herman Wouk, *Das ist mein Gott,* Bonn 1984.
8. *Die Losungen,* hrsg. v. d. der Herrnhuter Brüdergemeine, Basel, seit 1731.
9. *Evangelische Gesangbuch, Ausgabe für die Nordelbische Evangelisch-Lutherische Kirche,* Hamburg 1994.
10. *Gotteslob, Katholisches Gebet- und Gesangbuch für das Erzbistum Hamburg,* Hamburg 1997.
11. Christa Meves, *Die Bibel antwortet uns in Bildern: Tiefenpsychologische Textdeutungen im Hinblick auf Lebensfragen heute,* 8. Aufl., Freiburg i. Br. 1977.
12. Philipp Gmür, *Luther als Übersetzer,* Hausarbeit, München 2001, http://www.grin.com/de/fulltext/lia/22687.html, 27.08.2007.
13. http://www.meteoros.de/abend/abend_h.htm.
14. http://www.provelbert.de/Abraham/BrauchtumAbraham.htm, 09.03.2009.
15. Martin Buber, *Die Erzählungen der Chassidim,* Zürich 1949.
16. *„Blickpunkt Kirche"*, hrsg. v. Kirchenkreisverband Hamburg u. Amt für Öffentlichkeitsdienst der Nordelbischen Kirche, Mai 1997, S. 4.
17. *Jesus.de,* Art. *Jesus von A-Z: Schriftgelehrte, Pharisäer & Co,* http://fuenf.scm-digital.net/show.sxp/8101_jesus_von_a-z__schriftgelehrte__pharis_er___co..html, 05.03.2009.
18. *Bibelkommentare.de,* http://Bibelkommentare.de, 05.03.2009.
19. *Wikipedia, die freie Enzyklpädie,* Art. „Mariä Heimsuchung", http//de.wikipedia.org/wiki/Mari%C3%A4_Heimsuchung, 05.03.2009.
20. www.student-online.net/Publikationen/300.

21. Robert Cleaver Chapman, http://www.evangeliums.net/zitate/index.php, 08.03.2009, Stichwort Lästermaul.
22. Hermann Dietzfelbinger *Jesus Christus und die Weisen aus dem Abendland*, Metzingen 1978.
23. Rupert Lay, *Manipulation durch die Sprache*, München 1977.
24. Dieter Froitzheim, *Kardinal Frings: Leben und Werk*, Köln 1979.
25. Ernst-August Roloff, *Psychologie der Politik – eine Einführung*, 1. Aufl., Stuttgart 1976.
26. Selma Lagerlöf, *Christuslegenden*, aus dem Schwedischen übers. v. Marie Franzos, Dreieich 1982.
27. http://www.rechtschaffene-zimmerer.de/mal22.htm, 05.03.2009.
28. http://www.astronews.com, 13.04.2004.
29. G. Eberts, Andacht vom 13.03.1977 in*: Brot für den Tag, tägliche Andachten zur Bibellese*, Augsburg 1977.
30. Jörg Müller, *Stell dein Licht auf den Leuchter: Verständnis und Mißverständnis christlicher Demut*, Stuttgart 1986.
31. Samuel Pfeifer, *Von der Selbstverwirklichung zur Beziehungsökologie, vom schwierigen Umgang mit dem Ich in Psychotherapie und Seelsorge*, Vortrag auf dem 5. Int. Kongress für Psychotherapie und Seelsorge, Marburg 24.-28.05.2000, http://www.akademieps.de/download/4567-Pfeifer-Selbstverwirklichung.doc.
32. Dr. Michael Rosenkranz, *Jom Kippur – der Tag der Versöhnung*, http://www.talmud.de/jmkippur, 05.03.2009.
33. Ernesto Cardenal *Das Evangelium der Bauern von Solentiname*, Bd. 2, Wuppertal 1976.
34. www.liedermacher-forum.de/modules/newbb/viewtopic.php?post_id=5631, Stichwort „Die Stillen im Lande", 09.03.2009.
35. *Geringe Wahlbeteiligung als Politikum*, Deutsche Welle, 13.09.2005, http://www.dw-world.de.
36. Johannes Hansen, „Glauben konkret", Brief 3 in: *Katechismusbriefe* , hrsg. Johannes Hanselmann u.a., Vellmar 1889.
37. Manfred Klatt, *Was ist eine Todsünde?Anmerkungen zur römisch-katholischen Lehre über die „Todsünden",*

http://www.efg-hohenstaufenstr.de/downloads/bibel/todsuenden.html, 05.03.2009.
38. http://www.swr.de/wiesoweshalbwarum/archiv/2002/11/07/print2.html, 11.07.2002.
39. ERICH KÄSTNER, *Doktor Erich Kästners Lyrische Hausapotheke*, 10. Aufl., München 1997.
40. CAROLINE Y. ROBERTSON-WENSAUER *Problemkreise der Angewandten Kulturwissenschaft- Eine Einführung*; http://www.ubka.uni-karlsruhe.de/cgi-bin/psview?document=2005/zentral/1.
41. VIKTOR E. FRANKL, Psychotherapeut, zit. in PETER HAHNE, *Schluss mit lustig – Das Ende der Spaßgesellschaft*, 30. Aufl., Lahr 2004, S. 40.

Die Quellennachweise werden entsprechend dieser Auflistung zitiert, z. B. II. 17 = GEORG BÜCHMANN, *Geflügelte Worte*, Sonderausg.

David Winter

Die Bibel verstehen

Eine illustrierte Einführung

160 Seiten, Paperback
ISBN 978-3-7655-6498-7

Die Bibel – ein Weltbestseller und doch für viele Menschen ein Buch mit sieben Siegeln, dem sie sich nur zögernd nähern. Wer die Bibel das erste Mal in die Hand nimmt, steht vor zahllosen Fragen, auf die er keine Antworten findet: Ist sie ein Geschichts- oder ein Geschichtenbuch? Was unterscheidet sie von anderen „heiligen Schriften“? Durch viele Jahre Erfahrung als Bibellehrer sind David Winter die gängigen Missverständnisse vieler Bibelleser nur allzu vertraut.

Verständlich, leicht geschrieben und vierfarbig illustriert gibt das Buch einen Überblick über das große Thema der Bibel, vermittelt eine Vorstellung ihrer Geschichte und ihrer Geschichten und stellt die großen Charaktere dar.

„Die Kompakt-Bibel“ im Anhang bietet eine Zusammenfassung der wichtigsten Bibelstellen.

BRUNNEN VERLAG GIESSEN
www.brunnen-verlag.de